平安時代の親王と政治秩序

処遇と婚姻

安田政彦

吉川弘文館

目　次

第三部　親王序列

補　論

図・表目次

序章　平安時代の親王研究の現状と課題

一　平安時代の親王研究

前著『平安時代皇親の研究』（吉川弘文館、一九九八年）を上梓して以後、二五年ほどの間の平安時代の親王に関する研究の動向を述べていく。

この間、親王に関する研究、特に制度史的な研究はほとんど深化しなかったといってよい。そうした中で、相曽貴志氏は「親王任国設置の背景」[1]において、任国の設置背景について、撰定された国の経済力という視点から考察している。また、南友博氏は「品封小考」[2]において、無品親王封を検討され、少なくとも四品の品封は四〇〇戸より多くなっていたと指摘し、拙稿（「無品封」、前掲書所収）が品封年齢をずらし親王の任官をセーブしようとしたと述べたことを批判され、品封は元服して叙品されるまでの間、もしくは無品のまま終生、無品封が支給されたとする。

また、山本一也氏は「日本古代の叙品と成人儀礼」[3]において、后腹親王の優遇が皇位継承に留まらないこと、后腹は皇后所生子だけでなく、贈皇后、贈皇太后、皇太后などをも含むものであること、第一親王が后腹親王に準じた処遇を受けるのは特例的であること、などを明らかにしており、后腹親王について新しい視点をもたらした。さらに、「通過儀礼から見た親王・内親王の居住」[4]では、着袴・対面・元服を素材として考察を行い、親王・内親王の居住に関して、皇后所生子・女御所生子・更衣所生子の間に厳然たる格差があったことを指摘している。親王居住の問題が様々な事象に関わる重要な研究課題であることを示した点でも評価したい。

一方、森田悌氏は「平安初期における皇親賜姓」[5]において、皇親の管理の在り方を検討して皇親賜姓を論じ、延暦二十三年制により賜姓促進が図られたことを明らかにされた。また、岩田真由子氏は「平安時代前期における親王出家とその処遇」[6]において、親王出家とその処遇について検討し、親王・内親王は出家上表を行い、出家の許可、品位・官職・品封の返還を申請し、許可後に改めて無品親王としての食封などが支給されたとする。また、その淵源は高丘親王であったとする。親王出家の手続きを明確化し、その処遇を明らかにしたものだが、平安前期に限定された研究で、今後の研究に期待したい。

部分的には論じられてはいるものの、史料の制約からほとんど考察の対象となってこなかった内親王については、石和田京子氏が「古代皇女の役割とその意義」[7]において、内親王が天皇家のみならず摂関家の中においても重要な役割を果たしていたことを明らかにした。山田彩起子氏は「天皇准母内親王に関する一考察」[8]において、不婚内親王が十世紀半ばに、潜在的な形であれ、母后に準え得る立場におかれるようになったことを指摘している。また、仁藤智子氏は「女帝の終焉」[9]において、「井上―酒人―朝原」の母子三代に着目し、平安初期における皇位継承の中で、彼女たちの果たした役割を検証し、結果的に古代女帝の終焉をもたらしたとする。これらの研究によって、内親王の政治的位置づけが明らかとなり、内親王研究の進展に繋がっていくものと期待される。

特に、婚姻関係を中心に精力的に研究を進めてきた中村みどり氏は、①「平安初期における内親王入内の意義について」[10]、②「延暦十二年の詔―皇親女子の婚制緩和の法令―」[11]、③「一世皇子女の親王宣下と源氏賜姓」[12]、④「藤原師輔と内親王降嫁の実現」[13]を相継いで発表した。①は特に皇后腹の高志・正子内親王に焦点を当てて考察し、平安時代初期における内親王は、皇権を譲渡するための仲介者であり、皇権の所在において重大な役割を担っていた、とする。②は延暦十二年の詔を平安遷都を機に変貌する桓武朝の方針転換に原因を求め、藤原氏を優遇するとともに、桓武皇子女の尊貴性向上による別格化を図ったものとして積極的評価を与える。また、この法令が、後世の内親王降嫁をもたらしたものとしている。③では、宇多天皇の即位を契機に親王と源氏の線引きは曖昧になり、醍醐朝以後「同母後産」の原則が廃除されて同母でありながら、賜姓される者と親王宣下される者が出現したとする。④では、内親王降嫁の問題を取り上げ、師輔への内親王降嫁について、緩衝事例があったこと、勤子内親王降嫁は生母源周子の斡旋があったこと、兄実頼への対抗心と外孫の皇太子位安定の手段であったこと、を明らかにし、強い政治的意図が働いていたとする。

なお、内親王の婚姻については、国文学の立場から多くの研究がなされている。例えば、後藤祥子「皇女の結婚―落葉宮の場合―」[14]などであるが、歴史学の立場からは、岩田真由子氏が「古代における内親王の恋と結婚―皇孫の血の世俗化―」[15]において、宇多・醍醐皇女の恋愛・結婚を考察し、内親王と臣下との身分格差の恋愛・結婚が可能となった背景には、皇孫の血の世俗化があったとする。

親王に関する制度的研究がなかなか進まない中、松本大輔氏は①「親王任国制の成立―嵯峨源氏との関連から―」[16]、②「親王宣下・源氏賜姓制の基礎的考察―嵯峨源氏賜姓詔の検討を中心に―」[17]、③「品封の支給額改定からみた平安初期の親王叙品について」[18]、④「平安前期における親王叙品政策の展開」[19]と精力的に研究を進められてきた。①は「無品親王之要」は無位の女性源氏を考慮したもので、親王任国制は天皇の全子女を対象としてきわめて「皇親政策的な政策」であったとする。②は無品封に関する法令を有機的に検討し、弘仁五年詔の

「封邑」は無品封を前提にした文飾であったとする。また、延暦年間から大同年間にかけての無品親王への国家給付によって生じた「無品の品階化」が、親王宣下・源氏賜姓制の成立要因であったとしている。③は大同三年太政官謹奏（『類聚三代格』巻八）との関連から、それ以前と以後に叙品された親王の品封の戸数に隔たりがあったことを指摘し、支給された品封と収公された品封を比較検討することで、親王の経済的特権が朝廷財政を圧迫していたとする通説を批判する。また、桓武系親王への叙品は、現天皇との血統を同じくする親王への優遇であったとする。④は③を受けて、仁明朝から光孝朝までの品封の支給と収公の実態を検証することによって、皇子女の多さが国家財政を逼迫させたとする従来の研究を批判する。これら一連の研究は、行き詰まった感のある親王の制度的研究を新しい視点から再構築しようとする意欲作であるが、たとえば、①において、法令用語としての「無品」に無位一世源氏を包含するということがあり得るのか、という議論の前提が等閑に付されている点、あるいは、③においても品封の支給・収公が品封の枠内においてのみ行われたとする論証はなされておらず、食封全体のなかでの収支でなかったとはいえない、など議論の前提に不安を抱えるところがあり、そうした点を含めて、より実証的研究が進展することを期待したい。

親王の制度的側面の研究があまり深化しなかったのに反して、親王・内親王個人を考察する研究が進展した。その多くは、政治事件に関わった親王や斎宮・斎院になった内親王に関するものではあるのだが、個別研究が進むことも、史料的制約の多い親王研究にとっては重要な成果であろう。

西本昌弘氏は『早良親王』[20]で、早良親王の生涯を明らかにされ、倉本一宏氏は『皇子たちの悲劇――皇位継承の日本古代史――』[21]で倭王権から院政期までの「即位できなかった皇子たち」を取り上げており、一般向けではあるが、平安時代の親王ではほとんど取り上げられることのなかった人康親王などを紹介しており、興味深い著書となっている。また、吉川真司編『古代の人物④　平安の新京』[22]には、柴田博子氏の「早良親王」、谷口美樹氏の「高丘親王（真如）」等が掲載されている。

一方、斎宮・斎院になった内親王については国文学においても研究がなされてきた。例えば、後藤祥子編『平安文学と隣接諸学　六　王朝文学と斎宮・斎院』[23]においては、酒人内親王、当子内親王、有智子内親王、選子内親王、式子内親王などが取り上げられている。歴史学の立場からは、中野渡俊治氏が「桓武天皇と酒人内親王」[24]において、酒人内親王の生涯とその性格を論じ、桓武天皇とは意外と相性のよい関係であったとする。有智子内親王については、丸山裕美子氏が「有智子内親王」[25]において、有智子内親王が嵯峨天皇の長女であったことを指摘しており、有智子内親王を父帝が創りあげた理想空間に咲いた花と評価している。

この他、川合奈美氏が「光孝皇女忠子内親王の生涯――『日本紀略』関連記事の再検討――」[26]において、忠子内親王と清和女御忠子女王が同一人であり、その居所は東洞院六条辺と推測するとともに、『日本紀略』編纂に問題があることを指摘するなど、断片的な史料しか残らないことの多い内親王の生涯を手際よくまとめている。その他、山中裕氏の『栄花物語・大鏡の研究』(27)第七章第二節には「敦康親王と『栄花物語』」が掲載されており、藤原道長や一条天皇の敦康親王に対する考え方を述べている。

こうした親王・内親王の個別研究は、史料的制約からくるものではあるが、制度史的研究の行き詰まりを越えようとする試みでもある。しかし、制度史的研究に展望がないかといえばそうではない。

たとえば、手嶋大侑氏は「高子内親王家の庄園経営」(28)において、高子内親王家が《院宮王臣家—国司—地方有力者》の結合という政治的・社会的基盤の上に庄園経営を展開していたことを明らかにした。親王家の研究はほとんど進展がないが、経済基盤についても品封などの支給物のみでなく、こうした経済状況を明らかにしていくのも重要であろう。また、親王給については戦後の研究では、時野谷滋『律令封禄制度史の研究』(29)が詳細に論じているが、その後、尾上陽介氏が「親王の年官について——巡給制度の考察——」(30)において、親王給の制度的確立と、その後の変遷について考察された。しかし、親王給の研究は親王の経済基盤を論じるうえでも重要であるが、その後まったく論じられることなく今日に至っている。こうした親王の経済活動や経済基盤については、まだ研究の余地があるように思われる。

以上に述べてきたように、この二五年間は親王・内親王の個別研究が進展したものの、制度的研究は行き詰まりをみせた感があった。しかし、新しい視点での研究もみられ、まだまだ進展する余地はあるように思う。本書がそうした一端に寄与することが出来れば幸いである。

二　本書の構成と内容

本書は、前著『平安時代皇親の研究』を上梓して後のおおよそ二〇年ほどの間に発表した親王に関する論文を集め、新稿を加えたものである。主に親王の処遇と婚姻、賜姓や国史にみえる親王の序列記載に関する論文で構成している。

第一部「親王の処遇」では皇親の処遇に関する論考を中心にまとめた。

第一章「勅授帯剣」は勅授帯剣が親王に多いことに着目し、なぜ親王が勅授帯剣を蒙るのか、その意義について考察した。勅授帯剣は本来、天皇との信頼関係・親近感を標榜するものであったと思われるが、十世紀には臣下帯剣が定着し、十一世紀以降には摂関家や院といった、その時の権力者との信頼関係・親近感を標榜するものに変わっていくことを明らかにした。

第二章「平安時代の親王任官」では、平安時代の親王の任官について詳細に調査分析し、天皇群ごとの分析に加えて、官職ごとの分析を組み合わせることにより、平安時代における親王任官職はある程度の序列化を認めることが出来ることを明らかにした。それは、貴族子弟の昇進コースの形成の影響もあって、しだいに形成され、一条朝以降は親王数の減少もあって、明確になっていったものと考えた。

第三章「古典文学と親王の叙品・任官」では『源氏物語』などにみえる親王・内親王の叙品と任官を史実と照らし合わせて検討し、紫式部の親王任官に対する観念を明らかにした。

以上は平安時代の親王の処遇を述べたものであるが、**第四章**「伊予親王の立場」では伊予親王が桓武朝・平城朝においてどのように処遇されていたのか、その立場について考察した。伊予親王事件では先学の研究を整理し、いずれも伊予親王が有力な皇位継承候補者であったことを前提としていることに疑問を呈し、平城天皇の政策と伊予親王の性格のギャップが悲劇を生んだのではないかと考えた。

第二部「親王の賜姓と婚姻」では、親王・内親王の賜姓と婚姻の問題をとりあげた論考をまとめた。

第一章「皇位継承と皇親賜姓」では『大鏡』の記事にみえる源融の「融らもはべるは」と言い放ったという伝えに着目し、光孝天皇の擁立の背景から宇多天皇即位までを中心に、皇親の出家・賜姓と皇位継承問題を検討し、『大鏡』の記事が挿入箇所を作為していると推定した。

第二章「雅子内親王と醍醐皇子女の源氏賜姓」では、『類聚符宣抄』にみえる醍醐源氏の貫京官符から「雅子」が誤りであることを指摘し、ついで、醍醐源氏の賜姓方針について論じたものである。

第三章「醍醐内親王の降嫁と醍醐源氏賜姓」では、醍醐内親王降嫁の問題を醍醐朝の源氏賜姓から考察し、皇子改名を手がかりに、醍醐朝の賜姓源氏が生母の地位に関係なく行われたことを明らかにした。

その結果、内親王にも格差が生じたこと、それが藤原師輔が娶ることが出来た二内親王の背景であるが、康子内親王は状況が異なる。師輔が康子内親王を娶り得た背景には前例があったのではないかと論じた。こうした藤原氏と内親王の婚姻を考察することによって、藤原道長が権力を確立する以前の、藤原氏の尊貴性獲得過程の一端をうかがった。

第三部「親王序列」では、正史にみえる親王の序列の記載を検討した論文をまとめた。皇子の序列については『続日本紀』の記載を中心として天武皇子が論じられてきたが、平安時代の皇子女については、正史の記載のまま利用されてきた。しかし、正史が編纂物である以上、そこには編纂側の意図が反映していると考えられる。

第一章「桓武皇子女の出生順と序列記載」では『日本三代実録』の記事から桓武皇子女の出生順を推測し、そうした親王序列の形成の背景を明らかにした。

第二章「平城から清和皇子女までの出生順」は同様に、平城皇子女から清和皇子女までを対象として、その出生順を推測した。正史によって序列記載の基準は異なるのであり、それも皇子女群ごとに序列記載の基準があったのではないかと推測している。

補論に収めた論文は、どの部にもはいらないテーマではあるが、発表してからすでに時を経て、発表媒体がなかなか入手し難い点を考慮し、本書の末尾に掲載することとした。

第一章「小家内親王」は奈良時代の女王である小宅女王が光仁朝に

みえる小家内親王であるか否かについて論じたもので、平安時代の親王とは時代が異なるものの、平安時代の親王の事例にも触れており、平安時代の親王の処遇を考えるうえでも参考となると考え、本書に収めた。

第二章「『権記』に見える親王参詣記事」は藤原行成が当時在世の親王にどのような関心を払い、どのような関係を結んでいたのかを考察したもので、摂関政治期の親王と宮廷貴族との関わりの一端を『権記』を通して検討したものである。

巻末に付載した「古代貴族婚姻系図稿」は、各種系図にあっては、生母や婚姻関係が一元的に把握しづらい点に鑑み、親王・源氏の婚姻関係を一覧できるよう作成したものである。原則として男性は関係部分や議政官等に限って掲載し、あくまでも婚姻関係を知る目的で作成している。典拠を明示し、確認出来るようにした。しかしながら、不明瞭な部分も少なくなく、また、見落としもあるものと思われ、従って、あくまでも「稿」であることを了解されたい。本書でも、第二部において本稿を活用しているが、親王の婚姻関係の考察は今後の課題である。

註

（1）井上辰雄編『古代東国と常陸国風土記』所収、雄山閣出版、一九九九年。
（2）水野柳太郎編『日本古代の史料と制度』所収、二〇〇四年、岩田書院。
（3）『敦賀論叢』第十八号、二〇〇三年。
（4）西山良平・藤田勝也編『平安京の住まい』所収、京都大学学術出版会、二〇〇七年。
（5）『史聚』第三三号、二〇〇〇年。
（6）『文化学年報』第六十五輯、二〇一六年。
（7）『聖心女子大学大学院論集』第二五号、二〇〇三年。
（8）『日本史研究』第四九一号、二〇〇三年。
（9）『日本歴史』第八三七号、二〇一八年。
（10）『京都女子大学大学院文学研究科研究紀要』史学編十二、二〇一三年。
（11）『京都女子大学大学院文学研究科研究紀要』史学編十三、二〇一四年。
（12）『京都女子大学大学院文学研究科研究紀要』史学編十四、二〇一五年。
（13）『古代文化』第六九巻第四号、二〇一八年。
（14）『源氏物語の史的空間』所収、東京大学出版会、一九八六年。
（15）『日本歴史』編集委員会編『恋する日本史』所収、吉川弘文館、二〇二一年。
（16）『ヒストリア』第二五四号、二〇一六年。
（17）『日本歴史』第八二九号、二〇一七年。
（18）『古代文化』第七〇巻第二号、二〇一八年。
（19）『続日本紀研究』第四二六号、二〇二一年。
（20）吉川弘文館、二〇一九年。
（21）KADOKAWA、二〇二〇年。
（22）清文堂出版、二〇一五年。
（23）竹林舎、二〇〇九年。
（24）前掲註(15)書所収。

（25）前掲註（22）書所収。
（26）『学習院史学』第四一号、二〇〇三年。
（27）思文閣出版、二〇一二年。
（28）『日本歴史』第八五四号、二〇一九年。
（29）吉川弘文館、一九七七年。
（30）『早稲田大学大学院文学研究科紀要』別冊第一七集　哲学・史学編、一九九〇年。

第一部　親王の処遇

第一章　勅授帯剣

はじめに

勅授帯剣は本来、帯剣すべきでない職に勅して帯剣を許すものである。勅授帯剣を蒙ることは非常な名誉とされ、『公卿補任』等に多くその記載をみることができる。

このように勅して許される特権には、他に禁色・雑袍や輦車等が知られるが、帯剣は剣であるが故に、そこには剣を仲介とした個人的信頼関係を想定することができよう。(1)ことに、親王への勅授帯剣は天皇の親王に対する親近感を示すメルクマールともなりうるのではないかと考える。

はたして勅授帯剣にどのような意味があったのか、また、その変遷を通して天皇との個人的関係がどのように変化していったのかを考えてみたい。

一　儀式にみる勅授帯剣

始めに、村上朝頃の儀礼を伝えているとみられる『西宮記』(2)を中心に、儀式書から勅授帯剣の儀式化をみておこう。

まず、その手続きについては巻十二「諸宣旨」に、上卿が勅をうけたまわって弾正台・検非違使・式部・兵部各丞に宣旨を下すことがみえる。十一世紀初頭に成立した『北山抄』によれば、巻六「勅授帯剣事」に「仰二弾正検非違使一（口宣、或書宣旨）令三外記仰二中務式部兵部三省一。」とみえ、中務省にも下すとする。式部省は礼儀を、兵部省は儀仗を司り、弾正台は大同三年（八〇八）に内礼司併合以降、宮廷の礼儀における非違禁察を行い、検非違使は官人の非違禁察を行うことが知られる。しかし、中務省は一般官人の宮廷礼儀には関係せず、『北山抄』は中務省が宣旨に関わるという令規定に引きずられたのではなかろうか。

また、弾正台・検非違使へは上卿が左衛門陣に着いて下すとみえるが、これが「口宣」であったろうことは『西宮記』巻十三「諸宣旨」に「男女禁色。上卿奉レ勅。賜二弾正検非違使一〔自二御所一被二書下一〕勅授帯剣。牛輦車宣旨〔親王大臣女。初参夜被レ聴レ輦〕上卿奉レ勅仰二弾正検非違使等一。」（傍点筆者）とあることから知られる。(3) さらに後の『小右記』長和五年条に、(4) 内大臣藤原公季が大外記を召して「上達部勅授外記書下歟。将只以レ詞仰下歟。」と問い、大外記は「無レ所レ見」と答えている。この頃には書宣旨か口宣かの区別も不明瞭であったことが知られる。結局、検非違使を召して「勅授如レ旧宣下」と伝えている。(補注)

式部省についてはより具体的にみえ、巻十四「式部省」に「省可レ勘二申文一。上卿或給レ弁。弁令二省録一令二勘申一。返二進上卿一。奏定之後。上卿召レ丞給了。（下略）」とみえる。これによれば、上卿が弁を通じて式部録に勘申させ、それに基づいて奏定した後、勅をうけたまわって式部丞を召して宣旨を下すことになっていた。

ところで、こうした手続きがいつ頃成立したかは難しい問題であるが、『文徳実録』斉衡二年正月癸卯条の藤原松影卒伝に「（上略）還復二式部大丞一。時当二朝会一。嵯峨皇子源朝臣常。縁レ勅帯レ剣。式部詰以レ未レ知二詔旨一。不レ聴。皇子愧赧而帰。以レ故天皇赫怒。（下略）」とみえ、九世紀中頃には式部丞が詔旨を奉わった後でないと許されない様子が窺える。また、弾正台が帯剣に関わる役所であったことは、『日本後紀』弘仁元年九月乙丑条所引大同二年八月十九日弾正台例に「画飾大刀（中略）等一切禁断者。」とみえ、画飾大刀とは『延喜式』弾正台条にみえる「凡画飾太刀。五位以上聴レ之。」と同様のものとみられる。この大刀は勅授の人が公事の時佩用する、装飾を施した太刀で、儀式書に「飾太刀」とみえるものという。(5) 従って、九世紀初期には式部省・弾正台は勅授帯剣に関わる役所であったことが知られる。検非違使の成立も九世紀初頭とされるから、これらの役所が勅授帯剣に関わるようになるのは、やはり九世紀初頭頃かと思われる。このことは、勅授帯剣の形式の確立とも関わるので後述に委ねる。

次に、勅授帯剣に関する儀礼をみると、宣旨を蒙ったら、帯剣して庭前で拝舞することがみえる。(6) さらに、十一世紀頃には拝舞のみでなく、「奏慶」することが知られる。(7)

また、衛府公卿は昇進の時、「跪解レ剣進立二新官標一。」が、元勅授の人は「不レ可レ解。」、勅授でない人は「退出之後。近衛官人取レ之授二本人一。」と、巻十七「解帯剣」にみえる。『李部王記』(8) に、延喜十四年藤原道明が大納言に昇進したときは「解二佩剣一進二新位一。今日不レ解進。出門後解レ之。」といい、藤原仲平が右大臣に昇進したことに関して、「了新大臣不二剣佩一。是勅授人也。因二昇進一脱之。未知二其由一也。」と非難している。このことから、こうした儀礼の成立は延喜・承平年間に一つの画期を求めることができる。さらに後、『中右記』の時代になると『西宮記』にはみえない慣例が形成されていたことも知られる。(9)

この他、勅授帯剣は天皇一代に限り、新帝即位にあたって、改めて宣旨を蒙る必要があった。『西宮記』（故実叢書）巻十一には「王卿勅授輩。解レ剣在二左仗一。」とみえ、新帝の宣旨をまって再び帯剣が許される。早い時期では、嘉祥三年の源定の例が知られる。『公卿補任』には多くみえるが、これが通例となったのは源定の頃よりも後のことみられることは後述する。[10]

以上から、勅授帯剣の儀礼は十世紀頃には形式を整え、さらに十二世紀までには新たな慣例が形成されたものと考えられる。

ところで、令制においては本来、儀式における帯剣は武官のみに許されたもので、『養老衣服令』の「武官礼服・朝服」条に「金銀装横刀」とみえる。文官が殿上でも帯剣しなかったことは、藤原三守が「固二辞武官一。解二剣殿上一。」[11]とみえることから知られる。

ところが、殿上や儀式の場以外では帯剣していたようで、先述の大同二年弾例で一切禁断されている。後に弘仁元年（八一〇）公卿奏[12]によって「恐損二国威一。」ということで、「節会蕃客」の場合は許可されるに至った。さらに、弘仁六年には[13]「五位已上聴三恒服二飾刀一。」とされ、後に『延喜式』の規定として定着したようであるが、この「恒」が平常時を指しているものと考えられる。こうした帯剣の経緯は、平城朝の緊縮政策を嵯峨朝で撤回したという政治の流れで解釈し得るが、そこに、嵯峨天皇の唐風指向が大きく影響していることは推測に難くない。

このように考えることができるなら、勅授帯剣とは本来、儀式で文官が帯剣する特権をいうのであろう。ところが時代も下がると、勅授でない公卿も平常帯剣している慣例を儀式にもちこむようになり、儀式における勅授帯剣の意義が形式化した形が『西宮記』に記載されているようである。それは、令規定の礼服がしだいに用いられなくなり、朝服が束帯として礼装に転化していったように、[14]平常の帯剣が朝廷出仕や儀式にもちこまれるようになった結果ではなかろうか。

さて、『西宮記』をみると、帯剣に関する記載が随所に見え、平安時代も中頃になると武官に関わらず儀式には帯剣するようになっていたようにみえる。その記載は大別して飾剣・螺鈿剣・野剣とされる。このうちで飾剣が勅授の人の帯びるもので大儀とされる四節会・御禊・賀茂祭勅使に用いられる最も荘厳華麗なものであるという。[15]任大臣・立后・行幸などには螺鈿剣を用いたようで、蒔絵や木地等の種類があり、儀式によって公卿以下使い分けが知られる。「帯剣」とみえるのもこれを指すのであろう。

今、『西宮記』から勅授の人が帯るとされる飾剣に関する記載を拾ってみると、巻二〇には「東宮及参議以上。節会時着之。」とみえ、とくに勅授の人とはみえない。また、内宴では巻二〇に「帯剣之者着二飾剣一。」とみえるが、巻十六では「太子・王卿。飾剣。」とする。「帯剣之者」＝「太子・王卿」の如くである。その他、五月五日節会では巻二〇に「帯剣之人着二飾剣一。」、巻十六では「帯剣者飾剣。」とみえ、勅授の人に限定されるとは断定できない。

さらに鎌倉時代初期の成立とされる藤原通方の著『飾抄』[16]によれば「御禊行幸。節下大臣帯レ之云々。」とみえ、平安時代末の慣例を伝える。[17]また、平安時代末の事例として勅授の人でも、儀式によっては螺鈿剣や蒔絵の剣を帯びたことがみえる。『御禊行幸服飾部類』[18]には同じく、御禊前後次第司長官や侍従の飾剣帯剣をも記載している。

以上のことから、『西宮記』の時代以降では必ずしも勅授の人のみが飾剣を帯びるわけではなく、儀式における公卿の帯剣が一般的であったことから、この頃には勅授は形式化していたと推測される。実質的な特権としては前述の「衛府公卿昇進日」に「元勅授人不レ可レ解。」とみえるように、常に帯剣が許されるといった程度ではなかったろうか。

それでは、勅授帯剣は本来どのようなものであり、また、どのように形式化していったのだろうか。以下実例を追って考察しよう。

二　九世紀までの勅授帯剣

管見の限りで勅授帯剣が知られるのは十二世紀末までで一二〇余例である。(19)

初見は『続日本紀』延暦六年五月己丑条にみえる安殿皇太子であるが、その後、宇多朝までにみえる延べ二二例の勅授帯剣のうち、皇太子を含めて一二例が親王、六例が一世源氏である。

臣下での初見は延暦十四年の板茂浜主と和気広世で、「有レ勅特両人帯レ剣。」せられている。(20)浜主は縫殿助だが、広世は式部少輔従五位下である。勅授の理由は不明であるが、五位クラスでの勅授帯剣は他に例を見ない。「特」とあることから当時としても異例であった様子が窺われる。

安殿皇太子の勅授帯剣は「于レ時太子未レ加二元服一矣。」とみえ、『続日本紀』編纂の時点では皇太子の帯剣は元服以後が原則であったらしいことを推測させる。『西宮記』「皇太子御元服」所引の応和三年御記に、「把笏帯剣着二錦鞋一。並如二尋常装一也。」とみえ、元服に帯剣した様子がみえるが、元服以前の帯剣は平安時代初期においては異例のことであったのであろう。皇太子の服制は令規定によれば帯剣しないが、儀式における帯剣を特に許したということであろうか。延暦四年の藤原種継暗殺事件による早良廃太子以後、安殿親王を皇太子として優遇することを示したものとみることはできないであろうか。

同十五年には伊予親王が帯剣を許されている。桓武皇子の中でも皇太子に次いで勅授されている点に注目したい。伊予親王が桓武天皇に寵愛され、遊猟によく伴われたことは知られるところである。行幸や遊猟に際して帯剣が許されることは、後の源定省や貞固親王の例により知られるが、伊予親王も翌日の芹川野への遊猟と関係があるのであろうか。当時の親王の年齢は延暦十一年の加冠時一四歳とすれば一八歳である。

その後、延暦二十四年に葛井親王が「勅賜二帯剣一」わっている。『西宮記』にいう童親王帯剣(21)にあたる。親王は第一二子で「幼而機警」といわれ、一二歳の時には射礼における座興で「再発再中」して外祖父坂上田村麿を喜ばせている。(22)桓武天皇好みの武芸に秀でた、活動的な親王であったようである。勅授の理由は不明である。あるいは天皇と田村麿との信頼関係によるものかとも思われるが、童親王の勅授帯剣の例には万歳楽を舞ったおりに許されるものがみられ、葛井親王もそうした何かのおりの褒賞的な意味での勅授帯剣ではなかったろうか。

桓武朝にみえる勅授帯剣は以上であるが、桓武朝以前の『続日本紀』にまったく例をみないことから、勅授帯剣は桓武朝の頃から行われるようになったように思う。[23] 桓武天皇は独裁的性格の強い天皇として有名であるが、天皇との個人的関係が人事その他に影響していたことはよく知られている。そうした天皇の個人的信頼（あるいは天皇の親王等に対する親密度）を示す形として勅授帯剣がみられるようになるのではなかろうか。それが帯剣という形をとったのは、著名な黒作懸佩刀に知られるように、刀の授受に最も信頼関係を標榜しうると考えたからではなかろうか。[24]

その後、嵯峨天皇が源常に勅授したことが知られるが、常は源氏第三郎で「寵愛殊㆓於他子㆒矣。」といわれ[25]嵯峨天皇の信頼が厚かったことは推測し得る。これ以外に勅授された者がなかったかは、『日本後紀』に欠巻が多いのでなんともいえない。しかし、『続日本後紀』にもほとんどみえないことから、仁明朝ころまでは勅授帯剣の例は多くはなかったろうと推測される。

『文徳実録』以降になると若干みられるようになる。まず、源定が「先皇賜㆑之。今依㆑旧賜㆑之。」とされる。定は嵯峨第六源氏で「尤鍾愛。」され、淳和天皇の子とされて淳和天皇にも「愛之。」されたという。[26] 仁明天皇には兄弟、文徳天皇には叔父にあたる。また、忠良親王の嘉祥三年（八五〇）の勅授も仁明天皇のときに賜わった「御剣」を、文徳天皇が改めて勅授したもののようである。先述の『西宮記』にみえる、勅授は天皇一代限りという儀礼が、形式的には文徳朝頃まで遡って確認できる。

この他、惟喬親王の勅授が知られる。親王は文徳第一皇子でありながら、惟仁親王（清和天皇）に東宮の地位を奪われた親王であることから、長子としての優遇の意味であろうか。また、賀陽親王が親王としては異例の高齢で勅授帯剣を許されている。その後の清和朝には本康親王・惟恒親王・源多の勅授帯剣がみられる。

先に述べたように、宇多朝までで勅授帯剣を許されたのはそのほとんどが親王であり、少数の一世源氏であった。例外として桓武朝の皇太子と五位官人がみられるが、桓武朝の勅授帯剣は未だ定着したものではなかったことを推測させる。

勅授帯剣が天皇との親密度に規定されるものとするならば、嵯峨朝や淳和朝にも親王の勅授帯剣がみられそうであるが、管見には入らない。『日本後紀』の欠佚を考慮しても仁明朝末年の忠良親王まで確認できないということは、親王の勅授帯剣が桓武朝以降なかったことを推測させる。文徳朝以前には源常・源定と忠良親王しか確認できないことは、桓武天皇が親王との親密度を示すために始めた勅授帯剣が、その後、官界に進出する一世源氏と天皇との親密度を示すために行われるようになったとは考えられないだろうか。ところが承和末年以降再び親王を中心に勅授帯剣が行われるようになっていく。

それでは何故、承和末年からなのか、また各親王の勅授帯剣理由は何かといったことを明確にすることは不可能である。ここでは、桓武朝に始まり、嵯峨朝に一世源氏へ拡大された勅授帯剣が、承和末年以降再び親王を中心としてみられるようになったという経過を確認しておきたい。

ところが、陽成朝に実質上初めて、臣下である藤原基経が勅授帯剣する。元慶元年（八七七）、基経は抗表して左大将辞任を願い出た。陽成天皇は清和太上天皇に基経の表を奉じた結果、太上天皇は「但君子武備。腰底忽空。願特賜二帯剣一。厳二其儀形一。」ということで金銀装宝剣を下げ渡し、天皇は即日基経に賜わったのである。ここに基経と清和太上天皇との密接な関係を推測し得るであろう。また、後に頻繁にみられるようになる大将辞任後の勅授帯剣の先駆けでもある点は注意される。その後の元慶八年に光孝天皇を迎えたおり、基経は「解二却太上天皇勅賜之剣一。」したが、本康親王と源融は「先侍猶尚帯レ剣。」しており「乍驚相視。各自解レ之。」ということがあった。このことから、文徳朝頃に代替りにおいて改めて勅授する形式がみられるにしても、天皇代替りに解剣することが定着していなかったことが窺われる。本康親王や源融は改めて勅授されることを当然と考えていたための失態ではなかろうか。橋本義彦氏(27)は「先帝の勅授帯剣が新帝のもとでは無効になるのは理の当然であるが、けじめを重んずる基経の性格が、他の二人の行動との対比によって浮きぼりされている」と述べている。確かに基経の性格にもよるのであろうが、私はそこに基経の政治性を考慮すべきだと考える。基経が解剣したのは、陽成退位後、皇位継承の紛糾後に迎えた光孝天皇の立場を高めるとともに臣下に天皇の存在を意識づけるための政治的演出であったとみることができよう。これ以後、『西宮記』にみえる、新帝の再勅授に際して解剣するといった形式がいつ定着したかは定かではないが、それが基経の政治性に由来するとみることは可能であろう。また、臣下への勅授帯剣が一般化するのも、基経への帯剣を契機とするようにみえ、勅授帯剣の変遷の中で一つの転機をもたらしたといえよう。

光孝朝には先の例の他、源是忠・貞数親王・源定省・貞固親王の勅授帯剣が知られる。これらの例も理由を明らかにすることは困難であるが、貞数親王は藤原時平加冠後の太政大臣献物で舞い、「親王昨舞二散手一。其舞装束帯レ剣執レ殳。故特賜レ之。」といい、褒賞的意味での勅授であったようである。貞固親王は遊猟に際して太政大臣（基経）が「遊猟之儀。宜レ有二武備一。親王腰既空。」と奏言して帯剣を請い、許されたものである。「帝甚欣悦。」したというから、光孝天皇の気持ちを基経が先取りしたのではないかと思える。親王の年齢は不詳ながら一八歳頃であったかと思う(28)。源定省は周知のように光孝天皇の要望によって即位する人物で、天皇の寵愛した皇子であった。勅授の直接の契機は、貞固親王の前日に芹川野行幸に出かけるおりのことである。

以上、光孝朝に天皇代替りの勅授に際して解剣する形式が確立し、臣下帯剣の道も実質的に始まるものとみられる。勅授帯剣が行幸や遊猟の機会になされるという形がみられるようになるのも光孝朝からである。

次の宇多朝には勅授帯剣の例を見出せないが、基経の帯剣も改めて勅授されなかったのであろうか。宇多朝には阿衡の紛議が起こり、宇多天皇と基経の関係は決して良好ではなかったことを考えれば、基経への勅授帯剣はなかったものと推測される。宇多天皇が寵愛した菅原道真へは、基経に許さない以上、勅授帯剣はなかったものとみてよい。

十世紀以前の勅授帯剣は、桓武朝から始まるが、初期には主として親王に対する天皇の親密度を示すものとして行われた。それが臣下に拡大していくのは、基経に対する勅授からとみられる。また、天皇代替りに改めて勅授する形式は文徳朝からみられるが、そのおりに解剣することは光孝朝における基経の政治性によるものと推測される。この基経への勅授は一つの転換期にあたるとみられ、醍醐朝以降に勅授帯剣は一般化するようである。

三　十世紀頃の勅授帯剣

以下では醍醐朝以降冷泉朝までの勅授帯剣を概観する。

醍醐朝以降冷泉朝までには延べ二五例の勅授帯剣を確認できるが、その内、一二例が親王である。花山朝以降高倉朝までの二百余年間に親王の帯剣は八例しか確認できないことから、十世紀頃に臣下の勅授帯剣が定着したものとみられよう。

醍醐朝では、延喜十年（九一〇）に敦固・将順両親王が帯剣を許されている。勅授の契機は内宴であるが、舞等による褒賞的勅授であったろうか。その後、藤原道明が同十九年九月に病により右大将を辞任、同十月に勅授されている。大将辞任後の勅授帯剣は基経の例を踏襲したものであろうか。道明は南家貞嗣流で勘解由長官や弁官を歴任、延喜九年参議に任じ、同十一年には先任者六人を超えて権中納言となり、二年後に中納言で右大将を兼ねた。同十四年大納言に昇り、上席に右大臣藤原忠平、大納言源昇がいるのみであった。明らかに実務官僚としての昇進であり、しかも藤原南家で、基経流とも何ら繋りを見出せないことを考えれば、醍醐天皇の信任あっての昇進と考えるのが自然ではなかろうか。その道明に勅授が許されたことは、忠平や仲平にもその可能性を与えることになる。延長六年に至り仲平が「御狩猟日」に勅授され、忠平は同八年、朱雀朝にようやく勅授される。忠平は時に摂政で大将辞任による。醍醐朝では道明と仲平の勅授が行われながら忠平にみられないのは、醍醐天皇と忠平の関係がそらぞらしいものであったにしても[29]、忠平が長く大将兼任であったことも考慮すべきであろう。

その他、醍醐朝には雅明親王の勅授が知られる。左大臣藤原忠平が宇多法皇に雅明親王の勅授帯剣を願ったが許されなかった[30]。しかし、二か月後の大井河行幸で親王が万歳楽を舞ったことにより勅授されている。この例から次のことが明らかである。左大臣の奏請によって勅授されること。また、法皇にも権限があると忠平がみていたこと。但し、醍醐天皇は忠平の奏請に対して「此事専不レ可レ然。」と記しており、勅授帯剣は天皇の権限であると認識していたことが窺える。結局、宇多法皇の要請を受け入れての勅授帯剣となったようである。ここに天皇との親密度を示すものとしての勅授帯剣に、政権担当者との関係や太上天皇との関係が絡み合うものに変質し出したようである。しかしながら、醍醐朝の勅授帯剣は、依然として狩猟や大将辞任といったこれまでにみられた契機に勅授帯剣が行われている。臣下帯剣が行われるようになったとはいえ、まだまだ限定されたものであったのである。

朱雀朝には、元長親王の勅授帯剣が二回みえる。同朝に再勅授されるというのは儀式書にもみえないことである。もっとも、摂政や関白に任じられる時には「止二帯剣一」て「同日如レ元」とすることがみえ、公卿以前の勅授の場合に再勅授される例はみえる。しかし、特別な理由でもない限りは勅授を免ぜられることはないと考えられるから[31]、次のような一案を提示しておきたい。

天慶六年（九四三）に親王の兄・元良親王が薨じていることから[32]、服喪に際して勅授を辞退したためではなかろうか。同じく村上朝に藤原実頼が天徳元年（九五七）と同四年七月に勅授帯剣しており、この場合は弟の師輔が同四年五月に薨じている[33]ことによるのではなかろうか[34]。

その他、成明親王の勅授帯剣が知られる。皇太后の五十算賀のおりのことで、舞等による褒賞的な勅授であったろうか。『西宮記』巻十七では童親王勅授の例として伝え「後々有例。」とする。成明親王の勅授から童親王帯剣が慣例化した、という意識が強かったことを窺わせる。また、藤原師輔が勅授されている。朱雀朝には忠平が国母穏子の兄、天皇の外伯父として存在し、師輔自身は天皇の姉雅子内親王を娶っている。こうした天皇とのミウチ関係が勅授の要因ではなかろうか。

村上朝では前述の実頼の他、源高明が勅授帯剣している。高明は「村上天皇・安子の考えのもとに高明一家は師輔の圏内にすっかり入りこんでしまって」いたといわれ[35]、師輔の庇護のもとに発展した人物である。また、重明・章明・有明・為平各親王といった村上皇兄弟・皇子が多く帯剣を許され、さらに冷泉朝に「如レ旧」とみえる藤原師尹の勅授帯剣が知られる。

各親王の勅授の理由は不明ながら、重明は右大臣師輔が奏請して許されたことが知られる。親王室は藤原忠平の女、母は師輔の妻雅子内親王の母と姉妹である。また、女の徽子女王は村上天皇女御である。こうした姻戚関係も勅授を許される大きな要因ではなかったろうか。為平は師輔の女安子所生で、村上天皇に耽愛された人物である。天皇との関係はもちろん、安子を介して師輔との関係も勅授の要因の一つとして考慮すべきであろう。有明・章明の勅授の理由は『日本紀略』の記事からでは判然としない。村上朝以降に薨じた醍醐皇子には、他に村上天皇の兄に式明・長明、弟に盛明・兼明の各親王がいるが勅授は確認できない。

次の冷泉朝では、天皇践祚の翌月に四名の「如レ元」がみえる。新帝による再勅授が明確にあらわれる最初である。その他、藤原伊尹が勅授されている。伊尹は師輔長子で、女懐子は冷泉女御で後に師貞親王（三条天皇）を生んでいる。また、藤原実頼が勅授されたことを『一代要記』は記すが、関白となり改めて勅授されたものであろうか。藤原兼家は安和の変直後に勅授されている[36]。中納言兼蔵人頭春宮大夫という天皇・東宮を一手に抑える兼家であった。勅授帯剣は安和の変の処理に対するものではなかったろうか[37]。

以上、醍醐朝から冷泉朝までの勅授帯剣をみてきたが、それによって以下のことが明らかになったと思う。

第一に、依然として親王帯剣が中心ではあるが、臣下帯剣が定着したこと。第二に、天皇の個人的親密度を示すものとしての勅授帯剣に、政界の実力者や太上天皇との関係が影響するものに変質し出したこと。特に、忠平以降に強固にみられるようになる天皇との姻戚関係を基礎に、藤原氏の実力者との関係が勅授帯剣に大きく影響するようになったこと。第三に、勅授帯剣の契機としては、依然として大将辞任や狩猟・行幸のおりに行われており、その意味では一般化したものではなかったとみられること、である。

醍醐朝頃から儀式に関する関心が高まり、忠平執政期は平安末期貴族のいう「古礼」の形成期に当たっていたといわれ(38)、勅授帯剣もそうした風潮の中でしだいに形式を整えていったのではなかろうか。成明親王の勅授帯剣が「後々有例」とされたり、冷泉朝には明確に新帝勅授がみられたりするなどは、十世紀中頃に『西宮記』などにみる勅授帯剣の儀礼が確立したことを推測させる。

四　平安時代の勅授帯剣の実態

以下、円融朝以降高倉朝までの勅授帯剣について概観しておこう(39)。円融朝以降では延べ一一一例を確認しうるが、圧倒的に藤原氏が多く、親王は八例にすぎない。源氏は二一例、平氏が三例、それに大江匡房に確認できるのみである。

円融朝以降の臣下勅授を概観すると、いくつかの形式を抽出することができると思う。

まず、勅授帯剣の年齢については時代とともに早まる傾向にあるが、これは高位高官に至る年齢が若年化することに対応するものであろう。このことは勅授時の位階にも表れており、正三位からしだいに従二位へと集中するようになる。官職の面からみると、ほとんどが納言官以上であり、例外は六例を確認しうるに過ぎない。さらに詳細にみると、醍醐朝から花山朝頃には大納言・大臣クラスが多いが、一条朝頃からは権大納言・権中納言が多くなっている。これは摂関家の確立とともに昇叙が早まり、それにつれて昇進も早くなり、摂関家子弟を中心に権中納言からスタートすることが多くなるためとみられる。従って、この頃には勅授を受ける最低基準が、原則的には納言官以上（位階でいえば従三位以上）であったことが推測される。

第二に『中右記』には記主藤原宗忠が勅授帯剣したことに関して、「大臣ハ必帯剣之故云々。」と記しており(40)、十二世紀には大臣は帯剣する慣例が形成されていたことが知られる。但し、実際に確認できる例では、朱雀朝以降に限っても、大臣で勅授を確認できない者は六一名中一六名を数える。藤原宗忠が勅授を受けた崇徳朝でも藤原家忠・源有仁の勅授は確認できない。しかし、宗忠自身の勅授に関する記載なので記事のままに理解しておきたい。それでは、いつ頃から大臣は帯剣することが慣例となったのであろうか。不明の者もいるので断言はできないが、藤原教通が長らく勅授されていないことから後冷泉朝も半ば以降、院政期に入ってからではなかろうか。また、同じく『中右記』に「上卿必可㆑蒙㆓勅授宣旨㆒也。」と記し、続けて「歴㆓大弁㆒上卿。殊不㆑帯㆑剣之故也。」と見える(41)。上卿が必ず勅授宣旨を蒙るというのは、諸公事のほとんどは中納言以上が上卿となることから起こった慣例のように思われる。[42] これは、確認できる勅授がほとんど納言官以上であることとも一致する。大弁を歴任した上卿とは、実務の才により昇進してきた者を指すとみられ、摂関家子弟等が若年で勅授を受けるのとは異なることから、必ずしも勅授宣旨を蒙ることがなかったものと推察しうる。[43] とすれば、こうした慣例も十一世紀を遡るものではないと思われる。

　第三に、摂関家子弟への勅授がある。彼らには、特に勅授の理由を認めえないようである。円融朝以降の勅授時の年齢をみると、ときの藤氏長者の子弟への勅授は二〇名確認できるが、平均年齢は約二八歳で他の勅授者に比してかなり早い。[44] そのほとんどが権中納言や権大納言に任じた年に勅授されている。特に何かの契機に許されたというのではなく、摂関家子弟に対する優遇のように思える。

　第四に、近衛大将辞任による勅授がある。すでに基経の例にみられるが、その後は藤原道明・忠平・実頼の例がみえ、十一世紀以降では五例を確認できる。最も、大将辞任後は皆勅授されているわけではないから、勅授の契機の一つに過ぎないのかも知れない。しかし、大将補任前の勅授はあっても、在任中の勅授はみられないことから、大将の武官としての帯剣があれば、勅授帯剣を必要としないことが推測される。醍醐朝以降の大将で勅授なき者一六名のうち在任時に薨じた者七名、辞任後まもなく薨じた者二名、配流一名を数える。[45] 勅授不明の者が五名いるので、大将辞任後に勅授されるという形式を断言できないが、基経に始まる臣下帯剣の初期には大将辞任による場合が多いことは、本来的に大将辞任によるものであったことを推測させる。近衛大将が十世紀以降、栄誉職化していったことは笹山晴生氏[46]の研究に詳しいが、専ら摂関家の子息および師房流の村上源氏が就いたという。こうした大将補任のありかたが、第三の要因と相まって勅授後の大将補任者を多く出すものと思われる。さらに、補任までに勅授のみえない者も辞任後に勅授されることが通例とされたのではなかろうか。

　第五に、以上の形式に当てはまらない勅授がある。むしろ、こうした勅授が形式化する以前の勅授の姿を伝えるものとみられる。その一つは、第一の形式に当てはまらない納言官以下の勅授である。藤原兼通・安親・通任（「如元」を含む二例）・源資賢が参議、藤原道長が左京大夫での勅授である。

　兼通は勅授の前年に弟の兼家に先を越されているが、円融天皇は母・安子の生前から兼通とは特に親しい仲であったことからの異例の勅授ではなかろうか。通任は「群行日勤仕長奉送使之故也。」と明記されている。同日の伊勢斎内親王群行に勤仕したことによる特別の褒賞的な勅授であろう。通任は師尹の孫で済時の子である。妹・娀子が三条天皇の皇后であることも考慮すべきであろう。源資賢は「大嘗会御禊日。」に勅授されている。これも御禊の奉仕による褒賞的勅授であろう。道長は異例中の異例であり、議政官入り以前の勅授は彼のみである。一条天皇の外祖父となった父・兼家は長い雌伏の時代を取り戻すかのように息子達の昇進を計ったことはよく知られている。特に、一条天皇の母で道長の姉である詮子が道長をかわいがったことに大きな要因があるかもしれない。[47] 安親は北家ながら山蔭流で、摂関家からはほど遠い血筋である。ただ、姉妹が兼家室となっていたこともあってか永延元年（九八七）に六六歳の高齢で参議となっている。勅授の理由はわからない。

以上から、納言官以下で勅授された者は、摂関家と繋りの深い者、天皇との関係の深い者であると同時に、何等かの奉仕を勤めた褒賞的意味が濃厚であるように思われる。その意味では形式化した勅授帯剣とは異なり、天皇もしくは天皇を内包した摂関家の意思によるものといえよう。

この他、『公卿補任』に勅授理由が明記された例を上げ得る。前述の他に円融朝以降で五例みられるが、理由が記されたのは当時としては例外的な勅授であったのであろう。その理由は行幸供奉や御竈神勅使等である。十世紀以前に主にみられた褒賞的な意味での勅授帯剣といえようか。

第六に、後三条朝以降院政期における院近臣を中心とした勅授をあげることができる。院政期は家格の形成期とされ、摂関家も外戚を離れて家格として定着する。また、清華家が形成されてくるのもこの時期だという(48)。この時期に確認できる勅授者をみると、四六例中二一例が後に清華家とされる家柄の者、二一例が院の公卿別当・四位別当であった者であり、九例が摂関家である(49)。このことから、形式化した勅授帯剣と家格の形成とが有機的関連を有することを推測させる。また、院近臣が多いことは(50)、形式化したとはいえ、摂関家との関係にかわって院の意思が勅授に反映しているとみることができよう(51)。その意味では、十一世紀よりはむしろ十二世紀の方が、本来の勅授帯剣の姿に近いかもしれない。

以上、円融朝以降の臣下帯剣を概観してきたが、摂関家の確立とともに、勅授帯剣が形式化した様子が窺えたと思う。しかし、例外的な勅授も認めることができ、十世紀以前の勅授帯剣の本来的な姿を伝えているといえよう。但し、そこには天皇との個人的関係を認めることは困難な場合が多く、むしろ天皇を内包してミウチ化した摂関家や天皇の後見をなす院が天皇の意思を代弁する形をとった勅授帯剣としてみえるに過ぎない。

最後に、円融朝以降で八例みられる親王の勅授帯剣について述べておきたい。八例しか確認できないのは見落としもあろうが、この時期以降に親王数が減少することにもよるのではなかろうか。

まず、円融朝に致平親王の勅授が確認できる。母は藤氏長者であった故藤原在衡の女正妃である。天皇の兄には広平・憲平・致平・為平の各親王がおり、弟に昌平・具平・永平・昭平の各親王がいた。このうち、憲平は冷泉天皇となり、為平は村上朝に勅授された。広平は村上第一皇子ながら母は藤原元方の女元子で他の親王に比して外戚が劣る。弟では昌平が六歳で薨じ、具平は「後中書王」といわれ文名高いが、円融天皇退位時にようやく一九歳となる。こうしたことからみて、致平親王は円融天皇の兄の中で血筋・年齢ともに勅授に値する親王であったといえる。この勅授が天皇の意思によるものか、藤原氏との関係によるものかは不明である。また、円融皇弟が後に勅授されたことは確認できない。

一条朝に勅授された為尊・敦道の両親王は冷泉第三・四皇子で、円融・花山両天皇・居貞皇太弟とは兄弟である。為尊・敦道の両親王の母は藤原道長の女超子であることからの勅授とみられる。故に、この勅授は摂関家との関係が強いといえようか。

後一条朝には清仁・昭登の二親王が勅授される。この二親王は花山院出家後の皇子で冷泉院皇子とされたものである。勅授時の年齢は二〇歳前後である。後一条天皇即位に威儀親王を勤めたことによると思われるが、後一条天皇は時に九歳であるから天皇の意思とは考えられない。藤原兼家の策謀によって出家させられた花山院実子である親王に対する、摂関家の意思ではなかろうか。

この他、後三条朝に敦賢親王が勅授されているが、その理由は不明である。

円融朝以降の親王の勅授帯剣をみると、親王の元服叙品に際して許される例（為尊・敦道）、天皇即位に際して許される例（清仁・昭登）が知られ、初期にみられた内宴や行幸等における勅授は確認できない。これは、天皇が幼少化して自らの意思で勅授することが少なくなったこと、親王の勅授帯剣も形式化し、元服や即位の際に適当な年齢・血統の親王が許されるようになったことによると考えられる。

以上、円融朝以降の勅授帯剣は親王、臣下を問わずしだいに形式化し、摂関家の意思や院の意思等に左右されるものとなっていったのではなかろうか。しかし、『公卿補任』等に多くの記載がみられるように、形式化したとはいえ、一つの栄誉であるといった認識は長く存在したもののようである。

おわりに

勅授帯剣は本来、天皇との信頼関係・親近感を標榜するものであったと思われる。従って、初期の勅授帯剣は親王が中心であった。ところが、基経への勅授以降に臣下帯剣がみられるようになり、十世紀には定着する。

醍醐朝から村上朝にかけて儀礼の整備定着が勅授帯剣の儀礼形成のうえでもみられ、しだいに形式化を促すことになる。十一世紀以降には摂関家の確立にともなって、全く形式化した勅授帯剣が行われるが、それは、天皇が摂関家に内包化されてしまったこと、幼少の天皇が多くなったこと等によるものであろう。しかし、全く本来の姿を失ってしまったわけではなく、天皇との親近感の標榜が摂関家や院といった、その時の権力者のそれに代わったに過ぎないといえる。故に、貴族にとっては栄誉の一つとしての認識が存在し続けたものと思う。

天皇との個人的関係を抽出することは難しいが、こうした特権付与を手掛かりに、表面的には窺えない関係を掘り起こすことができるのではなかろうか。勅授帯剣の他、禁色・雑袍や輦車宣旨についても考察すれば、より明瞭になることがあるかと思うが後考を期したい。

註

（1）東大寺献物帳にみえる著名な黒作懸佩刀（『大日本古文書』巻四―一三八頁）に最もよく表れている。

（2）特に断らない限り、改定史籍集覧本による。『西宮記』等儀式書については所功『平安朝儀式書成立史の研究』（国書刊行会、一九八五年）参照。

（3）『李部王記』天暦五年十二月五日条に「大臣即召右衛門尉源致仰帯剣宣旨。」とみえ、左衛門陣に赴いての宣旨ではないが、衛門府官人を通して宣旨を下したことが知られる。

（4）正月二十九日条。

（5）皇学叢書本八二九頁頭註。

（6）『西宮記』巻十七「勅授帯剣」。実例は「醍醐御記」（所功編『三代御記逸文集成』所収、国書刊行会、一九八二年）延喜十年正月二十三日条の敦固親王他。

（7）例えば、前述の『小右記』長和五年正月二十九日条には摂政左大臣藤原道長が奏慶したのち、左大臣以下が中門外に列立して「令ㇾ奏㆓勅授悦㆒。拝舞。」している。

（8）承平三年二月十三日条。

（9）第四節参照。

（10）天皇代替りの勅授は、十世紀頃には践祚時・即位時様々であるが、三条朝以降は践祚時に定着するようにみえる。『水左記』承保二年正月十三日丙午条には「大殿被ㇾ仰云。践祚初勅授昇殿人々如ㇾ元者。雖㆓不参㆒已同事也者。所㆓帯剣㆒也。」とみえており、十一世紀には「践祚初」が通例であったようである。

（11）『公卿補任』弘仁十四年条。

（12）『日本後紀』弘仁元年九月乙丑条。

（13）『日本後紀』弘仁六年十月壬戌条。

（14）『図説日本文化史大系』五（小学館、一九五七年）三四八頁。

（15）飾剣の概略は『国史大辞典』第三巻等の辞典類、江馬務著作集第二巻『服装の歴史』（中央公論社、一九七六年）等による。

（16）『群書類従』巻一一四所収。

（17）『中右記』には大臣帯剣のことがみえるが、詳しくは第四節で後述。

（18）註(16)に同じ。

（19）再授も含め、付表掲出のものを示す。但し、錯乱等の可能性については考証していない。以下の数値も同じ。

（20）以下、勅授に関する記事の年月日・出典は、特に断らない限り付表参照。

（21）巻十七所収。

（22）『文徳実録』嘉祥三年四月己酉条。

（23）『日本国語大辞典』七（小学館、一九七五年）「勅授帯剣」の項には桓武天皇の代から始まったとの記載がある。

（24）同様に、桓武天皇は藤原緒嗣の元服に際して「是汝父所ㇾ献之剣也。」として緒嗣に「賜ㇾ剣」わっている（『公卿補任』延暦二十一年条）。

（25）『文徳実録』斉衡元年六月丙寅条。

（26）『三代実録』貞観五年正月丙寅条。

（27）「太政大臣沿革考」（『平安貴族』所収、平凡社、一九八六年、初発表は一九八二年）。

（28）貞観十五年親王宣下のとき、二歳としての推定である。

（29）角田文衛「菅家の怨霊」（『平安人物志』上所収、法蔵館、一九八四年、初発表は一九六六年）。

（30）「醍醐御記」延長四年八月十六日条。

（31）藤原伊周が左遷によって止められ、復朝後に再勅授された例がみえる。

（32）『日本紀略』天慶六年五月二十六日条。

（33）『日本紀略』天徳四年五月四日条。

(34) 他にも同朝再授がみえるが、史料価値からみて錯乱の疑いが濃い。

(35) 山中裕『平安時代の古記録と貴族文化』(思文閣、一九八八年)第一篇四五頁。

(36) 安和の変は安和二年三月に起こり、四月九日には「於建礼門前大祓。」が行われている(『日本紀略』)。

(37) 兼家については、山中裕「藤原兼家論」(『平安人物志』所収、東京大学出版会、一九七四年、初発表は一九七二年)参照。

(38) 橋本義彦「貴族政権の政治構造」(岩波講座『日本歴史』四所収、一九七六年)

(39) 円融朝以降の平安時代を一括して考察するのは、先に述べた天皇との姻戚関係が勅授帯剣に影響するようになったとみることによる。安和の変以降、摂関家権力が確立し、天皇が藤原氏に内包されてしまうことが予想されるからである。

(40) 保延四年正月十二日条。

(41) 嘉承二年十二月二十一日条。

(42) 土田直鎮「上卿について」(坂本太郎博士還暦記念会編『日本古代史論集』下所収、吉川弘文館、一九六二年)。

(43) 『中右記』寛治八年十一月十一日条。

(44) ときの藤氏長者の子弟以外の場合は、藤原氏に限っても、平均約四三歳。源氏だと約五〇歳である。

(45) 定方・保忠・恒佐・済時・通房・源師房・公能は在任時に薨じた。顕忠・公教は辞任後まもなく薨じた。兼長は配流。勅授不明の者は、道隆・道兼・家忠・源雅実・源有仁・平宗盛である。

(46) 「平安前期の左右近衛府に関する考察」(『日本古代衛府制度の研究』所収、東京大学出版会、一九八五年、初発表は一九六二年)。

(47) あるいは道長の場合、中将辞任(『公卿補任』永延元年条)による特別な勅授であったかもしれない。

(48) 註(38)及び玉井力「「院政」支配と貴族官人層」(『日本の社会史』三所収、岩波書店、一九八七年。後『平安時代の貴族と天皇』所収、岩波書店、二〇〇〇年)。

(49) 数値が一致しないのは、清華家の家柄で院近臣である者を含むからである。

(50) 院近臣でも著名な者(藤原顕季や国明など)の勅授を確認できない。勅授された者との相違点については成案を得ていない。

(51) 院の権力が終始絶対であったわけではないことは玉井力前掲註(48)論文に詳しい。故に院の意思によるか、天皇の意思によるかは個々の例を検討する必要があるが、後考を期したい。

(補注) 『吏部王記』天暦五年十二月五日条に、右大臣(師輔)が右衛門尉源致に帯剣宣旨を仰せた例がみえる。

表 1-1-付表　勅授帯剣一覧

年・月・日	人　名	官職・位階	年齢	出典・備考
延暦 6(787) 5.16	安殿親王	皇太子	14	要記2，続紀，西13
14(795)10.30	板茂浜主	縫殿助		紀略
〃	和気広世	式部少輔		〃
15(796)正.10	伊予親王			〃
24(805)－.－	葛井親王	無品	6	文実：薨伝
弘仁年中(814～23)	源　常		17	文実：斉衡2.正.22条
承和15(848) 5. 3	忠良親王	兵部卿四品	30	続後
嘉祥 3(850) 4.11	源　定	中納言従三位	36	文実：如旧
3(850)10. 3	忠良親王	兵部卿三品	32	文実
天安元(857) 4.19	惟喬親王	無品	14	〃
2(858) 8. 8	賀陽親王	二品	65	三実
貞観 5(863) 2.14	本康親王	兵部卿四品	29	〃
15(873) 4. 3	惟恒親王	常陸太守四品	14	〃
〃	源　多	大納言従三位	43	〃
元慶元(877)正. 9	藤原基経	摂政右大臣従二位	42	三実，補任，裏書
8(884) 2. 5	〃	関白太政大臣従一位	49	〃
〃	本康親王	兵部卿	50	三実：解却
〃	源　融	左大臣正二位	63	要記，補任
8(884) 6. 1	源　是忠	正四位下	28	三実，補任，分脉4，西13
仁和 2(886)正.21	貞数親王		12	三実，分脉1
2(886)12.14	源　定省		20	三実
2(886)12.25	貞固親王	常陸太守		〃
仁和 3(887)正.－	源　定平	正四位下		西13
延喜10(910)正.23	敦固親王	大宰帥	22	貞信，醍醐，紀略，北山抄
〃	将順親王			〃
19(919)10.28	藤原道明	大納言正三位	64	補任，要記
延長 4(926)10.19	雅明親王		7	貞信
6(928)12.－	藤原仲平	大納言正三位	54	補任
8(930)12.17	藤原忠平	摂政正二位	51	〃
承平 2(932)正.22	元長親王	大宰帥	32	貞信，北山抄
4(934) 3.26	成明親王		14	西12，分脉3，別符
天慶 5(942) 4.29	藤原師輔	大納言従三位	35	補任，世紀，分脉1
7(944) 5. 5	元長親王	兵部卿三品	44	九条殿記
天暦 5(951)12. 5	重明親王	式部卿三品	46	吏記，西6，北山抄
9(955) 6.17	藤原師輔	右大臣従二位	48	要記，愚管抄
天暦10(956)正. 1	源　高明	大納言正三位	43	補任，異本
天徳元(957) 4. 5	藤原実頼	左大臣正二位	58	補任，裏書，要記
天徳 3(959) 2.22	章明親王		36	紀略，九暦，北山抄
3(959) 8. 1	有明親王			紀略
4(960) 7. 5	藤原実頼	左大臣正二位	61	補任
康保元(964)正. 2	為平親王		13	紀略，村上，西1
4(967) 6.16	元長親王	式部卿	67	紀略，世紀：旧如
〃	章明親王	弾正尹	44	〃
〃	源　高明	左大臣正二位	68	〃
〃	藤原師尹	右大臣正二位	48	〃
4(967) 9.11	藤原伊尹	権大納言従三位	44	摂関伝
4(967)10.19	藤原実頼	関白従一位	68	要記
安和 2(969) 4.11	藤原兼家	中納言従三位	41	補任，要記
2(969) 8.13	〃	〃	〃	補任：如元
2(969) 9.20	致平親王		19	紀略，纂要79
天禄元(970)10.28	藤原兼通	参議従三位	46	補任，分脉1，要記，裏書，摂関伝
2(971)11.24	源　兼明	左大臣従二位	58	紀略，補任
3(972)正. 3	源　延光	権中納言従三位	46	補任
天延元(973) 7.28	源　雅信	大納言正三位	54	紀略
元(973)11.11	藤原為光	権中納言従三位	32	分脉1
貞元 2(977)11. 3	藤原頼忠	関白正二位	54	紀略，裏書，要記，補任
天元 2(979) 3.28	源　重信	大納言正三位	58	補任，裏書
永観 2(984) 8.27	藤原兼家	右大臣正二位	56	補任：止・如元
2(984) 8.28	藤原頼忠	関白正二位	61	補任：如元？
永延元(987) 9.27	藤原道長	左京大夫従三位	22	紀略，要記
2(988)正.29	〃	権中納言従三位	23	補任：如元
永祚元(989)12. 2	為尊親王			小右
正暦 2(991) 9. 9	藤原道頼	権中納言従三位	21	補任
〃	藤原伊周	〃	18	補任，分脉1，裏書
3(992)正.20	藤原安親	参議正三位	71	補任
4(993) 2.24	敦道親王			小右
長徳 2(996) 7.28	藤原道綱	中納言正三位	42	紀略
寛弘 2(1005) 2.－	藤原隆家	権中納言正三位	27	補任，異本

寛徳 3(1046) 9.14	藤原経輔	権中納言従三位	41	補任，分脉1
永承 4(1049)12.－	藤原俊家	権中納言従二位	31	〃
天喜 6(1058) 8.25	藤原師実	権大納言従二位	17	補任
康平 2(1059) 2. 8	源　経長	権中納言従二位	55	〃
4(1061) 9.19	藤原経任	権中納言正二位	62	〃
〃	源　経長	権中納言従二位	57	〃
〃	藤原能長	〃	40	補任，要記
5(1062)正. 7	源　俊房		28	〃
〃	藤原信長	権大納言正二位	41	補任
5(1062) 3.23	藤原資平	〃	77	〃
5(1062) 5. 5	藤原教通	左大臣従一位	67	〃
治暦 2(1066)正.－	藤原忠家	権中納言正二位	34	〃
治暦 3(1067)－.－	源　顕房	権中納言従二位	31	〃
4(1068) 7.19	源　隆国	権大納言正二位	68	〃
4(1068) 7.21	敦賢親王	式部卿	30	師実記，帥記
寛治元(1087)10.17	源　師忠	権大納言正二位	34	世紀
〃	藤原公実	権中納言正三位	35	〃
7(1093) 7.28	藤原師通	内大臣正二位	32	世紀：康和元.6.26条，分脉1，中右，師通記
8(1094)12.11	大江匡房	権中納言正三位	54	補任：見江記寄日
承徳元(1097)12.17	源　俊明	権大納言正二位	〃	中右
康和 4(1102)11.25	藤原忠実	右大臣正二位	25	補任，要記，分脉1
嘉承元(1106)11.16	源　顕通	権中納言正三位		中右
天永 3(1112) 3.14	源　雅俊	権大納言正二位		〃
〃	藤原忠教	〃	38	中右，分脉1
永久 3(1115) 2.11	藤原忠通	〃	19	補任，殿暦
長承 2(1133)12. 5	源　能俊	大納言正二位	63	補任
〃	藤原伊通	権中納言従三位	41	補任，分脉1
3(1134) 3.11	藤原頼長	権大納言正二位	15	補任，中右

寛弘 2(1005) 7.21	藤原伊周	前帥	32	御堂，紀略，小右，百練抄
6(1009) 6.19	藤原公任	権大納言従二位	44	補任，異本，権記
〃	藤原斉信	権大納言正二位	43	権記
7(1010)11.28	藤原時光	中納言正三位	63	補任，異本
8(1011) 6.13	藤原道長	左大臣正二位	46	補任，御堂
〃	藤原公任	権大納言従二位	〃	異本
〃	藤原顕光	右大臣正二位	68	補任
8(1011)10.16	清仁親王	四品		要記
長和 2(1013) 3.23	敦明親王	式部卿三品	20	御堂
2(1013) 6.23	藤原頼通	権大納言正二位	22	補任
長和 3(1014) 9.20	藤原頼宗	権中納言従二位	〃	〃
〃	藤原通任	参議従三位	42	〃
4(1015) 9.14	藤原行成	権大納言従二位	41	分脉1
4(1015) 9.20	源　経房	権中納言従二位	47	補任，異本，要記
5(1016)正.29	藤原道長	左大臣正二位	〃	補任：停・如元，異本
〃	藤原公季	内大臣正二位	60	補任：如元，御堂，分脉1
〃	藤原公任	権大納言正二位	51	補任：如元，異本，歌仙伝
〃	藤原斉信	〃	50	補任：如元
〃	藤原道綱	大納言正二位	60	〃
〃	藤原隆家	中納言正二位	38	〃
〃	藤原通任	参議従三位	44	〃
〃	藤原顕光	右大臣正二位	73	〃
〃	藤原頼宗	権中納言従二位	24	補任：如元？，分脉1
〃	源　経房		48	補任：如元，異本
〃	藤原実資	大納言正二位	60	小右：如元
5(1016) 2. 7	昭登親王		19	小右
〃	清仁親王	弾正尹四品		〃
寛仁元(1017)11.25	藤原能信	権中納言従二位	23	補任，要記
4(1020)閏12. 3	藤原行成	権大納言正二位	49	補任，要記，小右
長元 5(1033) 4. 9	藤原実成	中納言正二位	59	補任，異本，分脉1
〃	藤原定頼	権中納言正三位	39	補任，歌仙伝

永万 2(1166)11.11	藤原師長	権大納言正二位	29	補任，分脉1
仁安 2(1167) 2.11	平　重盛	権大納言従二位	30	補任，要記
2(1167)10.19	藤原成親	権中納言正三位	〃	補任
3(1168) 3.23	藤原兼雅	〃	21	補任，分脉1
3(1168) 7.30	藤原隆季	中納言従二位	42	補任
嘉応 3(1171)正. 2	藤原実国	権大納言正三位	32	〃
3(1171) 5. 1	平　時忠	権中納言正三位	42	〃
治承元(1177)12.22	藤原宗家	中納言正二位	39	〃
2(1178) 3.－	藤原忠親	権中納言従二位	48	上卿故実
3(1179) 3.11	〃	〃	49	分脉1
3(1179)11.17	藤原基通	関白内大臣正二位	20	補任，要記，分脉1

(註)

1　出典欄の略号は次のとおり．
続紀＝続日本紀，続後＝続日本後紀，文実＝日本文徳天皇実録，三実＝日本三代実録，紀略＝日本紀略，補任＝公卿補任，分脉＝尊卑分脉，要記＝一代要記，世紀＝本朝世紀，醍醐＝醍醐天皇御記，村上＝村上天皇御記，貞信＝貞信公記，吏記＝吏部王記，御堂＝御堂関白記，西＝西宮記，小右＝小右記，中右＝中右記，異本＝異本公卿補任，裏書＝大鏡裏書，別符＝別聚符宣抄，纂要＝系図纂要，歌仙伝＝中古歌仙三十六人伝

2　出典に付した数字は巻数を示す．

3　史料によっては月・日の相違や，錯乱と思われるものもあるが，考証していない．

保延 2(1136)12. 9	源　雅定	権大納言正二位	43	補任
〃	藤原実能	〃	41	〃
4(1138)正.12	藤原宗忠	右大臣正二位	77	補任，分脉1，中右
5(1139) 8.17	源　師頼	大納言正二位	72	補任
久安 5(1149) 5.22	藤原忠雅	権中納言正三位	26	補任，世紀
久寿 2(1155) 7.24	藤原忠通	関白従一位	59	補任：同前詔
保元元(1156)11.－	藤原基実	権大納言従二位	14	補任，要記
2(1157)12.28	藤原季成	大納言正二位	46	要記
永暦元(1160) 3. 2	源　雅通	権中納言正三位	43	補任
〃	藤原実長	〃	31	〃
元(1160) 3.24	藤原基房	権大納言正二位	17	〃
元(1160) 9. 2	藤原光頼	権大納言正三位	37	〃
応保 2(1162) 5.22	藤原公通	権大納言従二位	46	〃
2(1162)10. 3	平　清盛	権中納言正三位	45	〃
長寛 2(1164) 2.18	藤原経宗	権大納言正二位	47	補任，分脉1
2(1164) 8.19	源　定房	権中納言正三位	35	補任
永万 2(1166) 7. 5	藤原公保	〃	〃	補任，要記
2(1166) 9. 4	藤原実房	〃	20	補任，分脉1
2(1166)10.21	藤原兼実	内大臣正二位	18	補任，分脉1，玉葉
2(1166)10.24	源　資賢	参議従三位	54	補任

第二章　平安時代の親王任官

はじめに

『源氏物語』には、兵部卿宮、式部卿宮などと親王が任官した呼称をともなって、物語上の主要人物となり、重要な役割を果たしているが、このような親王任官について、歴史学の立場から実在の親王たちの動向に着目しておくべきことも必要と考える。

親王が律令制官職に任官するようになったのは、奈良時代後期の池田親王（弾正尹）、船親王（大宰帥）に遡る。しかし、親王の官職任官が本格化するのは桓武朝からで、桓武皇子が八省卿や大宰帥に任官するようになってからである。平安時代前期には、式部卿、中務卿、兵部卿、弾正尹、大宰帥のほか、大蔵卿や宮内卿、刑部卿、治部卿など幅広く八省卿に任官している。天長三年（八二六）には親王任国制が定められ(1)、八省卿、大宰帥に三国太守への任官が加わるが、一方で、中央官への任官は式部卿、中務卿、兵部卿、弾正尹に限定されてくる。その一つの転機となったのは宇多朝ではなかったかと思われる。宇多朝には蔵人式が定められ、蔵人所の機構が整備されている。また、検非違使式は貞観十七年（八七五）に制定されているが、寛平六年（八九四）、左右衛門府内に左右の検非違使庁が設置された。さらには後宮の制度が大幅に改革されたのも宇多朝である(2)。こうした宇多朝における官制改革は、親王の任官にも何らかの影響を与え、その後の親王任官を規定したのではないかと推測する。

そこで、以下では宇多朝・醍醐朝以降の十・十一世紀における親王の任官を検討し、親王の任官にどのような傾向があったのかを明らかにするとともに、親王が任ずる官職にどのような特徴があったのかを述べてみたい。

一　親王任官史料の検討

まず初めに、親王の任官状況を明らかにするにあたって、史料記載で疑問と思われるものを取り上げ、検討しておく。[3]ただし、校訂注の誤りと思われるものは取り上げない。

①『平安遺文』一―一九四「筑前国観世音寺資財帳」延喜五年十月一日文書に「帥三品兼中務卿親王〈在京〉」とある。延喜二年（九〇二）に敦慶親王（以下、「親王」を省く。）が在任しており、その後、延長二年（九二四）まで断続的に在任が確認出来るので、敦慶の可能性が高い。敦慶の品位は不明だが、敦固が三品直叙であったから、敦慶も同様であったとみられる。一方、『御記』延喜七年二月二十二日条「中務卿親王」の校訂注に敦固とあるが、これは敦慶の誤りであろう。敦固は延喜十年から延長二年まで断続的に大宰帥に在任したことが知られるが、元服してから同九年までの官歴は不明である。従って、ここでは、延喜五年の中務卿を敦慶とし、この時期、敦固に先だって大宰帥を兼任していたとみなす。

②『御記』延喜二十一年十一月二十四日条に「於㆓清涼殿㆒元服。加冠右大臣。（中略）常明有明等親王同日元服。加冠（中略）兵部卿親王以下給㆑酒。（中略）重明親王献物。」とある。この時期、中務卿は敦慶、大宰帥は敦固であったとみられるが、その他の任官は不明である。該記事は醍醐皇子の元服であり、血縁的にも近い者が召されたであろうことから、ここにいう「兵部卿親王」は宇多皇子であった可能性が高い。とすれば、この時期に任官の知られない敦実であろう。この時期の官歴が不明な清和皇子では、貞真が『本朝皇胤紹運録』（以下、『紹運録』）『一代要記』等に「三品兵部卿」とみえるが、いつのことか不明であり、ここでは取らない。

③『醍醐天皇実録』第二巻一〇七一頁に、皇子有明親王の事項として、『西宮記』十一　裏書、「天慶三年（九四〇）八月廿六日吏部王記因㆓斎院公主請㆒詣㆓故中務卿孫王冠笄所㆒、常陸親王又会、」を掲出し、「常陸親王」を有明親王とする。しかし、『吏部王記』天慶三年八月廿六日条の校訂注は、常陸親王を式明とする。どちらが正しいか、俄には判断しかねる。

④『九暦（九条殿記）』「大臣大饗」承平七年正月十日条に「仍為㆑取㆓初献盃㆒、両人同起、而中務卿重明親王、大納言執㆑盃」とあるが、『吏部王記』同年二月十六日条「与㆓中務卿君〔代明〕㆒詣㆓東八条院㆒、因行明親王今日加㆓元服㆒」とあり、代明はこの年三月に中務卿四品で薨じている。従って、承平七年の中務卿は代明であり、『九暦』の記述は誤りである。

⑤『日本紀略』応和四年六月十六日条に「式部卿元長親王。弾正尹章明親王。左右大臣。如㆑旧可㆑聴㆓帯剣㆒」とあり、また、康保元年六月十七日条に「是日。三品弾正尹元利親王薨」ともある。これ以前の弾正尹は元利であり、元利が薨ずる前日に章明が弾正尹であるのは不可解である。日付の懸け誤りであるのか、十六日条の章明が元利の記載間違いであるのか判然としないが、あるいは、元利が少し前に出家して、章明が後任に任じ、元利は前弾正尹であったのであろうか。ここでは、元利の後、章明が任じたものとみなす。

⑥『小右記』長和二年七月二十八日条に「上野太守致平親王」とあるが、致平は天元四年（九八一）に出家している。従って、『小右記』の記事は取らない。

⑦『権記』長徳四年十一月十九日条に「去天暦七年王氏爵巡、相三当於二元慶〔陽成〕御後一、氏是定式部卿元平親王」とあるが、この前後は村上皇子・為平の式部卿在任が知られるので、元平は為平の誤りである。なお、元平は貞元元年（九七六）に薨じている。

⑧『本朝世紀』長和四年十月二十二癸未条に「中務卿敦道親王」とみえる。これは故東三条院詮子八講会のために関係者が写経を奉納した記事であるが、こうした場合に名前を連ねる具平がみえない。この時期前後は具平が中務卿であるので、当該記事の中務卿も敦道ではなく具平であるべきであろう。従って、敦道の中務卿は取らない。

二　親王任官歴の検討

以下では、各親王の官歴を確定しておく。各天皇群ごとに検討するが、清和・光孝皇子については、残存史料が極端に少ないので、別個に扱うことなく、適宜関連する都度言及するにとどめたい。なお、親王の経歴については、その多くは『天皇皇族実録』（ゆまに書房、二〇〇七年）を参照し、官歴については、東京大学史料編纂所データベース検索を利用し、これを参照した。[5]

1　宇多皇子の任官歴の検討

斉中は七歳、**行中**は一三歳、**雅明**は一〇歳で薨じた。また、**載明**はまったく経歴が知られず、『紹運録』『尊卑分脈』第三篇（以下、『分脈』）等にも経歴の記載が無いことから、夭逝した可能性が高い。以上、四名の皇子には官歴が無く、残る五名の皇子について、表1―2―1を参照しながら、その官歴を検討する。

斉世は元服後三品に叙され、まもなく兵部卿に任官し、ついで上総太守に遷任して、延喜元年に出家した。

敦慶は中務卿に任じ、貞保薨後、式部卿に遷任し、薨ずるまで在任したとみられる。

敦固は元服から延喜十年（九一〇）までの官歴は不明だが、以後は大宰帥に長らく在任し、兵部卿に転じて薨去まで在任した。なお、『紹運録』『分脈』には「二品兵部卿」とあり、二品に昇叙したことがわかる。

敦実は元服後数年の官歴は不明だが、上野太守に任じ、ついで中務卿に遷任、敦慶薨後、式部卿に任じた。上野太守は、延喜十三年から同十八年までと、延長元年（九二三）から同四年までの在任が知られるが、親王任国が任期四年を原則としたことから、[6]二度の任官であった可能性もある。また、中務卿は敦慶の式部卿遷任を受けたものとみられるが、ついで醍醐皇子・代明が任官するまで在任したものとみられる。

これら宇多皇子の任官がみられる時期には、特に延長年間には、他に醍醐皇子四親王（後述）と清和皇子・貞固、貞辰、貞真がいる。清和皇子について簡単にみておくと、**貞固**は『紹運録』『分脈』に、「三品弾正尹大宰帥」とみえ、**貞真**は『紹運録』『一代要記』等に「三品兵部卿」とある。また、常陸太守、ついで三品大宰帥としてみえる。

延喜 7	延喜 8	延喜 9	延喜10	延喜12	延喜13	延喜16	延喜17	延喜18	延喜19	延喜20	延喜22	延長元	延長 2	延長 3	延長 4	延長 5	延長 6	延長 7	延長 8	承平元
907	908	909	910	912	913	916	917	918	919	920	922	923	924	925	926	927	928	929	930	931
															(紹・尊：三品弾正尹大宰帥)				薨	
		4薨	(紹・要：四品)																	
…	…兵											…式	2式薨(55)	(要：二品式部卿)						
					3薨															
						4薨(45?)	(紹：四品常陸太守，尊：上総常陸等太守中務卿兵部卿)													
																		4薨(56)	(紹・要：四品)	
						4薨(42)	(紹・要：四品，帝皇系図：常陸太守二品式部卿)													
					…常				…4						…常				…3帥	3常薨(56)
				…4							4薨(47)									

…式	…式			…式					1式出家
分：三品左中将大宰帥)									

																入道総薨	(紹：三品兵部卿)			
					…中	…中		…中	…中				…中	…式	…式		…式		2式薨(44)	
…中			…帥		…帥	…帥	…帥	…帥	…帥	…帥			…帥	…兵	兵薨	(紹・尊：二品兵部卿)				
元服③(13)					…野	…野	…野	…野				…野	…野	…野	…野	…中				…式
		薨(13)																		
																		薨(10)		

康保 4
967
薨(75)

(註)

1 「④」＝叙四品.「4」＝見四品.

2 □＝在任推測期間.

3 「…」＝親王名所見.「…4」＝四品親王名.

＊「…常」＝常陸太守として所見（4 参照).

4 常＝常陸太守，総＝上総太守，野＝上野太守，帥＝大宰帥，尹＝弾正尹，兵＝兵部卿，中＝中務卿，式＝式部卿

5 （ ）＝年齢.

6 紹＝『本朝皇胤紹運録』，要＝『一代要記』，尊＝『尊卑分脉』.

表 1-2-1　清和・宇多皇子の任官歴一覧

		元慶 6	元慶 8	仁和 2	仁和 3	仁和 4	寛平元	寛平 3	寛平 4	寛平 5	寛平 7	寛平 8	寛平 9	昌泰元	延喜元	延喜 2	延喜 3	延喜 4	延喜 5	延喜 6
		882	884	886	887	888	889	891	892	893	895	896	897	898	901	902	903	904	905	906
清和皇子	貞固		叙四常	…常	任尹兼常															
	貞元				④任野															
	貞保	元服③野(13)																		
	貞平								…野											
	貞純								任総			…野								
	貞辰																			
	貞数					元服(14)							…4	…常						
	貞真	(紹・要・帝皇系図：三品兵部卿)																		
	貞頼																			
光孝皇子	是忠							親王③		…帥								…式		…式
	是貞							親王④						…常			3薨	(紹：三品大宰帥左中将.		
宇多皇子	斉中						元服	薨(7)												
	斉世													元服	出家					
	敦慶												(紹・要：二品式部卿)			…中(16)			帥三品兼中務卿親王	…中
	敦固							親王								元服③				…中
	斉邦							親王												
	敦実										親王						…式			
	行中																			
	雅明	延喜20生．醍醐皇子となす																		
	載明	醍醐皇子となす																		
	行明	延長4生．醍醐皇子となす																		

		承平 2	承平 4	承平 7	天慶元	天慶 2	天慶 3	天慶 4	天慶 5	天慶 6	天慶 7	天慶 8	天慶 9	天暦元	天暦 2	天暦 3	天暦 4			
		932	934	937	938	939	940	941	942	943	944	945	946	947	948	949	950			
宇多皇子	敦実	…式	…式	…2	…式	…式	…式	…式	…式	…式	……式	…式	…式	…式	…式	…式	1式 出家	(紹・尊：一品式部卿)		
	行明			元服④(12)	…4						…4		…総		総薨(23)	(紹・尊：四品上総太守)				

貞辰はまったく官歴がみえない。以上の点から清和皇子でこの時期に中務卿に任じていた者はいなかったとみられ、醍醐皇子四親王も中務卿への任官は知られないことから、この時期の中務卿は敦慶から敦実、ついで代明へと遷ったとみるのが妥当であろう。

行明は『紹運録』『分脉』等に「四品上総太守」とあり、元服後数年の任官が知られないが、上総太守以外の任官はなかった可能性が高い。

以上、宇多皇子で任官が知られる親王は、元服後数年を経て任官し、一つの官職に長らく在任したことが知られる。敦慶は中務卿と大宰帥を兼ねた時期もあったが、それ以外に兼官は知られない。延喜・延長年間の常陸太守・上総太守、それに弾正尹の任官が不明であるが、常陸太守は、貞真が、延喜十三年、延長四年に在任しており、三品常陸太守で薨じていることから、貞真がたびたび常陸太守に任ぜられたことが知られる。また、貞固は弾正尹であった時期のあることが知られる。こうしたことを勘案すれば、醍醐天皇皇兄弟である宇多皇子が中央官に任官し、醍醐天皇とは血縁的に遠い清和皇子が主に地方官に任ぜられたものとみることが出来る。なお、敦実が上野太守に任じられたのは、おそらく当時、他に任ずべき官職が空いていなかったからではなかろうか。

2　醍醐皇子の任官の検討

兼明・盛明は、はじめ源氏賜姓され、村上朝に親王となった。以下、表1―2―2を参照して官歴をみていく。

克明は元服から一〇年弱は官歴が知られないが、弾正尹、ついで兵部卿に任じ、同年兵部卿三品で薨じた。

代明は元服後、常陸太守とみえ、ついで、弾正尹、中務卿に任じた。常陸太守は延長四年に貞真の在任が知られるので、延長三年までの在任であろう。また、弾正尹は克明が兵部卿に遷任した後を受けて任じたとみられる。中務卿は敦実が式部卿に遷任した後を受けたものと思われる。

重明は元服して四品に叙された後、上野太守に任じられ、代明が中務卿に遷任するや、弾正尹に任じられている。承平六年（九三六）には弾正尹兼大宰帥とみえ、翌七年に弾正尹を辞任している。ついで、同年十月に中務卿に任じ、三品式部卿で薨じた。元服後数年の官歴は知られないが、敦実の中務卿遷任の後を受けて上野太守に任じたとみられ、ついで代明の後を追って弾正尹から中務卿に遷任し、ついで敦実の薨去を受けて、式部卿に任じたとみられる。

常明は元服後一五年ほど官歴が知られない。上野太守の在任がみえるのみで、その後も官歴は不明。『紹運録』には「三品刑部卿」とみえるが、三品に昇叙した形跡が無く、また、文徳皇子・惟恒以来任官の無い刑部卿に任じたというのも不自然である。あるいは、『紹運録』常明の子、源茂親「従四上刑部卿」が誤転写された可能性もあるのではないか。従って、ここでは常明の刑部卿任官は取らない。常明が上野太守以外の官歴がみえないのは、病弱であったか、何か個人的理由によるのかもしれないが、それ以外にも、三国太守以外の親王が任ずる官職には、他の親王が任官していたため、任官すべき適当な官職がなかったということもあるのではなかろうか。

式明は元服して四品に叙された。その後一〇年ほどの官歴は不明だが、上総太守に在任が知られる。ついで大宰帥としてみえる。その後、中務卿に在任が知られ、中務卿三品で薨じた。承平七年から天慶八年（九四五）までは式明の名が散見するが、帯官が記載されておらず、任官した形跡が無い。一方、兵部卿・弾正尹にはこの時期、陽成皇子が任じており、式部卿敦実、中務卿重明が知られるので、中央官への任官は無い。あるいは三国太守に任じた可能性も否定できないが、ここでは散官であったと想定しておく。[7] 大宰帥は、成明の立太子の後を受けてしばらく後に任じたものと思われ、中務卿は重明が式部卿に遷任するにともなって任官したのではなかろうか。

有明は、承平六年前後に常陸太守に在任、あるいは、二期連続で常陸太守であったかもしれない。その後、一〇年近く任官は不明だが、式明のあとを受けて、大宰帥に任じたとみられ、ついで、兵部卿に任じた。兵部卿は恐らく、陽成皇子・元長の式部卿遷任を受けたものと思われ、天暦以前の有明も任ずべき中央官に空きはなかったものと推測される。

時明は『紹運録』『分脈』に「三品兵部卿」とあるが、元服後すぐに任官したとは思えず、誤りであろう。あるいは、有明の経歴と混同したものであろうか。

長明の官歴はまったく不明である。『紹運録』『分脈』に「四品」とあるのみで、官歴の記載は無い。儀式等に参列した記事はいくつかみられるので病床にあったわけではなかろうが、なぜ任官がしられないのかは不明。

兼明は貞元二年（九七七）に源氏から親王となり、二品中務卿となった。その後、寛和二年（九八六）に一品で辞するが薨ずるまで中務卿であった。

成明は元服三品直叙で、上野太守に任じ、大宰帥に遷任したが、立太弟している。元服から初任までの期間が他の親王に比べて極めて短いが、これは皇太后藤原穏子腹であるための優遇であろう。

章明は元服数年にして常陸太守に任じ、ついで上総太守、大宰帥に任じたことが知られる。大宰帥には有明の後を受けた可能性もあり、兵部卿も有明が薨じた後を受けて任じられたとみられる。ついで、陽成皇子・元利の薨去を受けて弾正尹に遷任し、薨ずるまで在任した。三国太守や大宰帥の在任期間はそれほど長いとは思われないが、ごく短い兵部卿在任をはさんで、弾正尹には薨去するまで長らく在任している。しかし、代明や重明のように、さらに中務卿に遷任しえなかったのは、兼明が中務卿に任じたこと、兼明のあとは村上皇子・具平が任じたことによるのであろう。

盛明は、親王となってまもなく上野太守に任じ、その後、一〇年ほどは任官歴がみえない。少なくとも、この時期の中央官に任ずべき空きはなかったので、仮に任官があったとしても三国太守か大宰帥ということになるが、不明というほかない。

以上、醍醐皇子は、出生順に中央官から任官し、宇多皇子同様に長らく在任する例であったことがわかる。概ね、元服から数年して三国太守に任じ、中央官に遷任したようだが、中央官に空きが無い場合に

承平 3	承平 4	承平 5	承平 6	承平 7	天慶元	天慶 2	天慶 3	天慶 4	天慶 5	天慶 6	天慶 7	天慶 8	天慶 9	天暦元	天暦 2	天暦 3
933	934	935	936	937	938	939	940	941	942	943	944	945	946	947	948	949
部卿,																
	…中		…中	4中薨	（紹・大裏：三品中務卿）											
			…尹兼帥	4辞 尹／任中	…4中	…中	…	…4中	…4中	③中	…中	…中	…3中	…中	…中	…中
			…野	…4		…					4薨（39）	（紹：三品刑部卿、要：四品。）				
			…総			…	…常？	…		…	…4	…4	…帥			…
		…	…常	…4		…	…常？	…4	…		…4	…				…
…						…		…4			…4					
							元服③（15）		任野	…野	…3 帥 立太子					
						元服（16）					…	…	…前常			…

			…兵	…兵		…		…三		兵3 薨（54）	（紹・尊：三品兵部卿）					
				…3尹					…尹		…3尹	…尹	…尹		…尹	
						（紹・帝皇系図・尊：二品式部卿）					…3兵	…兵	…兵		…兵	
						…					…		…野	…野		

安和元	安和 2	天禄 2	天禄 3	天延元	天延 2	貞元元	貞元 2	永観 2	寛和 2	永延元	正暦元
968	969	971	972	973	974	976	977	984	986	987	990
要：三品中務卿）											
							親王②中		辞1中	薨（74）	
	…尹	…尹	…3	…尹				…尹		…2尹	2尹 薨（67）
…	…4野	…			…4				4薨（59）		

	…2			薨（76）
三品式				

（註）

1 「④」＝叙四品.「4」＝見四品.

2 □＝在任推測期間.

3 「…」＝親王名所見.「…4」＝四品親王名.

　＊「…常」＝常陸太守として所見（4 参照）.

4 常＝常陸太守，総＝上総太守，野＝上野太守，帥＝大宰帥，尹＝弾正尹，兵＝兵部卿，中＝中務卿，式＝式部卿

5 （　）＝年齢.

6 紹＝『本朝皇胤紹運録』，要＝『一代要記』，尊＝『尊卑分脉』，大裏＝『大鏡』裏書

表 1-2-2　醍醐・陽成皇子の任官歴一覧

			延喜16	延喜17	延喜18	延喜19	延喜21	延長 2	延長 3	延長 4	延長 5	延長 6	延長 7	延長 8	承平元	承平 2
			916	917	918	919	921	924	925	926	927	928	929	930	931	932
醍醐皇子	克明		元服③(14)		…	…		…尹	…3尹	…3尹	任兵／薨	(紹・帝皇系図：二品兵部卿，尊：三品兵要：三品式部卿)				
	保明	延喜 4立太子														
	代明					元服(16)			…常	…4	…尹	…尹	…尹	任中	…中	…中
	重明						元服(16)		…	…4		任野		任尹		
	常明						元服(16)							…		
	式明						元服(15)								…総	
	有明						元服(12)							…		
	時明								元服(16)		無薨(18)	(紹・尊：三品兵部卿，紀略：無品9.20)				
	長明								元服(13)					④	…	
	兼明															
	成明															
	章明	延長 2生	(紹：三品弾正尹兵部卿，帝皇系図：弾正尹二品)													
	盛明	延長 6生														

陽成皇子	元良	延喜5(16)											…			
	元平													…4		
	元長			元服(17)										…4	…帥	…帥
	元利			元服												

			天暦 4	天暦 5	天暦 6	天暦 7	天暦 8	天徳元	天徳 2	天徳 3	天徳 4	応和元	応和 3	康保元	康保 3	康保 4
			950	951	952	953	954	957	958	959	960	961	963	964	966	967
醍醐皇子	重明		…式	…式		…式	3式薨(49)	(紹・大裏：二品式部卿、尊・要：三品式部卿)								
	式明		…中		…中	…中	…中	…式	…中	…中		…中	…中		3薨(60)	(紹　・
	有明		…帥			…帥		…		…兵	…兵	3兵薨	(紹・帝皇系図：三品兵部卿)			
	長明					薨(41)	(紹・尊：四品)									
	兼明	(紹・尊・要：二品中務卿)														
	章明		…総							…帥		…帥	…兵	…尹	…尹	…尹
	盛明	(紹：四品上野太守、尊：上総上野太守)														親王④

陽成皇子	元平				…式			式3薨	(尊・帝皇系図：三品弾正尹)							
	元長		…兵					…2					…式		…式	
	元利								…尹				3尹薨	(紹：三品弾正尹，尊：部卿弾正尹)		

は三国太守に再び任ずることもあった。

3　陽成皇子の任官の検討

陽成皇子はほぼ醍醐皇子と同年代であり、任官も、醍醐皇子とともにみなければならない。

元良は醍醐皇子よりも少し年長である。兵部卿の在任が知られるが、克明の薨後、兵部卿に任じた者が確認できないので、あるいは、克明の後を受けたものであろうか。それにしても、仮に元服が醍醐皇子の多くと同じように一六歳頃であったとすれば、克明が薨じた年まで二五年ほどもあり、その間、無官であったとは考えにくい。あるいは、元服後数年して三国太守に任じているのかもしれない。

元平はいつ元服したのか不明。弾正尹に在任したことが知られ、式部卿三品で薨じた。弾正尹には、重明が中務卿に遷任するに伴い任じたものとみられ、式部卿に遷任するまで在任したのであろう。式部卿は、重明の薨後に任じたとみられる。弾正尹以前の任官については不明。

元長は大宰帥に任じ、また、兵部卿の在任が知られる。その後、式部卿に在任している。大宰帥には貞真が延長八年に在任しており、その後を受けたものであろうから、承平元年から数年間の在任ということになる。兵部卿には元良薨後に任じられたとみられ、有明の兵部卿任官まで在任したとみられる。式部卿には、元平薨去を受けて任じ、薨去まで在任したと思われるので、兵部卿は式部卿に任じられるまで在任したのではなかろうか。元長も元服後一五年ほどの官歴は不明だが、元服後まもなく三国太守に任じた可能性はある。その後、大宰帥、兵部卿、式部卿と、ほぼ連続して任官したのではなかろうか。

元利は上野太守、のち弾正尹に在任が知られる。『分脉』には「三品式部卿弾正尹」とあるが、式部卿の任官状況からみて、元利が任ずべき期間は存在しないので、これは誤りであろう。元利は元服から三〇年近く任官歴がみえないが、まったく無官であったとも思われない。三国太守あるいは大宰帥に任じた時期があったかもしれないが不明である。なお、上野太守には成明が大宰帥に遷任した後を受けた可能性が高い。

以上、陽成皇子は元服から長らく任官状況が不明であり、延長年間（醍醐朝）は宇多皇子、醍醐皇子で年長の親王達が中央官に任じており、陽成第一皇子・元良が兵部卿に任じ、第二皇子・元平が弾正尹に任じたが、それは醍醐皇子の後を受けてであった。天慶年間（朱雀朝）には敦実の式部卿、重明の中務卿、元良の兵部卿、元平の弾正尹、元長の兵部卿とその他の親王の外官在任という構成で、天徳年間以降の村上朝末年には式明の中務卿、有明の兵部卿、元平の式部卿に、章明が弾正尹に在任した。式明や有明が長らく外官に任ずることはあっても中央官に任じられなかったのは、すでに年長者が中央官に在任したからで、年長者には陽成皇子も含まれる。式明の中務卿在任が知られるまで、元服から二九年、有明は兵部卿の在任が知られるまで三八年であるが、章明は中央官（兵部卿）在任が知られるまで二四年と少し短い。これは、年長親王の薨去と任官の関係で、中央官に空き状況が生まれた関係であろう。なお、行明は章明に比べて元服が若干早いが、上総太守の任官しか知られない。これは、行明が章明ほど長命ではなかったためであろう。

4 村上皇子の任官の検討

昌平は六歳で薨去しているので除外し、以下、表1―2―3を参照して検討する。

広平は兵部卿三品で薨じている。元服後、数年にして兵部卿に任官したものと思われる。

致平は、『諸門跡伝』に、元服同年に兵部卿に任じたとみえる。[8] しかし、元服と同時に任官した例はほかにみられないし、致平→広平→致平という任官のあり方もこれまでにないことである。『諸門跡伝』は、叙品とともに経歴を併記したもので、必ずしも元服の年のこととみなす必要はないであろう。その後、上総太守に任じ、兵部卿四品で出家している。すなわち、致平は元服後数年にして上総太守に任じ、広平の薨去を受けて兵部卿に任じたものとみることが出来る。

為平は元服三品直叙、その後、一品式部卿となった。式部卿は元平の薨去を受けたもので、貞元二年頃の任官であろう。若くして一品式部卿になったことから、為平が村上皇子の中でもかなり優遇された存在であったことがわかる。皇后藤原安子腹であり、時の左大臣源高明女を妃とするなど、皇位継承にも近い存在であったことによろう。その後、源高明左遷事件によって不遇であったとはいえ、一条皇子・敦康、三条皇子・敦明が元服するまでは、為平を超える立場の親王は存在しなかった。

昭平は源氏賜姓され、貞元二年に親王となった。その後、永観二年(九八四)に出家。『紹運録』には「四品常陸太守」とみえるので、四品に叙されて間もなく常陸太守に任じたようである。

具平は元服後間もなく兵部卿に任じ、ついで中務卿に遷任して薨去まで在任したことが知られる。兵部卿は致平の出家を受けたものであろう。中務卿は兼明の薨去した後を受けたものとみられる。

永平は兵部卿四品で薨去した。兵部卿は具平が中務卿に遷任した後を受けたものと思われ、わずかに一年の在任であったとみられる。

村上皇子は兵部卿への任官が多いようにみえるが、元服後間もなくは三国太守に任じた可能性もないわけではない。式部卿を別にすれば、章明が長らく弾正尹に在任したこと、兼明が中務卿であったことから、中央官では兵部卿に任ずる他なかったものとみられる。この時期、大宰帥はまったくみえないため、村上皇子が大宰帥に任じたかは不明。

5 冷泉・花山皇子の任官の検討

清仁と昭登は花山出家後の誕生のため冷泉皇子とされたものである。

為尊は薨ずるまで弾正尹であった。ところで、『権記』長保四年六月十五日条には、為尊の簡単な薨伝を記すが、そこには「元服年叙二三品一。後任二弾正尹一。正暦朝拝為二威儀一。叙二二品一兼二大宰帥一。遷二上野太守一」とみえる。しかし、元服後に叙されたのは四品であり、二品に昇叙したとは思われない。一方、『北山抄』十　勘出事には、「(長保三年正月)惟仲任帥之時。為尊親王任他官。」とあり、『冷泉天皇実録・円融天皇実録』二〇一頁には「長保三年正月ノ頃ニハ為尊親王帥

永延 2	永祚元	正暦元	正暦 3	正暦 4	長徳元	長徳 2	長徳 3	長徳 4	長保元	長保 2	長保 3	長保 4	寛弘元	寛弘 2	寛弘 3	寛弘 4	寛弘 5	寛弘 6	寛弘 7
988	989	990	992	993	995	996	997	998	999	1000	1001	1002	1004	1005	1006	1007	1008	1009	1010
…式		…式				…式			…式		…式			…式					出家／薨(59)
		…中	…中	…中		…中			…中				…中	…中	…中	…②中	…中	2中薨(46)	
兵4薨(24)	(紹・大裏：四品兵部卿)																		
天皇)																			
	元服④(14)	2帥 兼尹／野		…尹	…尹	…尹	…尹	…尹	…尹	…尹	…尹	尹薨(26)							
				元服④(13)／帥	…4	…帥	…帥		…帥	…帥		…中	…帥	…帥		③／薨(27)			

（註）

1 「④」＝叙四品.「4」＝見四品.

2 □＝在任推測期間.

3 「…」＝親王名所見.「…4」＝四品親王名.
　＊「…常」＝常陸太守として所見（4 参照）.

4 常＝常陸太守，総＝上総太守，野＝上野太守，帥＝大宰帥，
尹＝弾正尹，兵＝兵部卿，中＝中務卿，式＝式部卿

5 （　）＝年齢.

6 紹＝『本朝皇胤紹運録』，要＝『一代要記』，尊＝『尊卑分脉』，
大裏＝『大鏡』裏書

ニ居給ヘリシコト北山抄ニ所見アレバ」とある。正暦年中に大宰帥を兼ね、長保三年（一〇〇一）正月の頃にも大宰帥であり、なおかつ上野太守に遷任したとすると、元服後間もなく弾正尹に任じ、正暦年中に大宰帥を兼ね、ついで上野太守に遷任し、再び正暦四年（九九三）頃より弾正尹に任じ、長保二年頃より三年正月まで再び大宰帥を兼ねたことになるが、『北山抄』は「任二他官一」とあるので、その後三国太守を兼任したのであろうか。薨ずるまで弾正尹であったことは確かであろうが、頻繁に外官を兼任したとすれば、これまでみられなかったことである。一条朝以降は、為平の式部卿、具平の中務卿以外に親王がおらず、大宰帥や三国太守に任ずべき親王がなかったことも背景の一つかもしれない。

　敦道は大宰帥に任じ、三品で薨じた。敦道は元服によって為尊から大宰帥を引き継ぎ、六年ほど在任して、再び為尊が大宰帥に任じ、寛弘元年（一〇〇四）から再び大宰帥に任じたとみられる。なお、この間、長保三年から寛弘元年までは平惟仲が正任の帥に任じたとみられている。[9]

　冷泉皇子は元服後ほどなく任官しており、元服後数年から十数年ほど任官が知られない1―4の

表 1-2-3　村上・冷泉皇子の任官歴一覧

			応和元	応和 3	康保元	康保 2	康保 4	安和元	安和 2	天禄 2	天禄 3	貞元元	貞元 2	天元元	天元 2	天元 4	永観 2	寛和元	寛和 2	永延元
			961	963	964	965	967	968	969	971	972	976	977	978	979	981	984	985	986	987
村上皇子	広平			元服③(14)				…		兵3薨(22)	(要・大裏：三品兵部卿)									
村上皇子	憲平	天暦4立太子(冷泉天皇)																		
村上皇子	致平					元服④(15)任兵			…4総		…	…帥	…		…	兵4出家	(紹：四品兵部卿／長久2薨(91))			
村上皇子	為平	(紹・大裏：一品式部卿)				元服(16)③		…						…式	…式		…式	…式	…式	…式
村上皇子	昭平	天暦8生											親王④				出家	(紹：四品常陸太守)		
村上皇子	昌平		薨(6)																	
村上皇子	守平	天徳3生					皇太弟	(円融天皇)												
村上皇子	具平	(紹：二品中務卿)											元服(14)				…		…	…兵
村上皇子	永平														元服④(15)					

			応和元	応和 3	康保元	康保 2	康保 4	安和元	安和 2	天禄 2	天禄 3	貞元元	貞元 2	天元元	天元 2	天元 4	永観 2	寛和元	寛和 2	永延元
冷泉皇子	師貞							誕生	立太子	(花山天皇)										
冷泉皇子	居貞											誕生							立太子	(三条
冷泉皇子	為尊	(紹：二品弾正尹，要：三品弾正尹.『権記』正暦朝…叙二品兼大宰帥．遷上野太守)																		
冷泉皇子	敦道	(紹：三品，要：三品大宰帥)																		

			寛弘 8	長和 2	長和 5	治安 3	万寿元	万寿 4	長元 2	長元 3	長元 8
			1011	1013	1016	1023	1024	1027	1029	1030	1035
為冷泉皇子	清仁	(紹：弾正尹，尊・要：弾正尹四品)	元服④		…尹		…尹		…尹	尹薨	
為冷泉皇子	昭登	(紹・尊：四品中務卿)	元服④(14)	…	…4		…兵				中四薨(38)

諸皇子とは様相を異にする。これも任ずべき親王がいなかったことのほか、公卿子弟の任官が早まっていた影響もあるのではなかろうか。なお、この時期に兵部卿は貴族が任じており、冷泉皇子の任ずべき官職は上記のほか三国太守のみであったのである。

清仁・昭登は同時に元服して四品に叙された。清仁はまもなく弾正尹に任じた。為尊の薨後、藤原時光が弾正尹にあり、長和四年（一〇一五）その薨去を受けて任じたものとみられる。**昭登**は兵部卿の在任が知られ、中務卿四品で薨じている。兵部卿には三条皇子・敦平が長和年間に任じているので、その後をついだものとみられるが、恐らく、清仁の弾正尹とともに、長和五年頃の任官ではなかろうか。中務卿には、同じく敦平が式部卿に任ずるまで在任したとみられるので、その後をついで長元三年（一〇三〇）頃に任じたのであろう。元服からしばらくの任官は不明だが、三国太守に任じたのであろうか。

いずれにせよ、冷泉皇子たちは、任官すべき親王数が少ない中で、生存していた村上親王の中央官任官以外の官職につき、三条朝以降は、敦康、三条諸皇子たちに任官が優先され、それ以外の官職に任じたものであろう。

６　一条・三条皇子の任官の検討

敦明（小一条院）の王子、敦貞・敦昌・敦元・敦賢は三条天皇の子とされた。**師明**は一四歳で出家し、**敦昌**は親王宣下後に出家した。また、**敦元**は一〇歳で薨じている。以下、表1‐2‐4を参照して検討する。

敦康は一二歳で元服し三品直叙、翌年には一品に昇叙し、准三宮宣下を蒙った。叙一品後、間もなく大宰帥に任じ、敦明が長和五年に式部卿で立太子した後、式部卿に遷任した。一五歳で大宰帥に任じた例は、敦道があり、敦康もそれを踏襲したものであろうか。式部卿に任じたのは、敦明と同じ一八歳のときで、そもそも平安時代初期以来、一八歳が任官年齢であったことに鑑みれば、妥当な任官であったといえる。

敦明は三条即位とともに親王となり三品直叙、式部卿に任じている。いきなり式部卿に任官したのは、他に一八歳以上の親王がいなかったこと、今上第一皇子であったことによるのであろう。

敦儀は、元服三品直叙。ついで中務卿に任じ、式部卿に遷任し、三品式部卿で出家している。

敦平は、敦儀とともに元服して三品に叙された。元服間もなく兵部卿に任じ、ついで敦康の後を受けて大宰帥に任じ、敦儀の式部卿遷任にともない、中務卿に遷り、また、敦儀の出家にともなって式部卿に遷任した。この間、兄敦儀を超えて二品に叙されている。冷泉皇子とされた昭登に先駆けて、兵部卿、中務卿に任じていることから、当代親王が任官に際して優遇されていたことが知られる。

敦貞の元服の時期は不明だが、中務卿に任じ、ついで式部卿に遷任した。昭登の薨去を受けて中務卿に任じ、敦平の薨後、式部卿に遷任したものである。

敦賢は中務卿に任じ、ついで式部卿に任じた。敦貞と同じ官歴を有するが、後朱雀朝にはすでに小一条院皇子以外の親王はなく、親王の任官は、中務卿から式部卿というコースが出来ていたようにみえる。

三　親王の任官した官職の特徴

１　式部卿

十世紀以降の式部卿の補任とその意味については、前稿で述べた(10)。式部卿には「第一の親王」が任じられたが、十世紀以降のそれは、天皇や権力者との血縁が重視される傾向にあり、九世紀の頃のような重みは希薄となったものの、生母・品位等で優越した親王が任じられたものである。ほとんど終身官であり、ほぼ間断なく任じられたことが知られる。従って、親王が任ずる官職としては最高に位置づけられるものとみることができよう。

２　中務卿

中務卿の任官が知られるのは、敦慶、敦実、代明、重明、式明、兼明、具平、昭登、敦儀、敦平、敦貞、敦賢の一二名である。なお、貞純は『分脈』に「上総常陸等太守中務卿兵部卿」とみえるが、中務卿に在任した記録はみえない。

敦慶は元服後の官歴が不明だが、一五歳で中務卿に在任しており、以後長らく中務卿であった。ついで遷任したのは式部卿である。敦実は上野太守から中務卿に遷任し、中務卿からは式部卿に遷任している。代明は弾正尹から中務卿に遷任し、薨ずるまで在任した。重明も弾正尹から中務卿に遷任し、ついで式部卿に遷任している。式明は中務卿以前の官歴がはっきりしないが、大宰帥からの遷任とみられ、薨ずるまで在任した。兼明は親王となって中務卿に任じ、薨ずるまで在任し、のちに「前中書王」と呼ばれた。具平は兵部卿から中務卿に遷任し、薨ずるまで長きにわたって在任し、「後中書王」と呼ばれた。昭登は兵部卿から中務卿に遷任したとみられ、薨ずるまで在任している。敦儀は元服してすぐに中務卿に任じ、ついで式部卿に遷任した。敦平は大宰帥から中務卿に遷任したとみられ、ついで式部卿に遷任している。敦貞は四品に叙されてすぐに中務卿に任じ、式部卿に遷任している。敦賢も同様である。

以上中務卿に任じた親王の、その前後の官歴をみると、中務卿には在任のまま薨ずるか、あるいは、式部卿に遷任する場合のあったことが知られ、それ以外の他官に遷任した例はない。中務卿のまま薨じた親王の場合、式部卿の在任が明らかであり、式部卿に遷任し得ない場合には、中務卿を極官とするのがならわしであったのではなかろうか。

一方、中務卿の前歴はさまざまで、特に一定していないところをみると、中務卿の前歴として特に固定された官職があったわけではないのであろう。なお、兼明や具平のほか、重明も有職故実に詳しかったことが知られており、才能豊かな親王が任じたといえる。その後の式部卿遷任からも明らかなように、「第一の親王」となりうる可能性のある親王が式部卿以前に任じたものといえる。ただし、生母の身分に左右されないことは、后腹（敦慶ほか）もあれば、更衣腹（代明）もいることからもわかる。なお、『百寮訓要抄』（『群書類従』巻七二）には、「(中務)卿。親王の任ずる官にてあれば。臣下の任る事はなし。親王なき時は闕にて可有。」とみえるが、その淵源は十世紀に遡ることがわかる。

3 兵部卿

兵部卿に任じた親王は、仁明皇子・本康、文徳皇子・惟恒、貞保、敦固、克明、有明、章明、元良、元長、広平、致平、具平、永平、昭登、敦平の一五名が知られる。なお、貞真は『紹運録』等に「三品兵部卿」とみえるが、兵部卿の在任は知られず、三品常陸太守で薨じているので疑問が残る。

さて、本康は貞観五年に任じ、上総太守や大宰帥を兼任、ついで式部卿に遷任した。惟恒は三国太守や治部卿、弾正尹に任じた後、兵部卿で上野太守を兼任（以上、『日本三代実録』）、延喜四年に兵部卿三品で薨じている。貞保は延喜八年に在任が知られ、のち式部卿に任じている。惟恒の後任であろうか。敦固は長らく大宰帥に在任し、延長三年兵部卿に在任し、翌年在任で薨じた。なお、延喜二十一年の「兵部

万寿元	万寿 2	万寿 4	長元元	長元 2	長元 3	長元 4	長元 5	長元 9	永承 4	永承 5	天喜元	天喜 4	康平元	康平 4	承保元	承暦元
1024	1025	1027	1028	1029	1030	1031	1032	1036	1049	1050	1053	1056	1058	1061	1074	1077
…式	…式	…式	…式		3式 出家	（紹：式部卿，帝皇系図：式部卿二品）										
…中		…中②			任式 (32)	…式			薨(51)							
								④／中 (23)		任式				薨(48)		
				親王出 家												
							薨(10)									
											親王 (15)	④	任中	任式	③	薨(39)

卿」は敦実であった可能性が高い。とすれば、この時期に任官の知られない敦実は二期の上野太守の間に兵部卿に任じたことになる。克明は弾正尹から兵部卿に遷任し、在官で薨じた。有明の官歴ははっきりしないが、常陸太守、大宰帥を経て兵部卿に任じ、三品兵部卿で薨じている。章明は常陸・上総太守、大宰帥を経て、兵部卿の在任が知られ、ついで弾正尹に遷任した。元良の官歴は不明だが、承平六年から兵部卿の在任が知られ、三品兵部卿で薨じた。元長は、大宰帥を経て、三品で兵部卿に在任、のち式部卿に任じている。広平は元服後の官歴は不明だが、三品兵部卿兼大宰帥で薨じている。致平は元服後、上総太守に任じ、兵部卿四品で出家した。具平は、元服後の官歴は不明だが、まもなく兵部卿の在任が知られ、中務卿に遷任した。永平も元服後の官歴は不明で、四品兵部卿で薨じている。昭登は元服後数年して兵部卿に任じ、のち中務卿に遷任した。敦平は元服後三品兵部卿となり、まもなく大宰帥に遷任した。

　兵部卿後の官歴をみると、兵部卿で薨じた（出家した）者八名（惟恒・敦固・克明・有明・元良・広平・致平・永平）、式部卿に遷任したもの三名（本康・貞保・元長）、中務卿に遷任した者二名（具平・昭登）、弾正尹、大宰帥に遷任した者各一名（章明、敦平）である。約半数が兵部卿のまま薨じており、若くして薨じた広平や永平、出家した致平は別として、かなり年配で兵部卿に任じた者が多いといえる。より長命であった者は他官に遷任していくのだが、式部卿に遷任したのは醍醐朝までで、以降は兵部卿から直接に式部卿に遷任することはなかったとみられる。元長の場合は、式部卿があいついで薨じたための空白

表 1-2-4　一条・三条皇子の任官歴一覧

		寛弘 3	寛弘 5	寛弘 6	寛弘 7	寛弘 8	長和元	長和 2	長和 3	長和 4	長和 5	寛仁元	寛仁 2	寛仁 3	寛仁 4	治安元	治安 3
		1006	1008	1009	1010	1011	1012	1013	1014	1015	1016	1017	1018	1019	1020	1021	1023
一条皇子	敦康				元服③(12)	①(13)		…帥	…帥	…帥	式(18)		薨(20)	(紹：一品式部卿)			
一条皇子	敦成		誕生			立太子	(後一条天皇)										
一条皇子	敦良			誕生								立太子	(後冷泉天皇)				
三条皇子	敦明	元服(13)				③(18)／式	…式	①	…式	…式	立太子						
三条皇子	敦儀							元服③／任中(17)	…中	…中	…中	…中		…中	任式(24)	…式	…式
三条皇子	敦平	(尊：式部卿兵部卿二品)						元服③／任兵(15)			…帥	…帥		…帥			…中
三条皇子	師明												出家(14)				

小一条院皇子	敦貞	(紹：三品式部卿中務卿，帝皇系図：式部卿三品)															
小一条院皇子	敦昌																
小一条院皇子	敦元																
小一条院皇子	敦賢																

(註)
1 「④」＝叙四品.「4」＝見四品.
2 [枠]＝在任推測期間.
3 「…」＝親王名所見.「…4」＝四品親王名.
　＊「…帥」＝大宰帥として所見（4 参照）.
4 帥＝大宰帥，兵＝兵部卿，中＝中務卿，式＝式部卿
5 （ ）＝年齢.
6 紹＝『本朝皇胤紹運録』，要＝『一代要記』，尊＝『尊卑分脉』

によるもので、特別であったとみてよい。また、兵部卿からの遷任は、特に定まっていた様子はみえないが、具平が中務卿に遷任し、ついで昭登も同様であり、敦平は大宰帥をはさむが、中務卿に遷任していることから、一条朝以降は兵部卿から中務卿への道筋が出来つつあったのかもしれない。なお、章明の弾正尹遷任は元利の薨去を受けたものとみられるが、兵部卿からわずかに一年での遷任は、この時点で弾正尹が兵部卿に優越する官職であった可能性を示している。敦平の大宰帥遷任は敦康のあとを受けたもので、この時点で大宰帥が兵部卿に優越していた可能性があろう。

兵部卿任官以前は、三国太守、弾正尹、大宰帥であるが、大宰帥からの遷任は敦固、有明、章明、元長にみられ、弾正尹は本康、惟恒、克明にみえる。村上皇子以降は多く元服からまもなくの兵部卿任官であり、その前歴は知られない。康保以降は村上皇子たちが元服を迎えるのだが、他に在世している親王がほとんどなかったこともあってか、村上皇子たちにとっては、兵部卿が最初の中央官任官となったのであろう。一条朝以降はより親王数が限定されるに従って、初めての任官もより多様化するのだが、村上皇子の一特徴といってよい。村上皇子たちが任官するようになる頃までは、その前官との関係からみて、兵部卿は弾正尹や大宰帥と並ぶ親王任官職の一つであったようだが、村上皇子たちが最初に任ぜられた中央官が兵部卿であったことから、しだいにその官職としての重みは低下したのではなかろうか。ことに永平は、『大鏡』左大臣師尹に「この女御の御はらに、八宮とて男親王一人むまれたまへり。御貌などはきよげにおはしけれど、御心きはめ

たる白物とぞき〻たてまつりし」とある親王で、彼が任じたことは官職としての兵部卿の地位を軽からしめたのであろう。

ところで、永平が薨じて以降は藤原氏が任じられている。永祚二年（九九〇）には従三位参議藤原佐理が任じ、長和二年六月に権中納言正三位藤原忠輔が薨ずるまで続く（『公卿補任』）。永祚元年には為尊が元服して四品に叙されているが、兵部卿には任じておらず、まもなく弾正尹に任ずるのは、藤原佐理の任官との関係であろう。藤原忠輔の薨後は昭登が兵部卿に任じている。

村上皇子が元服を迎えた時期、ついで為尊が元服する頃には、元利、ついで章明が長らく弾正尹にあったため、村上皇子が弾正尹に任ずることは出来なかった。従って、最初の中央官は兵部卿となったものである。為尊は章明の薨後を継いだものである。従って、藤原氏が兵部卿に在官した時期は他に任ずべき適当な親王がなかったのである。

4　弾正尹

弾正尹に任じたのは、本康、惟恒、貞固、克明、代明、重明、章明、元平、元利、為尊、清仁の一一名である。本康は貞観二年（八六〇）に任じ、上総太守を兼ね、その後、兵部卿に転任した。惟恒は、弾正尹で上総太守を兼ね、翌年上野太守を兼任、ついで兵部卿で上野太守を兼ねた。貞固は、常陸太守に任じたが、ついで弾正尹に任じて常陸太守を兼ねた（以上、『日本三代実録』）。その後の官歴は不明であるが、大宰帥に任じたかもしれない。[11]克明は弾正尹、ついで兵部卿に任じている。代明は元服後、常陸太守、その後、弾正尹に在任、ついで、中務卿に任じた。重明は上野太守に任じ、ついで代明の後をついで弾正尹に任じた。大宰帥を兼任した時期があり、代明の薨去をうけて中務卿に転任した。章明は、常陸太守、上総太守、大宰帥、兵部卿に任じ、康保元年より弾正尹の在任が知られ、二品弾正尹で薨じた。元平は三品弾正尹としてみえ、その後、式部卿で薨じている。元利は上野太守、のち弾正尹に在任、三品弾正尹で薨じた。為尊は大宰帥兼弾正尹、ついで上野太守となったとされるが、正確なところはわからない。少なくとも、正暦年中から弾正尹にあり、長保四年に薨ずるまで在任したとみられる。清仁は、元服後五年たった長和五年に弾正尹としてみえ、弾正尹で薨じている。

弾正尹に在官のまま薨じたのは、章明、元利、為尊、清仁の四名で、その他の親王の弾正尹後の官歴は、兵部卿（本康・惟恒・克明）、大宰帥（貞固）、中務卿（代明、重明）、式部卿（元平）である。一方、弾正尹の前官は不明な者、元服後まもなく任じた者以外では三国太守、兵部卿が知られる。醍醐朝以降は概ね、克明―代明―重明―元平―元利―章明―為尊と任じられたものとみられ、式部卿や中務卿に遷任しえない場合は、概ね終身官となったのではなかろうか。同じ中央官である兵部卿との関係は、先にも述べたように、章明が任じた村上朝頃からは兵部卿に比して弾正尹を重視する傾向にあった可能性はある。為尊が元服後すぐに弾正尹に任じたのは、他に任ずべき親王がなかったからであり、為尊薨後は藤原時光が任じ、時光の薨後に清仁が任ずるのである。

5　大宰帥及び三国太守

大宰帥に任じた親王は、不確かながら、『紹運録』等に「三品弾正尹大宰帥」とみえる貞固、三品常陸太守で薨ずる前年に在任が知られる貞真、延喜五年に「大宰帥三品兼中務卿親王」としてみえる敦慶、敦固、弾正尹で大宰帥を兼任したことが知られる重明、式明、有明、三品で在任し、立太子した成明、章明、元長、敦道。敦道はその後、長徳二年（九九六）から長保二年、寛弘元年（一〇〇四）から同四年に三品で薨ずるまで在任が知られる。この間、長保三年から寛弘元年までは平惟仲が正任の帥に任じたことは先に述べた。その後、敦康。敦平が任じ、この後、親王の任官はみられなくなる。(12)

以上、一三名が大宰帥に任じたことが知られるが、他にも官歴の不明な時期の多い親王が少なからずおり、彼らが任じた可能性も否定できない。また、一人が何度かにわたって任じられるということもありうる。例えば、敦道は、元服してから薨ずるまで在任したようにみえるが、平惟仲が途中に任じており、間をおいて二期を務めたことになる。敦固の場合も連続して長期にわたって在任したのか明らかではない。また、大宰帥が原則任期五年とすれば、醍醐皇子の場合、成明が立太子した後、式明→有明→章明というふうに、連続して任じられたことも想定しうる。

さて、大宰帥後の官歴は、常陸太守（貞固）、兵部卿（敦固・有明・章明）、中務卿（式明・敦平）、式部卿（敦康）である。貞固が大宰帥に任じたのか明らかではないので、常陸太守を後の官歴としてみるべきか疑問なしとしない。敦康や敦平の場合は、他に親王がなかったという事情もあるので、これも特別な事例ということになろう。とすると、兵部卿もしくは中務卿への転任がありえたということになる。少なくとも弾正尹への転任は確認されないことは注意してよい。このことは弾正尹と大宰帥が同等の官職と認識されていたことを示しているのかもしれない。

ところで、大宰帥は外官であるので中央官との兼官もありうるのだが、敦慶の中務卿との兼任、重明・為尊の弾正尹との兼任がみえる。敦慶の中務卿兼任がこの時期だけだったのか、なぜ他の親王（この場合、清和皇子）が大宰帥に任じなかったのか不明といわざるをえない。重明もこの時期に兼任した理由は明らかでは無いが、他に生存していた親王では、長明を除いた親王はいずれかの官職についており、大宰帥に任ずべき適当な親王がいなかったことによるものであろうか。しかし、なぜ重明が兼任したのかはわからない。為尊の場合、先に述べたように『権記』の記載が不確かであり、間違いなく兼官であったかは不明とせざるをえない。

同じく外官であった三国太守については、前稿で述べた。(13)任期は四年が原則であったとみられるが、貞観期以降は参議兼国的意味しかもたなくなったと推測される。しかし、俸禄制の衰退によって年給制が一般化すると、三国太守の俸禄的意味も希薄となったためか、宇多朝以降には三国太守と中央官との兼官はほとんどみられない。清和皇子は中央官への任官がほとんど知られず、三国太守への任官が断片的にみえるのみである。宇多皇子・敦実は長らく上野太守であったとみられるが、あるいは、四、五年の任期で二期であったとみられる。醍醐皇子は、三国太守に任じた後に中央官への任官がみえるが（陽成皇子の多くは元服後長らく任官が不明）、村上皇子は元服からそれほど遠くない時期に中央官に任じている。冷泉皇子以降の皇子たちには三国太守への任官はみえない。

これらをみると、天皇の血縁から遠い清和皇子たちは、ほとんど中央官には任ぜずに三国太守を歴任しており、しだいに三国太守は親王が任ずべき官職のなかで最下層に位置づけられていったのではなかろうか。三国太守への任官がみえなくなるのは、親王が少なくなり、中央官への任官が優先された結果であろう。そうした中で敦実が長らく上野太守であった理由は明らかではないが、この時期、克明が弾正尹に任ずるまで、弾正尹がみえないことから、『紹運録』等に「三品弾正尹大宰帥」とみえる貞固が弾正尹であった可能性も否定できない。とすれば、敦実が任ずべきは兵部卿のみであったが、それも上野太守の二期の間に任ぜられたものとみられ、なぜ兵部卿からまた上野太守に任ぜられたのかはわからない。このことは、この時点ではまだ三国太守が中央官と並列する官職であったことを示しているのであろう。

おわりに

十世紀以降の親王の任官と官職について検討を加えてきた。『官職秘抄』や『職原抄』に親王の任ずる官職としてみえる式部、中務、兵部卿、弾正尹、大宰帥が固定されるのは醍醐朝以降のことであることがみてとれる。式部卿については前稿で述べたので省略するとして、中務卿は、式部卿につぐ親王の任ずる官職であったのであり、式部卿に転ずることがなければ中務卿を極官とした。それに任ずるのは式部卿に準じた親王であったとみられる。兵部卿は村上皇子が任じて以降、官職としての地位を低下させた。それは藤原氏が任じられたことでもわかる。弾正尹は式部卿や中務卿に遷任しえない場合は、概ね終身官であった。大宰帥は中央官との兼官もありえたが、概ね弾正尹と同等の官職として認識されていたようである。三国太守は天皇から遠い血縁の親王、元服間もない親王が任ずることが多く、しだいに親王の任ずる官職で最下層に位置づけられていったようである。

こうした親王の任ずる官職の序列化は、貴族子弟の昇進コースの形成の影響もあって、しだいに形成され、一条朝以降は親王数の減少もあって、明確になっていったものと思われるのである。

註

（1）『類聚三代格』巻五、天長三年九月六日太政官符。

（2）『国史大辞典』『平安時代史事典』等による。

（3）『三代御記逸文集成』（以下、『御記』）は所功編、国書刊行会、一九八二年。『吏部王記』米田雄介・吉岡眞之校訂、史料纂集、一九八〇年。『九暦』大日本古記録、一九八四年。『小右記』大日本古記録、一九八七年。『権記』渡辺直彦校訂、史料纂集、一九八八年、等を使用した。

（4）拙稿「平安時代の式部卿」（『平安時代皇親の研究』所収、吉川弘文館、一九九八年）。

（5）その他、『日本紀略』『権記』『吏部王記』『御記』等を参照している。以下に掲載する表はこれらに基づくが、本文とともに、親王の経歴については、煩雑を避けるため、いちいち注を付さない。
（6）拙稿「親王任国」（前掲註（4）書所収）。
（7）天慶三年の常陸親王が式明とすれば、上総太守後に常陸太守に任じ、ついで大宰帥に任じたことになる。
（8）『諸門跡伝』入道悟円親王「康保二年叙四品任兵部卿。安和二年勅授帯剣」。
（9）『平安時代史事典』下巻一五六〇頁、黒板伸夫氏執筆「大宰帥・権帥」。
（10）前掲註（4）拙稿参照。
（11）『紹運録』「三品弾正尹大宰帥」。
（12）『国史大辞典』第九巻一五三頁、平野邦雄氏執筆「大宰帥」。
（13）前掲註（6）拙稿。

延喜 8	延喜10	延喜13	延喜16	延喜17	延喜18	延喜20	延喜21	延長元	延長 2
908	910	913	916	917	918	920	921	923	924
						一品出家		貞保	二品薨
貞保			兵部卿				兵部卿		
									三品克明
	敦固								敦固
		貞真							
		三品敦実						三品敦実	

天慶 6	天慶 7	天慶 9	天暦 2	天暦 3	天暦 4	天暦 7	天暦 8	天徳 2	天徳 3
943	944	946	948	949	950	953	954	958	959
				一品敦実	重明		三品薨	三品元平薨	元長？
				三品重明	式明				
三品薨	三品元長								有明
	三品		元平						元利
成明	立太子	式明			有明				章明
		有明							
		行明	四品薨		章明				
		元利							

貞元 2	天元元	天元 4	永観 2	寛和 2	永延元	永延 2	永祚元	正暦 3	正暦 4
977	978	981	984	986	987	988	989	992	993
二品薨	一品為平								
二品兼明				一品辞				具平	
		四品致平出家			具平	四品永平薨			
							二品薨		為尊
								為尊？	敦道
四品昭平									
			前・盛明					為尊？	

寛仁 4	治安 3	万寿元	万寿 2	万寿 4	長元 3	長元 4	長元 8	長元 9	永承 5
1020	1023	1024	1025	1027	1030	1031	1035	1036	1050
三品敦儀					三品出家	敦平			敦貞
三品敦平				二品			四品昭登薨	四品敦貞	
		四品昭登		昭登					
		四品清仁			薨				
			帥						

1-2-別表　10・11 世紀における親王の推定任官状況一覧

	寛平元	寛平 4	寛平 5	寛平 9	昌泰元	延喜元	延喜 2	延喜 3	延喜 4	延喜 7
	889	892	893	897	898	901	902	903	904	907
式部卿	本康	―	―	―	―	一品薨		是忠	―	―
中務卿							敦慶	―	―	―
兵部卿									三品惟恒薨	
弾正尹										
大宰帥			是貞？							
常陸太守					貞数／是貞					
上総太守		貞純								
上野太守		貞平		貞純	四品国康薨					

	延長 3	延長 4	延長 5	延長 6	延長 8	承平元	承平 6	承平 7	天慶 3	天慶 5
	925	926	927	928	930	931	936	937	940	942
式部卿	敦慶	―	―	―	二品薨	敦実	―	―	―	―
中務卿		敦実	―	―	四品代明	―	―	薨／四品重明	―	―
兵部卿	敦固	敦固二品薨	克明薨				元良			
弾正尹	―	克明	代明	―	四品重明	―	―	辞／元平	―	―
大宰帥					貞真	元長				
常陸太守	代明	貞真				三品貞真薨	有明		有明	
上総太守						式明	―			
上野太守	―	敦実		重明			四品常明			成明

	天徳 4	応和元	応和 2	応和 3	康保元	康保 2	康保 3	康保 4	安和 2	天禄 2
	960	961	962	963	964	965	966	967	969	971
式部卿	―	―	―	―	―	―	―	元長	―	―
中務卿	式明	―	―	―	―	―	三品薨			
兵部卿	―	有明三品薨		章明		四品致平				三品広平薨
弾正尹	―	―	―	―	三品元利薨		章明	―	三品	―
大宰帥										
常陸太守										
上総太守										
上野太守										

	長保 4	寛弘 4	寛弘 6	寛弘 7	長和元	長和 2	長和 4	長和 5	寛仁 2	寛仁 3
	1002	1007	1009	1010	1012	1013	1015	1016	1018	1019
式部卿	―	―	―	為平薨	三品敦明	―	―	立太子／敦康	一品薨	
中務卿	―	―	二品具平薨			三品敦儀	―	―	―	―
兵部卿	---	---	---	---	---	三品敦平	―	―	―	―
弾正尹	為尊二品薨	---	---	---	---	---	---	---	---	---
大宰帥	平惟仲	三品敦道薨				敦康	―	敦平	―	―
常陸太守										
上総太守										
上野太守						致平				

（註）―：推定在任期間　---：藤原氏在任期間

第三章　古典文学と親王の叙品・任官

一　親王宣下と無品親王

親王・内親王は身位であって位階ではない。天皇の兄弟姉妹、もしくは天皇の子が親王・内親王の身分として遇されるものである。令の規定には、「凡皇兄弟皇子。皆為二親王一。女帝子亦同。以外並為二諸王一。自二親王一五世雖レ得二王名一。不レ在二皇親之限一」とある。(1)『令集解』の古記説(2)は、「未レ知。三世王即位。兄弟為二親王一不。答。得也」と述べており、諸王の即位を想定している。また、「女帝子亦同。謂。父雖二諸王一猶為二親王一。父為二諸王一。女帝兄弟。男帝兄弟一種」ともいい、継嗣令王娶親王条「凡王娶二親王一。臣娶二五世王一者聴。唯五世王。不レ得レ娶二親王一」により、諸王が内親王と婚姻し、その内親王が女帝として生んだ子及び女帝の兄弟（姉妹）を想定している。

しかし、史実上に「三世王即位」も「女帝子」も存在しなかった。親王宣下は二世王（孫王）が即位したことに始まるのである。奈良時代における親王はほとんどが天武皇子であり、次世代を担うべき親王の少なさは、その子の世代（孫王）の皇位継承権をめぐる幾多の政治事件とともに、二世王である大炊王（天武孫、舎人親王男）の即位をみた。淳仁天皇の兄弟は継嗣令に従って、諸王から親王身分へ格上げする必要が生じ、ここに親王宣下が行われることになり、大炊王の兄弟である船王や池田王が親王宣下を蒙ったのである。(3)

もともと、天皇の皇子女は生まれると、命名とともに親王・内親王として親王名籍に付されたと考えられるが、桓武天皇が卑母所生の（長岡）岡成、（良峯）安世を賜姓して臣下に列し、ここに天皇の子に生まれても、親王となり得ない事例が出現したのである。さらに嵯峨天皇は自らの皇子女を生母の尊卑によって区別し、卑母所生の皇子女には源氏賜姓を行うことにより、親王宣下という手続きを経ることによって親王・内親王身分を獲得するという制度を定着させたのである。(4)

もともと、皇子女は生まれながらにして親王・内親王であり、親王宣下は二世王以下の皇親になされるべきものであった。令の規定にはみえない所以である。ところが、源氏賜姓の創出とともに、親王宣下は、天皇の子であっても親王身分を蒙るために必要な手続きとなった。

逆に、臣下でも親王宣下を蒙れば、皇位継承が可能であった。それは、孫王である大炊王や白壁王が即位して淳仁、光仁天皇となったことからもわかるが、一世源氏は血統上、より尊貴性を有するがゆえに、当然に皇位継承の可能性を有していたといえる。その実例はいうまでもなく、源定省から親王宣下を蒙って即位した宇多天皇であり、皇位を望んだと伝える源融の説話もある。(5)

なお、親王という身位について、親王自身の尊貴性意識をつたえる逸話が、『大鏡』（小学館・新編日本古典文学全集本、以下同じ）中、公季の段にみえる。

円融院の帝は、「同じほどの男どもと思ふにや。かからであらばや」などぞうめかせたまける。

藤原師輔の男公季は母康子内親王死後、中宮藤原安子が養育したため宮中で育った。皇子たちとほとんど同じ扱いで、皇子たちと一緒に遊んで育った。そんなおり、皇子であった円融天皇が、「公季は、自分らを同じ身分と思っているのだろうか、そんなふうには思ってほしくない」と嘆息したというのである。親王の強い血統意識を伝える話だが、少なくとも『大鏡』作者は親王という身位の尊貴性を強く意識していたのである。

さて、その親王宣下であるが、九世紀には一、二歳で行われるのが通例であった。源氏賜姓もだいたいその頃に行われている。儀式書などでも、親王宣下が命名とともになされることを記している。ところが、醍醐朝には、七、八歳で行われる例もみられ、身位が定まらないままに幼少期をすごす皇子女があらわれる。その後、皇子女の減少から一世源氏賜姓はほとんど行われなくなり、親王宣下も九世紀のように出生後まもなくとなるが、これは生母が摂関家に独占されていくことで卑母所生の皇子女がいなくなることによるのであろう。

『江家次第』(6)には、「蔵人頭奉レ仰、仰二上﨟博士一令レ勘二申御名字一、兼日示二気色一当日仰レ之」とあり、親王宣下に先立ち名字を定めることが見える。また、『九暦』(7)には「召二御前一、仰云、先下為二親王一宣旨上之後、可レ行二此事一、召二茂樹一令レ択二申吉日一者、又名字以二参議（大江）維時朝臣一令レ択、而未二勘申一、加レ之、延喜後皇太子（慶頼王）名字彼時維時朝臣為二侍中一勘申也云々、雖二事非一レ可レ然、非レ無レ所レ憚、仰二中納言在衡卿一令レ択二申其字一者」とあり、同年五月に生まれた皇子（憲平、後の冷泉天皇）の親王宣下とともに命名を勘申させたが、大江維時は早世した慶頼王の名を勘申したので、藤原在衡に勘申させたとみえる。

したがって、紫式部の時代には、親王宣下は誕生後ほど遠くない時期に命名とともに行われていたと思われるのだが、『源氏物語』（小学館本参照。以下同じ）における光源氏の処遇決定は七歳以降元服の一二歳までの間とされている。これは、花山院出家後の誕生であった昭登・清仁両親王を例外とすれば、醍醐皇子女に特有の処遇に似ている。延喜二十一年（九二一）に賜姓された高明以下八名の皇子女は、高明の八歳を最年長として、それまで身位が定まっていなかったのである。(8)光源氏の処遇はこれに似ており、紫式部が醍醐朝を一つの時代背景としていたとの指摘を裏付ける。(9)

そもそも、光源氏の賜姓は『源氏物語』桐壺の巻に、

無品親王の外戚の寄せなきにては漂はさじ、わが御世もいと定めなきを、ただ人にておほやけの御後見をするなむ、行く先も頼もしげなることと思し定めて、いよいよ道々の才を習はさせたまふ。

と述べられており、後見の無い無品親王にしないためであったとするが、七歳すぎまで身位を定めなかったことの理由は語られていない。

一方、『源氏物語』薄雲の巻には、光源氏が親王に復帰しない理由を、

一世の源氏、また納言、大臣になりて後に、さらに親王にもなり、位にも即きたまひつるも、あまたの例ありけり。

と描く。すなわち、一世源氏が、納言や大臣を経て後に、親王宣下を受けて即位した例は沢山あるとするのだが、源氏から親王に復帰して即位したのは宇多天皇のみであり、源氏が親王に復した例では、安和の変後における醍醐皇子兼明、盛明、村上皇子昭平がいる[10]。これを「あまたの例」とはいえない。こうした事実を紫式部が知らなかったはずはない。一世源氏は身分上は臣下でも、皇子であるという尊貴性は疑いなく、親王に復帰することで皇位継承者とも成り得たのである。しかし、紫式部の時代には一世源氏は存在せず、非現実的であるがゆえに、醍醐皇子に投影された物語として成立し得たのであろう。

また、同じ薄雲の巻に続いて、

なほ親王になりたまふべきよしを思しのたまはすれど、世の中の御後見したまふべき人なし。権中納言、大納言になりて右大将かけたまへるを、いま一際上りなむに、何ごとも譲りてむ、さて後に、ともかくも静かなるさまに、とぞ思しける。

とみえる。やはり親王になるようにとの帝の仰せに、大臣（光源氏）は、「ほかに天下の政の後見をつとめるべき人がいない。権中納言がもう一段昇進したら、この人に委ねて引退しよう」と考えたと描く。ここには、親王不執政の考えがみられるが、源高明左遷後に兼明、盛明らが親王に復帰させられた史実が示すように、平安時代の親王は事実上執政しないものとされてきたのである。

さて、光源氏が賜姓される話に戻ろう。賜姓の理由として、無品親王が、「外戚の寄せなきにては漂」う存在であったとするのだが、それは史実であろうか。

そもそも紫式部は、無品親王の存在すら知らなかったはずである。宇多朝以降の親王は早世した者を除いて、いずれも有品であったし、有品が「外戚の寄せ」ある存在であっても「漂は」なかったとはいえない。ここには紫式部の親王観の一端がみえており、無品親王は高貴さにおいて価値の低い存在であるとの認識がみられる。それよりは政治的権力を有する一世源氏にこそ価値を認めるという観念が読み取れよう。

外戚との関係でいえば、『大鏡』左大臣師尹の段に「八宮に大饗せさせたてまつりたまひて」とあり、藤原済時が甥の村上皇子永平に親王大饗を催させたところ、失態を露呈したが、「いみじき心ある人と世覚えおはせし人の、口惜しき辱号とりたまへるよ」と、済時を批評していることにも通じる。知的障害者的に描かれる永平を、人々は「もとよりさる人と知りまうしたれば、これをしも、誇りまうさず」、

充分にリード出来なかった外戚が非難されるのである。政治経済的な後見のみならず、親王としての威儀を整えてやるのも外戚の役割であり、親王にとっての外戚の重要性を伝えている[11]。

なお、永平親王は永延二年（九八八）に四品兵部卿で薨じている。

また、後一条院の段では、

> むかし一条院の御なやみのおり、仰せられけるは、「一の親王をなん春宮とすべけれども、後見申すべき人のなきにより、おもひがけず。されば二宮をばたてたてまつるなり」とおほせられけるぞ、この当代の御ことよ。げにさることぞかし。

と描かれている。これは一条天皇が敦康を皇太子に望みながら、後見が無いために、敦成を立てたことに『大鏡』作者が賛同を示したものである。皇太子のことではあるが、「うしろみ」がいかに意識されていたかがわかる。

ところで、無品親王は前述のとおり、十世紀頃にはみられなくなっていたが、無品内親王は少なからず存在した。それについては後述するが、任官とは無縁の内親王にあっては、品位にどれほどの意味があったであろうか。

律令制下では、品位は品封や品田といった経済待遇と連動し、序列以外にも重要な意味を有していたが、貞観年間（八五八—八七六）に年給制が行われるようになり、寛平年間（八八九—八九七）までに整備されて毎年給わるようになった。后腹や一親王が優越する以外は、おしなべて同代皇子女のグループの中で順に年給に預かる方式が定着し、経済的メリットは希薄になった[12]。一方で后腹や一親王といった生母の地位や血筋が重要視されることで、品位本来が有する親王の序列化の機能は、生母の優劣を表示するものに変質したといわねばならない。もっとも、親王の場合は任官との連動があるので、まったく無意味になったわけではないが、内親王の場合は無品と有品にそれほど大きな価値の差はなかったのではなかろうか。

『大鏡』や『源氏物語』に共通するのは、有品か無品かよりも、後見としての外戚の重要性である。それ自体は前代以来、親王・内親王の立場を決定する重要な要件ではあったが、摂関家を外戚に持つ親王・内親王が若くして一品に叙されるなど、品位の機能の低下の反面、有力な外戚の存在は親王の威儀を高めるうえでの必須要件となってきたのである。

二　親王の叙品と任官

親王の場合、官位相当制の原則に則って、品位に相応する任官が行われた。その官僚としての実態はともかく[13]、任官する官職が親王の皇親内での地位と連動する部分もあった。なかでも、式部卿については国文学に今井源衛、篠原昭二、藤本勝義各氏の優れた研究があり、拙稿でも述べた。その後も袴田光康氏、久下裕利氏らの研究があり、平安時代の式部卿について明らかにされてきた[14]。

そもそも式部卿は官人の選叙・考課等を掌る式部省の長官で、正四位下相当である（『令義解』官位令・職員令、以下同じ）。奈良時代には重要人物がこれに任じたが、弘仁元年（八一〇）に桓武皇子葛原親王が任じるにおよんで[15]、以後は親王の任官する官職となった。親王任官となった式部卿は生母の血統や品位のうえで他の親王に優越する長老的親王が任じられ、歴代にわたる親王群における筆頭親王とでもいうべき「第一の親王」が任官すべきものとされた。終身官的であり、親王中に重きをなした。

九世紀には才識豊かな親王が任じられ、人物本位の任官であった。しかし、十世紀以降は必ずしも品位上臈が任じられたわけではなく、その重みはしだいに希薄となっていったと思われる。『源氏物語』はすでに式部卿の重みが希薄となった時代に書かれたものであるが、例えば、若菜上の巻に、

南の廂に上達部、左右の大臣、式部卿宮をはじめたてまつりて、次々はまして参りたまはぬ人なし。

とあるように、参上した人として大臣についで唯一あげられたのが式部卿宮であるのは、この宮が単に紫の上の父であったからというだけではなさそうである[16]。また少女の巻に、

兵部卿宮と聞こえしは、今は式部卿にて、この御時にはましてやむごとなき御おぼえにておはする、（下略）

と描かれているように、帝の信任が厚いという設定であり、筆頭親王であった式部卿を反映している。

親王は式部卿のほかに、兵部卿、中務卿や弾正尹、大宰帥、三国（常陸・上総・上野）太守に任じたが、弾正尹や上総太守は『源氏物語』に登場しない。

『源氏物語』では、官職名で親王の優劣を描く場面があり、紫式部の時代においても官位相当的認識が背景にあったことがうかがわれる。例えば、匂宮の巻には賭弓の還饗の日に参内した親王を描いて、

その日、親王たち、大人におはするは、みなさぶらひたまふ。后腹のは、いづれともなく気高くきよげにおはします中にも、この兵部卿宮は、げにいとすぐれてこよなう見えたまふ。四の皇子、常陸の宮と聞ゆる更衣腹のは、思ひなしにや、けはひこよなう劣りたまへり。

とみえる。后腹の皇子たちは、みな気品があり美しいなかにも、兵部卿宮は特にりっぱに見える。常陸宮である四の皇子は更衣腹で、その人品が格段に劣っている、とするのである。ここには后腹と更衣腹という生母の地位が優劣の基準ではあるが、それが親王の叙品に連動して任官の優劣に及んでいるのである。ここに官職名として兵部卿と常陸太守をあげたのは、出自と対応して示された紫式部の、親王が任ずる官職に対する評価である。

紫式部の時代には、生母の身分が親王の優劣の基底にあり[17]、それによって叙品、任官が定まり、式部卿に任ずるか否かが決まる。末摘花の父も「故常陸の親王」とされているのも、そうした紫式部の官職にたいする意識を表しているのではなかろうか。

三国太守は天長三年（八二六）に設置されて以後、親王任官として常置となった令外官である[18]。これは親王の任官対策であり、何らかの事情によって任ずべき親王がいなかった場合、太守が得るべき俸禄を別置して無品親王の用に供するという経済援助策をも盛り込んだもの

であった。しかし、貞観期（八六〇・七〇年代）頃を境として変質し、親王の八省卿進出の恒常化とともに参議兼国同様に、京官兼任が圧倒的に多くなるのである。[19]

十一世紀前後では、醍醐皇子盛明が上総太守、冷泉皇子為尊、村上皇子致平が上野太守、村上皇子昭平が治安三年（一〇二三）に「故前常陸太守」であったことが知られるが、[20]史料上は多くを見いだせない。寛弘元年（一〇〇四）に生存していた親王は、村上皇子致平、為平、具平、昭平、冷泉皇子為尊、敦道、花山皇子清仁、昭登、一条皇子敦康の九名で、親王が任ずべき京官と外官あわせて八官職[21]を埋めることが出来るが、現実には常時すべての官職に任じていたわけではないようである。特に三国太守の任官がみえないのは、四品親王の任ずべき官として定着し、京官よりも低くみられたことに一因があるのではなかろうか。

なお、『源氏物語』が描くのは常陸宮と上野親王のみで、上総太守は描かれていない。史実のうえで、なぜこの三国が親王任国に設定されたのか、三国に上下関係はあったのかなど不明な点が少なくないのだが、常陸太守と上総太守は同格であったようであり、[22]その点で、『源氏物語』は常陸宮に代表させたものであろうか。

常陸宮は、末摘花の父である親王と今上帝の更衣腹親王が描かれているが、いずれも経済的、あるいは品格で一段劣った親王として描かれている。上野親王は宿木の巻に、「中務の親王、上野の親王、中納言源朝臣さぶらふ」とみえるのみだが、小学館本第五巻三六七頁頭注に、『細流抄』は「当代の親王にあらず」とする」とみえる。いずれにせよ、紫式部は尊貴性において三国太守を八省卿より低く設定しているようである。

大宰帥は九国二島を統括する大宰府の長官で、従三位相当官である。弘仁・承和の頃（八一〇年代―八四〇年代）より親王官として固定した。平安時代には臣下は権帥か大弐にとどまり、正の帥に任じることはなかったが、平惟仲のみは異例で、為尊親王の兼官を取り上げて任じられたとされる。[23]醍醐朝には宇多皇子敦固が長らく在任し、その後、清和皇子貞真、陽成皇子元長が任じたが、朱雀朝に醍醐皇子成明（村上天皇）が立太子までのわずかな期間在任している。十一世紀初め頃には冷泉皇子敦道が薨去まで在任し、ついで一条皇子敦康が任じた。

『源氏物語』には、のちに蛍兵部卿宮としてみえる光源氏の異母弟が帥宮としてみえ、別の弟が帥の親王としてみえる。後者は花散里に「美男子ではあるが、人柄が劣っていて、諸王ぐらいの品であった」と言わせている。前者が帥宮から兵部卿宮に変わることとも合わせみると、『源氏物語』では帥は八省卿より低く設定されているように思われる。そこに和泉式部と浮き名を流した敦道親王を意識したか否かは定かではない。ただし、光源氏の弟の官職として描かれているところから、三国太守よりは上位との認識がうかがえよう。

史実のうえでは、冷泉院太上皇第三子であった為尊親王は、弾正尹で二品に叙され、大宰帥を兼ねて、ついで上野大守に遷任している。[24]このことから、太守と帥に特に格の違いのようなものがあったようにはみえない。

なお、三国太守も大宰帥も遥任であったので、次官が長官の役割を果たし、介を守、大弐を帥と称することもあった。そのことは、『源氏物語』東屋の巻に「恨めしけれど心には違はじと思ふ常陸守より」とあり、須磨の巻に「帥、御消息聞こえたり」などと描かれている。

　中務卿は詔勅文案や上表、国史、女官の考課・名帳などを掌った。正四位上相当官であるが、平安時代初期には省が形骸化し、桓武皇子神野（嵯峨天皇）、伊予、大伴（淳和天皇）らが相次いで任じ、親王任官が恒常化した。十世紀には醍醐皇子代明、重明、式明が任じ、その後、学才豊かな兼明親王が任じて前中書王といわれ、ついで村上皇子具平が任じて後中書王といわれた。

　『源氏物語』では、明石尼君の祖父としてみえる中務宮（松風の巻）と「后腹の五の宮」と推測される匂宮の弟の中務宮、夕霧を婿にと望んだ梅枝の巻のみに登場する中務宮がみえる。古注は「『中務宮』は兼明親王に准拠する」(25)というが、いずれの中務宮もとくに学才豊かな人物造形はみられない。

　兵部卿は武官の人事一般や軍事に関することを掌る。正四位下相当官である。仁明朝に嵯峨皇子忠良、ついで仁明皇子本康が任じたが、いずれもその後式部卿に遷任した。その後も兵部卿から式部卿に遷任する親王もあったが、兵部卿在任で薨じた親王も少なくない。

　なお、兵部卿には藤原佐理や藤原忠輔が任じており、必ずしも親王官として固定していたわけではない(26)。

　『源氏物語』には、紫の上の父で、のちに式部卿宮とみえる兵部卿宮、光源氏の異母弟の蛍兵部卿宮、そして今上第三皇子で匂宮と呼ばれた兵部卿宮が登場する。蛍兵部卿宮は風流人として、匂宮は好色な春宮候補とされるが、式部卿には与え得ない活動性・独自性が付与されているようである。

　そのほか親王が任じた官職に、弾正尹がある。弾正台は官人の綱紀粛正・非違検察を行ったが、九世紀初頭に検非違使が設置されるにおよび形骸化した。従三位相当官である。平城朝に神野親王が任じて以後、親王の任ずる官となった。十世紀後半には三品で醍醐皇子章明が任じ、その薨去後に為尊親王が薨去まで任じた。この官にも藤原時光が任じていた時期があり、親王のみが任じられたわけではない(27)。

　親王の品階は一品から四品までの四階しかない。官位相当では一・二品が任ずるのは大臣以上ということになるのだが、平安時代以降は親王不執政が伝統的であり、その結果、一・二品でも三・四品と特に任官に大きな違いはなかった。官職は品位に連動するものであるが、叙品の契機は明確ではない。親王については、ある程度に年齢や在品年数が考慮されたであろうが、十世紀以降生母の身分重視が顕著になると、若年や内親王の叙一品もあらわれてくる。それらは后腹であって、天皇や藤原道長との人間関係において優遇された者たちである(28)。その結果、生母の出自とそれにともなう初叙品、ついで帯する官職が親王の立場をあらわすものとなった。『源氏物語』がほとんど品位を示さないのもそのためであろう。

三　内親王の叙品

つぎに、十世紀以降の内親王の叙品について若干述べておきたい。

宇多皇女から三条皇女までで賜姓を除くと四五名を数えるが、一三歳頃の著裳が行われる年齢以前に薨去した者七名を除くと三八名である。このうち品位の有無が知られるのは二八名であるが、うち一二名が無品で薨じた（出家による無品を含む）ことが知られる。ほかに品位の有無が不明の者が一〇名あるので、これらがみな無品であったとすれば約半数強が叙品されなかったことになる。

内親王の叙品の契機は親王より一層不明瞭であるが、初叙は親王同様に著裳のおりに、原則として后腹三品直叙が行われた（例えば、醍醐皇女康子、一条皇女脩子など）[29]。

なお、后腹以外での三品直叙の例に、朱雀皇女昌子内親王、醍醐皇女韶子がある。ただし、韶子内親王は「延長二三廿五、昌（傍注、韶）子内親王、於二承香殿西廂一著裳、天皇結レ腰有二送物一、御遊、宸筆叙品、三品、雖レ不二后腹一、依二先朝恩一云々、以二黄紙一書二叙品一給二上卿一、令レ作二位記一」という記事[30]によるもので、延長二年（九二四）であれば醍醐朝であるから、該当する内親王は他に見あたらないようである。しかし、韶子内親王とすると「依先朝恩云々」は意味不明となる。一方、本文が伝えるように、昌子内親王とすれば、兄帝朱雀から皇位を譲られた村上天皇が、「依先朝恩」とするのは納得がいく。また、昌子内親王の生母は女御熙子女王（保明親王女。王女御）であり、「雖不后腹」と一致する。従って、「延長二三廿五」が誤りであるとみられ、この記事は昌子内親王の三品直叙の記事[31]が誤った年紀にかけられたものではなかろうか。『一代要記』にも「詔」子内親王尻付に「三品賀茂斎」とあるので断定は出来ないが[32]、内親王における后腹以外での三品直叙は、昌子内親王のみの特例であった可能性が高い[33]。

以下、叙品されたとされる内親王についてみておこう。

四品に叙されたとされる内親王は醍醐皇女勤子のほか三人知られる。宇多皇女成子は『一代要記』に「四品天徳元年出家貞元三年天延元年正月叙四品」とあるのだが、『日本紀略』に「四品成子内親王落髪」[34]とあるので、叙品が天徳元年（九五七）以前であることは『醍醐天皇実録』[35]が指摘するとおりである。『一代要記』に「貞元三ー薨、天延元ー正月叙四品」とあるが、この内親王の叙品の契機は全く不明という他ない。その他、宇多皇女季子が四品に叙されたが、時期・理由ともに不明である。醍醐皇女勤子は承平六年（九三六）正月に四品に叙されたことが『一代要記』にみえる。時に三二歳であるが、理由は明らかではない。この後、藤原師輔に配された。

三品で薨（崩）去した者は四名である。昌子、韶子内親王については前述した。ほかには、宇多皇女柔子は寛平九年（八九七）に斎宮となり、延長八年（八三〇）に退下しているが、前田本『帝王系図』を祖本とする『皇胤系図』（『続群書類従』第五輯上所収）に「伊勢斎。三品」とある。また、『西宮記』（神道大系本四六頁）恒例第一「正月女叙位」に「天（校訂注、延か）長六正十、使二蔵人所源国興一遣二斎内親王位記」とあることから、延長六年に三品に叙されたとされる。[36]また、醍醐皇女婉子の場合は『一代要記』に「承平元年十二月為斎院、叙三品、康保四年五月退而出家（下略）」とあり、斎院に卜定されたおりに三品に叙されたとされる。[37]

　これらの内親王の叙品も不明確な部分が多く、斎宮在任時・斎院任命時や退下後の叙品にしても、斎宮・斎院を勤めた内親王は他にもあり、何らかの個別事情が介在したものと思われるが明らかではない。

　二品に叙された者は四名で、二品以上の叙品がみられるのは、醍醐皇女康子以後である。村上皇女輔子は、安和元年（九六八）に斎宮となり、翌年退下した。時に一七歳。『日本紀略』[38]に、「前斎宮二品輔子内親王薨。（村上天皇第六女。年四十。）」とあるが、いつ二品に叙されたか不明である。恐らく、皇后腹で著裳のおりに三品に叙され、斎宮退下後に二品に昇叙したものであろう。冷泉皇女宗子は安和元年にわずか五歳で四品に叙され（『一代要記』）、天元元年（九七八）に一五歳で三品に叙された。[39]従って、三品昇叙は著裳にさいしてであろう。薨去時二品とあるが、[40]いつ昇叙したかは不明。冷泉皇女尊子は、斎院退下後の天元元年（九七八）に一四歳で四品に叙されたので、[41]著裳のおりであろう。同三年円融天皇妃となり、その翌年に二品に昇叙した。[42]天皇妃となりながら、宗子内親王より品位が劣っていたために引き上げたものであろうか。三条皇女禔子は『小右記』[43]に「故三条院女親王（皇后宮腹、一夜著袴親王）被叙三品」とあるので、后腹三品直叙である。その後、藤原教通に配された。[44]

　一品に至った内親王は醍醐皇女康子、村上皇女資子、三条皇女禎子がいる。資子内親王の一品昇叙は藤花の宴のおりであったことが知られるなど、それぞれが個別優遇関係の結果であることは先に指摘した。[45]

　以上、煩瑣にわたったが、叙品された内親王について、その時期と契機について検討してきた。ほとんどの場合、叙品の背景はわからないのだが、親王以上に恣意的であったようにみえる。内親王は斎宮や斎院となることはあっても後宮女官に任ずることはない。従って、任官とは無縁であったから労効と品位が結びつくような客観的条件は存在しなかったのである。それゆえに、品位は純粋に内親王の格付けを示すもの、天皇や摂関家との距離を示すものであったといえるであろう。斎宮や斎院を勤めた後に叙品される場合もあれば、叙品が知られない場合もあり、斎宮や斎院が必ずしも叙品に結びついていたわけでもない。

　無品で生涯を終えたことが明らかな内親王は、宇多皇女均子、孚子、依子、誨子、醍醐皇女慶子、都子、修子、敏子、普子、村上皇女規子、盛子、緝子の一二内親王である。このうち、均子、誨子、慶子、普子、盛子の五内親王は婚姻しており、孚子内親王が多くの男性と関係していたことは『大和物語』に伝える。こうした内親王は、婚姻前の叙品がなければ、特別な事情が無い限り叙品はなかったのであろう。その他の六内親王がなぜ無品であったのかはわからない。

　『源氏物語』には、桐壺院の女一の宮（弘徽殿大后腹）、今上帝の女一の宮（明石の中宮腹）が一品の宮として描かれ、光源氏の正妻である朱雀院皇女、女三の宮が二品の宮として描かれるほかは品位を示さない。弘徽殿大后腹、明石の中宮腹の女一の宮が一品の宮とされるのはともかくとして、女三の宮を二品に設定した理由は明らかではない。

宇多朝以降の内親王で二品とされたのは前述の輔子、宗子、尊子、禔子内親王である。輔子は斎宮退下後に二品に叙されたものであろうが、一品に昇叙する以前に薨じたのであろう(46)。宗子、尊子内親王は女御藤原懐子腹であるが、初叙が四品で后腹扱いではなかった。禔子内親王は皇后藤原娍子腹だが、臣下への降嫁のため一品には至らなかったのではなかろうか。

このように、史実のうえでは二品とされた内親王は、后腹ではあっても斎宮を勤めて以後の叙品で長生しなかった場合、臣下に降嫁した場合などは、一品に至らなかったようである。こうした事実を踏まえて、女三の宮が二品とされたのは、生母が先帝の姫君である藤壺女御であるが、光源氏に降嫁したことなどによる設定であろうか。

おわりに

「親王」という歴史用語には内親王を含む場合も少なくない。しかし、親王と内親王は同じ尊貴性を有する身位とはいえ、その待遇には多くの違いがある。その一つが、叙品と任官であろう。

本稿では叙品の前提としての親王宣下から無品親王について、主に『源氏物語』の記述との対比から論じた。ついで、宇多朝以降の親王の叙品と任官について検討した。宇多朝以降に限ったのは、王朝文学との関係もあるが、九世紀以前と十世紀以降では、親王を取り巻く政治的環境や年給制の整備など制度的変遷が顕著であるからである。親王の任官は、生母の出自による叙品の差違が任官に結びつき、官職の優劣にまで及んだことが、『源氏物語』の記載などからもうかがわれる。

内親王の叙品は不明な点が多いが、宇多朝以降の皇女の叙品の時期と契機を中心に検討し、后腹の優遇と個別事情による叙品という、親王以上に人間関係に左右された状況があったことを明らかにした。

『源氏物語』のみならず、より多くの王朝文学を精査し、史実との対比をすることによって、当時の貴族層の親王という身分、その品位・官職に対する認識が明らかになるものと思うが、その点については後考を期したい。

註

(1)『令義解』継嗣令皇兄弟条。
(2)『令集解』継嗣令皇兄弟条所引古記説。
(3)『続日本紀』天平宝字三年六月庚戌条。その後、光仁天皇の即位に伴って親王宣下が行われている。同宝亀元年十一月甲子条。
(4)『新撰姓氏録』左京皇別上、長岡朝臣。良岑朝臣。『類聚三代格』巻十七所引、弘仁五年五月八日詔。
(5)拙稿「皇位継承と皇親賜姓」(本書第二部第一章。もと、「皇位継承と皇親賜姓—『大鏡』の記事をめぐって—」、『古代文化』第五三巻第三号、二〇〇一年三月)参照。
(6)『江家次第』巻第一七、当代親王宣旨事。
(7)『九暦』逸文、天暦四年七月十一日条。
(8)『類聚符宣抄』第四、延喜二十一年二月五日太政官符。誕生後間

もなくに身位が定まらなかった皇子女には、章明親王や英子内親王もいる。

(9)山中裕「源氏物語の時代」(『平安朝文学の史的研究』所収、吉川弘文館、一九七四年)。

(10)是忠、是貞は宇多の即位による同母皇兄弟としての親王宣下で、特別な事情によるものではない。

(11)なお、永平の暗愚については『栄花物語』(小学館本参照、以下同じ)巻一にもみえるが、話題の中心は永平の暗愚に置かれている。『大鏡』との相違については、小学館本『栄花物語』八二頁頭注に詳しい。

(12)尾上陽介「親王の年官について—巡給制度の考察—」(『早稲田大学大学院文学研究科紀要』別冊一七集、哲学・史学編掲載、一九九〇年)。

(13)桓武朝の伊予親王や葛原親王など実務に関わった可能性は、拙稿「平安時代の式部卿」(『平安時代皇親の研究』所収、吉川弘文館、一九九八年)参照。なお、『権記』長徳四年十一月十九日条に、「去天暦七年王氏爵巡。相当於元慶御後。氏是定式部卿元平親王。(中略)法□(家)勘申所当罪状。親王幷経忠遠流。但親王可官当。依官高可贖銅者。其後有大赦」とあるなどは、王氏是定としてではあるが、元平親王の役割によるものであるし、『小右記』寛和元年二月二十七日条に「今日有官奏。式部卿(為平)以式部丞(藤原)元命令奏明日一分召可行之由。有勅許」との記述は、たぶんに儀式的ではあるにせよ、何らかの役割を果たしていたとみるべきであろう。

(14)今井源衛「兵部卿宮のこと」(『源氏物語の研究』所収、未来社、一九六二年)。篠原昭二「式部卿宮家」(『講座 源氏物語の世界』第五集所収、有斐閣、一九八一年)。藤本勝義「式部卿宮—「少女」巻の構造—」(『源氏物語の想像力—史実と虚構—』所収、笠間書院、一九九四年、初出は一九八二年)。袴田光康「『源氏物語』における式部卿任官の論理—先帝と一院の皇統に関する一視点—」(『国語と国文学』七七—九掲載、二〇〇〇年)。久下裕利「一品宮について—物語と史実と—」(『学苑』七九二号掲載、二〇〇六年)。なお、註(13)拙稿では、国文学の研究成果を参照しえなかった。特に藤本勝義氏の研究には賛同すべき点多々あるが、参照し得なかったことを、この場をお借りしてお詫び申し上げる。

(15)『日本紀略』仁寿三年六月四日癸亥条。

(16)なお、『源氏物語』には式部卿宮が四名登場することが指摘されている。一人は先帝の皇子で藤壺中宮の兄(紫の上の父)。故桃園式部卿宮(桐壺院の弟。朝顔の父)。蜻蛉式部卿宮(光源氏異母弟)。今上帝二の宮(匂宮同腹兄)である。

(17)『源氏物語』若菜下の巻には、「この宮の御姉の二の宮をなむ得たてまつりてける。下﨟の更衣腹におはしましければ、心やすき方まじりて思ひきこえたまへり」とあり、紫式部の生母の身分による親王観が表れている。

(18)『類聚三代格』巻五所引、天長三年九月六日太政官符。

(19)拙稿「親王任国」(註(13)前掲書所収)。

(20)『小右記』永観二年十月十日条、長和二年七月二十八日条。『大間成文抄』第二「故者」(吉田早苗校訂、吉川弘文館、一九九三年)一五八頁。

(21)式部卿、兵部卿、中務卿、弾正尹、大宰帥、常陸太守、上総太守、上野太守。

(22)拙稿註(19)前掲論文参照。

(23)黒板伸夫「大宰帥小考—平惟仲の補任をめぐって—」(『摂関時代史論集』所収、吉川弘文館、一九八〇年)。

(24)『権記』長保四年六月十五日己卯条。

(25) 小学館本『源氏物語』第二巻付録五二六頁。

(26)『小右記』正暦元年十月二十五日条、寛弘八年七月二十五日条。

(27)『御堂関白記』寛弘元年閏九月十四日条、『小右記』寛弘八年七月二日条。

(28) 拙稿「一品親王」(註(13)前掲書所収)。なお、物語の一品宮との関係については久下裕利氏註(14)前掲論文参照。

(29)『日本紀略』承平三年八月二十七日辛未条「先帝第十二康子内親王於二常寧殿一初笄。即叙二三品一」、同寛弘二年三月二十七日乙亥条「脩子内親王於二内裏一有二著裳事一。(中略)即日。脩子内親王叙二三品一」とあるほか、村上皇女資子(『日本紀略』安和元年十二月二十八日条)などの例がある。

(30)『大日本史料』第一編之五、五八五頁所引『西宮記』臨時九「内親王著裳」。

(31)『日本紀略』応和元年十二月十七日丙午条「朱雀院第一皇女昌子内親王於二承香殿一初笄。天皇神筆給二三品位記一」。

(32) 醍醐皇女の段。これは、その次の斎院となった婉子内親王「三品賀茂斎」と混同したものではなかろうか。

(33) なお、著裳のおりに四品を叙された者は不明である。『醍醐天皇実録』第二巻九七九頁(藤井讓治・吉岡眞之監修、ゆまに書房、二〇〇七年)は、醍醐皇女勧子の延喜十四年十一月十九日の項に「著裳ノ儀アリ、尋イデ四品ニ叙セラル」との項目を立てているが、八七六頁[按]に「内親王叙品ノ年次明カナラズ、便宜本条ニ付載ス」とあるように、著裳のおりであったか否か判然としない。生母が妃為子内親王であるので、特例としての叙品であったかもしれないが、一般に内親王は后腹以外は著裳のおりの叙品は無かったのではなかろうか。

(34)『日本紀略』天徳元年二月二十三辛巳条。

(35) 前掲註(33)書。

(36) しかし、『醍醐天皇実録』第二巻五一五頁[按]が指摘するように、「斎内親王」が斎王か斎院か不明である。『西宮記』の記事は、「天長」が「延長」の誤りであるか否か、源国興が確認出来ないので疑問が残る。「天慶」あるいは「天暦」の誤りとみるなら、醍醐皇女婉子が斎内親王であったから、三品に叙されたことと一致する。しかし、『皇胤系図』の記載が何に基づいているのか明らかではないため、柔子内親王が斎宮在任中に三品に叙されたことは否定出来ない。延長六年であれば、季子内親王が卜定されてからで在任三二年になる。

(37)『平安時代史事典』下、一六八四頁(角川書店、一九九四年)。『醍醐天皇実録』第二巻九七九頁。『一代要記』朱雀天皇、斎院。

(38)『日本紀略』正暦三年三月三日丁酉条。

(39)『日本紀略』天元元年五月九日癸巳条。

(40)『日本紀略』寛和二年七月二十一日丁亥条。

(41) 註(34)参照。

(42)『日本紀略』天元三年十月二十条、同四年正月十日己酉条。

(43)『小右記』寛仁三年三月五日壬戌条。

(44)『一代要記』三条天皇、皇女「万寿三□月□日配教通公」。

(45)『日本紀略』天禄三年三月二十五日甲申条「資子内親王於二昭陽殿(飛香舎か)一有二藤花宴一。天皇臨御。宴訖。内親王叙二一品一」。また、『栄花物語』巻一では、円融天皇がこの同腹内親王と仲睦まじかったとする(註(28)拙稿、及び久下裕利氏註(14)前掲論文参照)。

(46) 同じく皇后腹で斎院にめされた妹に選子があるが、彼女は一品に至っている。しかし、輔子が四〇歳で薨去したのに対して選子は七二歳まで長生している。

第四章　伊予親王の立場

はじめに

伊予親王は平城朝の伊予親王事件において著名であるが、その立場は一貫して有力な皇位継承候補者であったのであろうか。桓武朝における親王の立場と平城朝における立場は同じであったのであろうか。

これまで、有力な皇位継承候補者としての伊予親王が当然視され、それが事件の真相を探るうえでの前提になってきた。しかし、伊予親王の立場が桓武天皇の死を超えて変化しなかったかといえば、そうではない。

以下では伊予親王の立場を再度検討し、伊予親王事件の先学の研究に導かれながら、その真相を考えてみたい。

一　桓武朝・平城朝の伊予親王

伊予親王の生年は明らかではない。延暦十一年（七九二）に「伊予親王冠」とあるので[1]、時に十三歳と仮定すれば、宝亀十一年（七八〇）の生まれということになり、安殿親王につぐ出生、もしくは（長岡）岡成と相前後する出生で、延暦五年に生まれた葛原・神野・大伴より年長ということになる。母は夫人藤原吉子、外祖父は南家藤原是公（乙麿男）である。藤原是公は伊予親王の生まれたと思われる宝亀十一年には参議従三位で、その翌年には中納言、天応二年（七八二）に大納言、その翌年に右大臣と昇進し、桓武朝初期の政権首班を務めた。「暁習時務。剖断無滞。」といわれ、延暦八年に六三歳で薨じている[2]。時に伊予親王は十歳前後であったと思われる。従って、伊予親王の幼少期は外祖父の権勢の庇護のもと、豊かな環境で育ったものと思われる。

藤原是公亡き後は同じ南家・藤原継縄（豊成男）が右大臣として政権首班となり、母・藤原吉子の兄藤原雄友が参議に列しており、藤原継縄が薨じた延暦十五年までは、親王の環境に大きな変化はなかったであろう。藤原継縄は「政迹不ㇾ聞。雖ㇾ無二才識一。得ㇾ免二世譏一也。」(3)といわれながらも、その室百済王明信は尚侍として桓武天皇に寵愛され、彼の別業にもしばしば行幸があったことから、桓武天皇が藤原是公のみならず藤原継縄をも重用していたことが知られる。(4)

藤原継縄亡き後は、神王、壱志濃王が政権上部を占めるが、北家藤原内麻呂、南家藤原雄友、同真友、同乙叡、式家縄主が議政官に入る。藤原内麻呂と伊予親王の伯父である藤原雄友は並んで昇進し、延暦二四年には揃って中納言にあったし、藤原継縄の息子乙叡は、父母の故をもって異例の昇進を果たし、権中納言に至っている。

このように、藤原北家・式家が世代交代期にあって人材不足のなか、藤原南家は桓武朝を通じて、天皇の寵愛を背景に、勢力を維持し続けた。

伊予親王はそうした外戚藤原南家の庇護のもと成長したのであり、皇后腹ではあったが、外祖父の式家藤原良継亡き後、藤原種継が暗殺されて以降は有力な外戚をもたなかった安殿皇太子、神野親王、夫人藤原旅子（父は式家藤原百川。母は藤原良継の女諸姉）所生の大伴親王、あるいは夫人多治比真宗（父は参議長野。長野は延暦八年に薨じている）所生の葛原親王に比して、外戚の庇護に恵まれていたのである。

それだけではない。伊予親王はたびたび桓武天皇を第や山荘に迎え、奉献を行うなど、桓武天皇の寵愛篤い親王であった。(5)この間、延暦十五年正月には帯剣を聴され、延暦二十三年には式部卿としてみえ、同年九月には近江国蒲生郡荒田五十三町を賜わっている。(6)勅授帯剣は安殿皇太子についで賜ったもので、伊予親王は当時一八歳くらいであったと思われ、桓武朝における勅授帯剣は未だ確立した制度のない時代ではあったが、皇太子についでの帯剣は、桓武天皇との親近感の表れとみることが出来よう。(7)式部卿はこの後親王任官の官職となっていくのだが、第一の親王が任ぜられるものとなる。伊予親王の時代には未だそこまでの性格を有していたわけではないが、伊予親王が当時唯一の有品親王であり、歴代公卿の兼官であった式部卿に任命されたことは、伊予親王が有能であったことを示していよう。平城朝には伊予親王にかわって藤原葛野麿が任ぜられることからもわかる。(8)

このように、伊予親王は有力な外戚に支えられると同時に、自らが桓武天皇の寵愛を蒙る有能な親王であったのであるが、そうしたことから、従来、伊予親王は有力な皇位継承候補者であったとみなされてきた。確かに安殿皇太子につぐ年齢と桓武天皇の寵愛をみれば、有力な皇位継承候補者とみなされていたとしても不思議ではない。

ところで、河内祥輔氏は桓武三内親王がそれぞれ、安殿・神野・大伴の三親王に降嫁したことをもって、桓武天皇が三親王に皇位継承権を付与されたものとされた。(9)延暦二十年十一月に高志・高津・大宅の三内親王が同時に加笄し、それぞれが、大伴・神野・安殿三親王の妃となっており（『日本紀略』延暦二十年十一月丁卯条）、この加笄をもって、皇位継承権の付与とみなされたのである。さらに、安殿親王には朝原内親王も降嫁している。(10)しかし、伊予親王には桓武皇女の降嫁はなかった。すなわち、河内祥輔氏は伊予親王に皇位継承権の付与はなされなかったと考えられたようである。桓武天皇の他親王に抜きんでる寵愛を蒙った伊予親王であっても、皇位継承とは無縁であったのであろうか。

春名宏昭氏は河内祥輔氏の説を否定するのだが[11]、上記の三内親王同時加笄についての説明はされていない。私は以前、「同時加笄が必ずしも皇位継承権に結び付くものではなかろう。」と述べ、式家を外戚とする大伴親王と「安殿・神野二親王との関係を密にさせることにこそ目的があった」のであり、「桓武天皇の血統をより濃厚に後世に伝えようとする意図」によるもので、その点では「皇位継承に全く無関係な出来事ではなかったと思われる」と述べた[12]。皇位継承権の付与とはいえないものの、三親王が皇位を継承する可能性に配慮した処遇であり、その点で、伊予親王が対象とならなかったことは注目に値する。伊予親王の生母・藤原吉子は大伴親王の生母であった藤原旅子と同じく桓武夫人であり、安殿・神野両親王の生母・皇后藤原乙牟漏に次ぐ地位であったし、桓武天皇は伊予親王を寵愛していたことは疑いないところである。それにも関わらず、伊予親王に桓武皇女が配されなかったのは、桓武天皇が安殿皇太子の地位を慮り、安殿親王への皇位継承が問題無く行われることを企図したからではなかろうか。すなわち、桓武朝においての伊予親王は父帝が認めるほどの有力な皇位継承候補者であった（奉献の回数だけをみれば、伊予親王は神野・大伴両親王と並んで四回であり、安殿親王の三回より多く、皇位継承者と並ぶ。註(5)目崎徳衛氏論文参照）が故に、かえって皇位継承が問題無く行われるようにとの思いから、あえて除外されたものとみなしたい。

桓武天皇が崩御し、安殿皇太子が践祚すると、三品伊予親王が中務卿兼大宰帥に、三品大伴親王が治部卿、四品葛原親王が大蔵卿、三品神野親王が弾正尹を拝命する[13]。四品葛原親王は延暦二十四年に治部卿としてみえており[14]、三品大伴親王は延暦二十三年十二月に式部卿としてみえる[15]。神野親王のみ初任であるが、桓武朝における親王任官を踏襲したもので、有品親王を任官したものであろう。伊予親王が大宰帥を兼官しているが、最年長で経験もあることからの処遇ではなかろうか。特に、この任官において伊予親王が突出しているわけでも、優遇されているわけでもなさそうである。

ついで、大同元年五月十八日辛巳に即位した平城天皇は翌日の十九日壬午に神野親王を皇太弟に立てた（以上、『日本後紀』）。時に平城天皇には阿保親王一五歳[16]、高岳親王が一〇歳以前であったが、成人以前ということとともに、桓武天皇の皇位継承の意向も踏まえて、同母弟を皇太弟に立てたものと思われる。平城天皇の次期天皇が神野親王に定まり、その次の天皇候補者として、大伴親王（というよりはその所生である恒世王）、あるいは平城天皇の皇子、もしくは神野親王が儲けるかもしれない皇子という可能性が高く、神野親王の次の天皇候補者として、世代の違う伊予親王が皇位継承候補者となる可能性は低い。従って、伊予親王はこの時点で皇位継承候補者から明確にはずれたのである。

一方、議政官では桓武朝末年に廟堂の首班に立った伊予親王の伯父藤原雄友は、平城朝に入って北家藤原内麻呂に超えられ、藤原内麻呂が右大臣、藤原雄友が大納言と、藤原内麻呂の後塵を拝することになった。[17] 議政官には南家藤原乙叡（中納言）、式家藤原縄主・緒嗣（参議）、北家藤原園人・葛野麿（参議）や桓武朝以来の参議が在任し、南家が勢力を落としたといえるほどではない。一方、式家は二名加わったとはいえ、末端の参議に過ぎず、南家ばかりか、北家が頂点に立っており、しかも藤原内麻呂は長男真夏を平城天皇の側近に、次男冬嗣を神野皇太子の側近に配している。式家が平城天皇の生母藤原乙牟漏や故妃藤原帯子の関係で血縁に繋がるとはいえ、その壁は厚いといわねばならない。しかし、式家にとって僥倖であったのは、故妃帯子に贈后されたことであろうか。[18] 平城天皇が皇太子時代から寵愛した薬子のことを抜きにしても、天皇が式家を寵愛する意向の表れであったからである。

藤原雄友が藤原内麻呂に先を越されたとはいえ、南家は依然として伊予親王にとって有力な外戚であり、親王自身も最年長親王としての重きをなしていたことは認めねばならない。

二　伊予親王事件

その後、伊予親王の動向が知られるのは、いわゆる伊予親王事件においてである。すなわち、大同二年（八〇七）十月大納言藤原雄友が藤原宗成が親王にすすめて不軌を謀っていると聞き、右大臣藤原内麿に告げたことに始まる。伊予親王も藤原宗成が自分にすすめた謀反の状を急ぎ平城天皇に奏したので、藤原宗成は左近衛府に拘束された。しかし左衛士府に移されて取り調べられた藤原宗成が叛逆の首謀は親王であると申し立てたので、安倍兄雄らが兵百五十人を率いて親王の第を囲んで、親王を捕えた。十一月親王と母・藤原吉子は大和国城上郡川原寺に幽閉されたが、飲食を断ったという。親王の身分を剥脱された翌日の同月十二日、親王母子は毒薬を飲んで死んだ。時の人はこれを哀れんだという。外戚である藤原雄友は伊予国へ流され、藤原乙叡は解官され、藤原宗成らも配流された、というものである。[19]

この事件が冤罪であることは多くの研究者が指摘するところであり、この事件によって藤原南家と橘氏が没落を余儀なくされたことも知られるところである。問題は、この事件の原因と黒幕を廻って意見の一致をみない点であろう。そこで、以下では事件に対する解釈の相違を整理してみたい。

古くは川上多助氏が『日本後紀』弘仁元年九月丁未条より仲成が首謀者であったとした。[20] また、大塚徳郎氏は「伊予親王事件と薬子の乱」において、桓武朝と平城朝の官人構成の相違から藤原北家と藤原南家の対立があったとする一方、その紛争の発源地を藤原式家とし、藤原仲成がその妹薬子と共謀して、式家の勢力をもり返すために、藤原宗成を唆して南家の勢力をまず朝廷から駆逐せんとしたもの、とする。[21] また、目崎徳衛氏は「平城朝の政治史的考察」[22] において、藤原内麻呂と藤原雄友の対立や伊予親王の派手な性格が緊縮政治を推進した平城朝の方針と大きく食い違ったところに遠因があったとし、藤原仲成によって伊予親王は死に追いやられたと推測する。一方、阿部猛氏は「大同二年の伊予親王事件」において[23]、仲成首謀者説を否定し、藤原北家と式家が利益を得て、藤原南家と橘氏が打撃をうけたことを指摘している。北山茂夫氏は「伊予親王らの横死」[24]において、伊予親王の皇位継承の優位性を述べ、事件直後の内侍官人位階の修正に着目され、仲成・薬子の平城天皇への接近がなされたことを指摘する。さらに、佐伯有清氏は『国史大辞典』第一巻「伊予親王」の項（吉川弘文館、一九八〇年）で、藤原仲成を首謀者とし、平城天皇およびその側近の対立者である南家・橘氏らを朝廷から排除し、皇太弟神野親王（嵯峨天皇）の勢力をおさえる意図のもとに起こされたものとする[25]。また、笹山晴生氏は「嵯峨天皇と宮廷の繁栄」[26]において、桓武天皇在世時からの平城天皇と親王との対立があり、それが表面化したものとみる。第二に事件が悲惨なものとなったのは、天皇の激情的な性格によるとする。

　これらの研究では藤原仲成首謀者説で一致しており、その背景として、藤原北家と南家の対立や伊予親王と平城天皇の対立などを想定する、なかでも佐伯有清氏が指摘した平城天皇と神野皇太子の対立の視点は、近年注目されているように見受けられる。

　より新しい研究では、藤田奈緒氏が「伊予親王事件の研究」[27]において、皇太弟神野親王の皇位の確定、及び藤原北家による南家・橘氏排斥が事件の目的であったとされた。また、桜木潤氏は「伊予親王事件の背景」において、伊予親王と神野親王を中心とする「反平城天皇派」が存在し、平城天皇は皇太弟排斥に失敗したため、伊予親王の排斥を企てたとし、藤原仲成・薬子が伊予親王の外戚であった藤原南家をも排斥したとする[28]。また、西本昌弘氏は「平安前期の政治的動向と皇位継承」において、「皇位継承の有力候補者であった伊予親王を追い落とすとともに、桓武の政治体制を支えた二組の顕官夫妻の子息を排除する目的で起こされた」と述べる[29]。また、西本氏は『扶桑略記』延暦二十五年十一月条、『東宝記』第三、鎮守八幡宮条をもとに、平城天皇の神野親王廃太子計画を論じ[30]、佐伯有清氏の見解を継承している。

　一方、春名宏昭氏は『平城天皇』[31]において、桓武天皇の皇位継承構想を否定し、伊予親王・藤原雄友の平城朝における閉塞感、現状に対する不満と将来に対する不安を指摘して、それを平城天皇も敏感に感じ取り、事件が起こったと述べた。また、虎尾達哉氏は『藤原冬嗣』[32]において、伊予親王が皇太弟神野親王を脅かしかねない存在であったとし、藤原内麻呂が藤原仲成に命じて行われたもので、平城天皇も内麻呂と利害を同じくしたとみる。さらに神谷正昌氏は「伊予親王事件と薬子の変」[33]において、佐伯有清氏や虎尾達哉氏の見解に懐疑的で、「伊予親王事件は、自らの皇子を将来の皇太子に立て子孫に皇位を繋げようと意図した平城天皇によって、有力な皇位継承候補者であった伊予親王が排除された事件である。」と述べている。

　以上、先学の研究では、古くは藤原仲成首謀者説が優勢であったが、近年では平城天皇と神野皇太子の対立が有力な皇位継承候補者であった伊予親王排斥に向かったとする説や、藤原内麻呂首謀者説、平城天皇に主体性を求める説など、その原因究明は混沌としているのが現状である。

三　伊予親王事件の真相

そこで、事件の原因・首謀者説を整理してみると、①藤原仲成首謀者説、②藤原内麻呂首謀者説、③平城天皇対反平城勢力（皇太弟神野親王・伊予親王排除）説、ということになろう。その背景として、A伊予親王は有力な皇位継承候補者であった、B藤原式家・南家・北家の対立、C平城天皇後の皇位継承問題、などが指摘されている。

まず、①であるが、すでに阿部猛氏によって指摘されているように、根拠とされている薬子の変のときの詔[34]にみえる「親王夫人乎凌侮弖弃家乗路弖東西辛苦世牟之。」の「親王」を伊予親王とするのは根拠が無い。翌十一日条の仲成伝に「女脱奔㆓佐味親王㆒。仲成入㆓王及母夫人家㆒認㆑之。」[35]とあることから、佐味親王の可能性が高い。また、『日本後紀』大同四年閏二月甲辰条の安部朝臣鷹野卒伝にみえる「侍従中臣王連㆓伊予親王之事㆒。経㆑拷不㆑服。時嬖臣激㆑帝令㆑加㆓大杖㆒。王背崩爛而死。」の「嬖臣」が仮に仲成であったとしても、平城天皇を忖度したものかもしれず、首謀者とする根拠とはならない。次に②であるが、平城朝において南家藤原雄友を超えて右大臣となり、神野皇太弟とも結びつきのある藤原内麻呂が、南家を排斥しなければならない理由が明確ではない。そもそも、①②の背景となるBであるが、南家に藤原雄友・乙叡があったにしても北家の下風に立った平城朝において、上位にある藤原北家が南家を排除する必然性はない。まして藤原式家は、北家を排除しようとしたならまだ理解出来るが、その下風に立った南家を排斥する意味はどこにあるのだろうか。藤原仲成・薬子は平城天皇の代になって公然と寵愛を蒙る立場となり、藤原北家や南家を排斥しなければならない状況ではなかったのであり、事件の背景としてBはみとめられないのではなかろうか。

では、③はどうであろうか。平城天皇と神野皇太弟の対立を認めたとしても、神野皇太弟が伊予親王と結びつく理由は明らかではない。むしろ伊予親王が当時有力な皇位継承候補者であったとするならば、この二人はライバルでしかないからである。また、平城天皇が神野皇太弟の排斥に失敗したから、伊予親王をターゲットにしたというのも理解に苦しむ。伊予親王を排除したところで、神野皇太弟の地位はなんら揺るがないからである。そもそも、すべての研究者がAの立場に立って論じているのだが、先にも述べたように伊予親王は平城朝で神野親王が皇太弟に立って以降は、決して有力な皇位継承候補者ではなかったと思われる。このことはCとも関わることであるが、平城天皇が神野親王を皇太弟に立てたのは、平城天皇の皇子が若かったためであるが、嵯峨天皇が高岳親王を皇太子に立てたことでもわかるように、平城天皇系が直系継承の第一候補者であった。そこには、さらに桓武天皇とその皇后乙牟漏の血統を濃厚に引くという条件が加わったというのが私見であるが（註(12)拙稿参照）、それはおくとしても、伊予親王が桓武天皇亡き後の平城朝においても衆目の一致するような有力な皇位継承候補者たりえたかといえば、否定的にならざるをえない。まして、外戚藤原南家も北家に超えられた状況であれば、なおさらその地位は低下したはずである。

従って、藤原氏内部の家の対立でもなく、伊予親王も有力な皇位継承者でもなかったとすれば、なぜ、伊予親王がターゲットになり、死に追いやられる事件が起こったのであろうか。藤原南家や橘氏の没落は、神谷氏も指摘するように、宗成以外は縁坐であり、事件に付随したものとみるべきである。従って、主要因ではありえない。

では伊予親王事件をどのように理解すべきであろうか。私は神谷氏（註(33)参照）がいわれるように平城天皇が伊予親王を排除した事件とみたい。ただし、その事件の背景は、皇位継承にまつわるものとは考えない。

春名氏（註(31)参照）が指摘したように、伊予親王・藤原雄友の平城朝における閉塞感、現状に対する不満はあったであろう。桓武朝に有力な皇位継承候補者であった伊予親王が、平城朝には皇位から遠い存在になってしまったことに対する憤り、北家藤原内麻呂に超えられた南家藤原雄友の不満などは確かに存在したに違いない。しかし、それを平城天皇が敏感に感じ取って、伊予親王を排斥したとする見解はとらない。目崎氏（註(22)参照）が指摘したように、伊予親王の性格と平城朝の方針の大きなズレが、事件の遠因であったという主張に注目したい。

周知のように、平城天皇は緊縮財政を推進し、様々な改革を矢継ぎ早に行っていく。一方、伊予親王は桓武朝以来、遊猟や奉献に多く名を連ね、桓武天皇譲りの派手な性格であったことは知られるところである。そうした中で、大同元年六月に「宜二誦経布施者。親王。一品商布五百段已下。二品三百段已下。三品四品各二百段已下。諸王諸臣。一位五百段已下。二位三百段已下。三位二百段已下。四位一百段已下。五位五十段已下。六位已下卅段已下一。宜レ依二件差一。莫レ令二相超一。」という制が出される。[36]平城天皇即位早々のことで、桓武天皇葬における過分な誦経布施を問題視したものと思われるが、当時三品だった伊予親王も当然対象であった。むしろ伊予親王こそが過分な誦経布施を行った本人であったかもしれない。こうした過差を快く思わない平城天皇にしてみれば、最年長親王であり、最高品位を有する伊予親王の桓武朝以来の振るまいは、自らの政策推進にとって大きな障害となりかねないものであったと考えられる。その後も伊予親王は奉献もしており、[37]桓武朝以来の性格・行動に大きな変化はなかったようであり、緊縮財政を推進しようとする平城天皇にとってみれば伊予親王は早晩排除すべき人物と考えられたのではないか。平城太上天皇崩伝に「殺二弟親王子母一、幷令二逮治一者衆。時議以為二淫刑一。」[38]とあるのは、字義通りに、平城天皇が伊予親王子母を殺したことを示しており、他に黒幕的存在があったとはいえない。伊予親王に「潜謀不軌[39]」った蔭子藤原宗成と伊予親王との関係は不明だが、藤原内麻呂が関わったとすれば、それは平城天皇の意を受けてのことであろう。伊予親王自らが「宗成勧己反之状」を奏したのは藤原雄友が内麻呂に告げたからであろうが、宗成が勧めたというのは、案外真実を記しているのではなかろうか。

以上のことから、伊予親王のみがターゲットであったのも、彼の排除が目的であったからである。母子ともども死に追いやるほどではなかったかもしれないが、それは平城天皇が皇太子時代に伊予親王が父帝桓武に寵愛されていたこと、自らが病弱であったのに比して伊予親王が活発に行動していたことに対する嫉妬を背景にして、「然性多猜忌、居上不寛。」[40]という性格が、事件を悲惨なものにしたのであろう。その後、平城天皇は有品親王の月料を停止する法令を出す[41]。もはや有力親王として反対しかねない伊予親王が存在しないことで、平城天皇の政策はスムーズに推進され得たのである。

おわりに

伊予親王の立場をめぐって推測を重ねた。伊予親王は、桓武朝には父帝に寵愛され、有力な外戚を背景に、有力な皇位継承候補者の一人であったことは衆目の一致するところであったと思われる。しかし、安殿皇太子へのスムーズな皇位継承とその後の皇位継承の展開を考慮して、伊予親王には桓武皇女の降嫁はなされなかった。このことは、平城天皇が即位し、ついで神野親王が立太弟することによって、伊予親王の立場を有力な皇位継承者から排除してしまう。

そのことは最年長で有力親王であった伊予親王の不満にもなったであろうし、藤原内麻呂に超えられた外戚藤原雄友の不満もあったであろう。さらに、平城天皇が緊縮財政を推進するうえで、不満を有し、なおかつ派手な性格の伊予親王は障害でしかなく、早晩排除すべき存在であったのではないか。平城朝における伊予親王の立場は親王中の有力者ではあっても皇位継承有力候補者でなく、平城天皇の治世には不要な存在に過ぎなかったのである。

伊予親王と同じ夫人を生母に持つ親王に大伴親王及び葛原親王がある。大伴親王は大同元年五月に高志内親王との間に設けた恒世王の存在もあって、上表して賜姓を乞うた（『日本後紀』大同元年五月甲子朔条）。これはある意味、皇位継承の辞退を表明したものといえよう。

一方、葛原親王は平城朝には四品で、神野皇太弟と同年、その生母は桓武朝中期に寵愛を得た多治比真宗で、真宗は佐味・賀陽・因幡・安濃の四親王を儲けている。外祖父多治比長野は延暦八年に参議で薨じている[42]ので、有力な外戚を有していたわけではない。従って、皇位継承とは関わりの無い存在であったが、後年、長らく式部卿の任にあり、「諳二職務一。凡在二旧典一。莫レ不二達練一。挙レ朝重レ之。」[43]といわれる、いわゆる「第一の親王」として重きをなした。淳和朝の天長二年（八二五）には上表して男女の賜姓を願い出ており[44]、子孫の繁栄を願うとともに、政争から距離を置いたのである。

もし、伊予親王が大伴親王のように皇位継承から距離をおくなりして、平城朝における立場が桓武朝に比して目立たないものにすることができたならば、事件に巻き込まれることなく、あるいは、葛原親王のように、親王中に重きをなす存在として生涯を全うできたのではないかと思うのだが、いかがであろうか。

以上、粗雑な推論を重ねたが、大方のご批判を蒙れば幸甚である。

註

（1）『日本後紀』延暦十一年二月庚子条。

（2）『続日本紀』延暦八年九月戊午条。

（3）『日本後紀』延暦十五年七月乙巳条。
（4）藤原継縄・明信重用の背景については、三好順子「桓武朝の尚侍百済王明信とその周辺」、『続日本紀研究』四三〇、二〇二二年十二月、に詳しい。
（5）『日本後紀』延暦十二年二月癸丑条、同九月戊戌条、同十四年二月乙丑条、同十七年八月庚寅条、同二十二年八月丁酉条、同乙巳条、同二十三年二月乙丑条、同五月甲申条。目崎徳衛「平安時代初期における奉献」（『平安文化史論』所収、桜楓社、一九八三年）。
（6）『日本後紀』延暦十五年正月癸卯条、同延暦二十三年二月乙丑条、同年九月甲戌条。
（7）拙稿「勅授帯剣」（本書第一部第一章。もと、亀田隆之先生還暦記念会編『律令制社会の成立と展開』所収、吉川弘文館、一九八九年）。
（8）拙稿「平安時代の式部卿」（『平安時代皇親の研究』所収、吉川弘文館、一九九八年）。
（9）河内祥輔『古代政治史における天皇制の論理（増訂版）』一五四頁（吉川弘文館、二〇一四年）。
（10）『日本後紀』弘仁三年五月癸酉条。
（11）人物叢書『平城天皇』（吉川弘文館、二〇〇九年）。
（12）拙稿「大伴親王の賜姓上表」（前掲書註（8）所収）。
（13）『日本後紀』大同元年五月壬申条。
（14）『平安遺文』八巻三三一一頁、延暦二十四年九月十六日治部省牒。
（15）『日本後紀』延暦二十三年十二月丁卯条。
（16）『続日本後紀』承和九年十月壬午条。
（17）『公卿補任』延暦二十五年条。
（18）『日本後紀』大同元年五月辛丑条。
（19）『日本後紀』大同二年十月辛巳条、同癸未条、十一月己丑条、同乙未条。大同三年六月庚寅条、弘仁二年四月丙戌条。
（20）川上多助『平安朝史』上「伊予親王の罪死」（国書刊行会、一九八二年復刻、初出一九三〇年）。
（21）大塚徳郎『平安初期政治史研究』所収（吉川弘文館、一九六九年、初出一九五八年）。
（22）前掲註（5）目崎徳衛『平安文化史論』所収。
（23）阿部猛『平安前期政治史の研究』所収（大原新生社、一九七四年、初出一九六八年）。
（24）北山茂夫『日本の歴史』第4平安京所収（中公文庫、一九七三年）。
（25）佐伯有清「桓武・平城・嵯峨天皇とその身辺」（『新撰姓氏録の研究』研究篇所収、吉川弘文館、一九八一年、初刊一九六三年）。
（26）井上光貞他編『日本歴史大系1』所収（山川出版社、一九八四年）。
（27）藤田奈緒、『海南史学』第三七号、一九九九年。
（28）桜木潤、『古代文化』第五六巻第三号、二〇〇四年。
（29）西本昌弘『平安前期の政変と皇位継承』所収（吉川弘文館、二〇二二年）。
（30）西本昌弘「桓武改葬と神野親王廃太子計画」（前掲註（29）書所収、初出二〇〇五年）。
（31）前掲註（11）。
（32）虎尾達哉、吉川弘文館、二〇二〇年。
（33）神谷正昌、『続日本紀研究』四二四号、二〇二一年。
（34）『日本後紀』弘仁元年九月丁未条。
（35）『日本後紀』弘仁元年九月戊申条。
（36）『日本後紀』大同六年五月辛亥条。
（37）『類聚国史』三一、天皇行幸下、大同元年五月癸丑条。

(38)『類聚国史』二五、太上天皇、天長元年七月己未条。
(39)『日本紀略』大同二年十月辛巳条。
(40)前掲註(38)天長元年七月己未条。
(41)『日本後紀』大同三年五月乙巳条。
(42)『続日本紀』延暦八年十二月己丑条。
(43)『日本文徳天皇実録』仁寿三年六月癸亥条。
(44)『日本紀略』天長二年三月丁卯条、同七月丁未条。

第二部　親王の賜姓と婚姻

第一章　皇位継承と皇親賜姓

はじめに

「いかがは。ちかき皇胤をたづねば、融らもはべるは」とは、陽成天皇退位後に、左大臣源朝臣融が皇位を窺った言葉としてよく知られている。(1)この、『大鏡』藤原基経の段にみえる源融の言葉は、『大鏡』が正史等にはみられない裏面の史実を伝えるものとして評価されてきた。しかしながら、『大鏡』では源融の望みは藤原基経によって否定されたとするにも関わらず、この後に源定省が即位して宇多天皇となった事実との整合性については説明されることがなかった。また、陽成天皇退位から宇多天皇即位に至る過程には、この『大鏡』の記述のほかにも、出家していた恒貞親王を擁立しようとしたとも伝えられるなど、当時の皇位継承観をうかがううえで興味深い問題が少なくない。このときの皇位継承の論理については、河内祥輔氏(2)が直系継承の論理を軸にして明快に論じられているのだが、『大鏡』の記述の信憑性そのものにまで踏み込んではおられない。以下では河内氏の論を参考にしながら、光孝天皇擁立時の皇位継承を中心として、『大鏡』の記述との関連性について考察する。

一　恒貞親王の擁立

光孝天皇擁立に至る過程を整合的に解釈しようとされた河内祥輔氏は、皇位継承を直系と傍系の区別によって考えられた。本来もっとも有力な候補者たりうる清和諸皇子が候補にあがらず、出家していた恒貞親王の擁立や賜姓源氏である融の自薦を経て、結局はもっとも皇位継承の可能性の薄いと考えられた時康親王が擁立されて光孝天皇となった。この過程を、河内氏は「直系不在の事態が生まれ、その解決が困難となったため、当面、傍系を立てることになった」と推測しておられる。(3)皇位継承無資格者が擁立されることにより、皇位継承権では最も劣る時康親王が擁立されやすくなったと理解するのである。河内

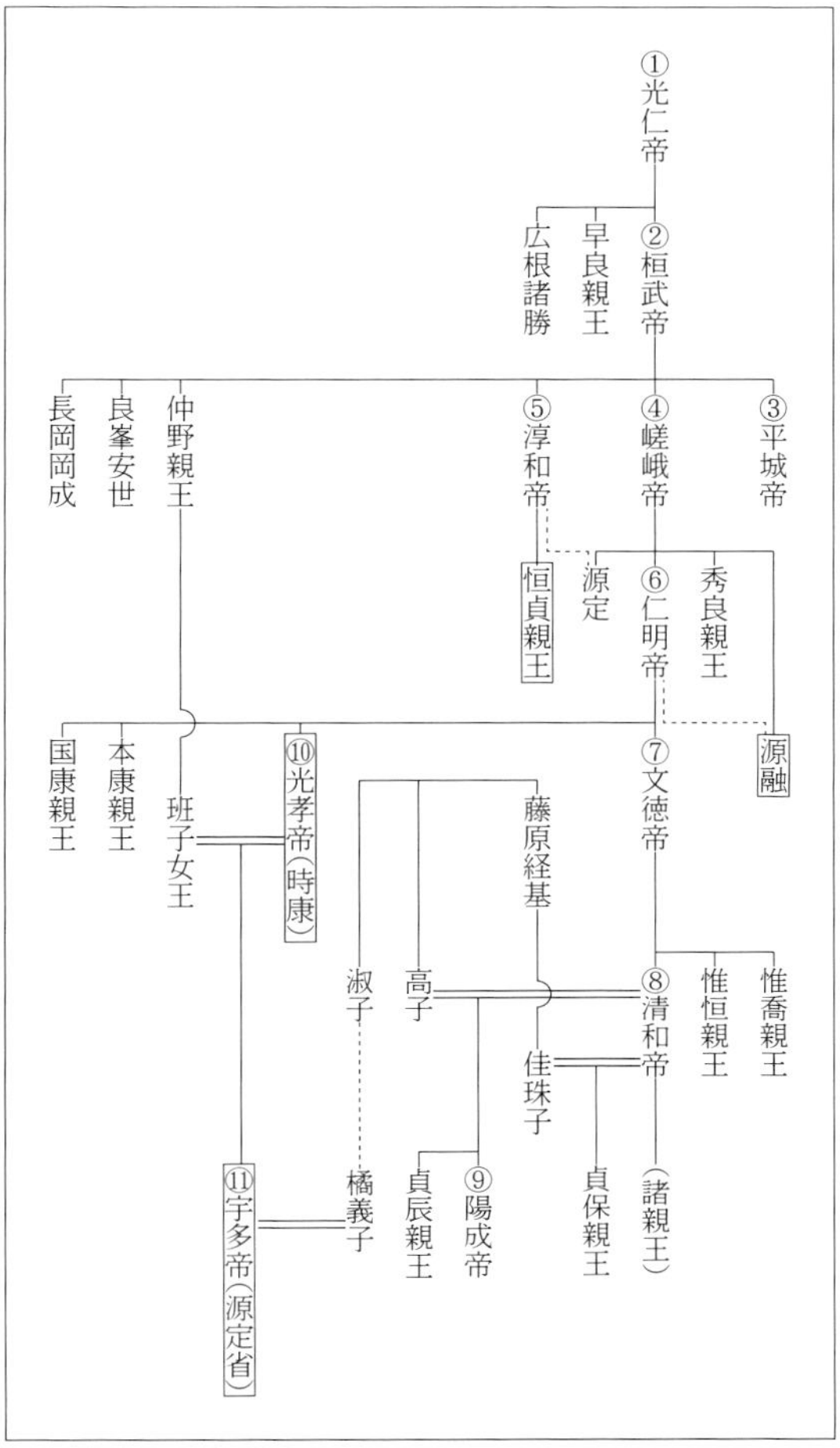

図 2-1-1　平安時代の皇位継承と皇親関係略系図
（註）　○数字＝皇位継承順　--- ＝猶子関係

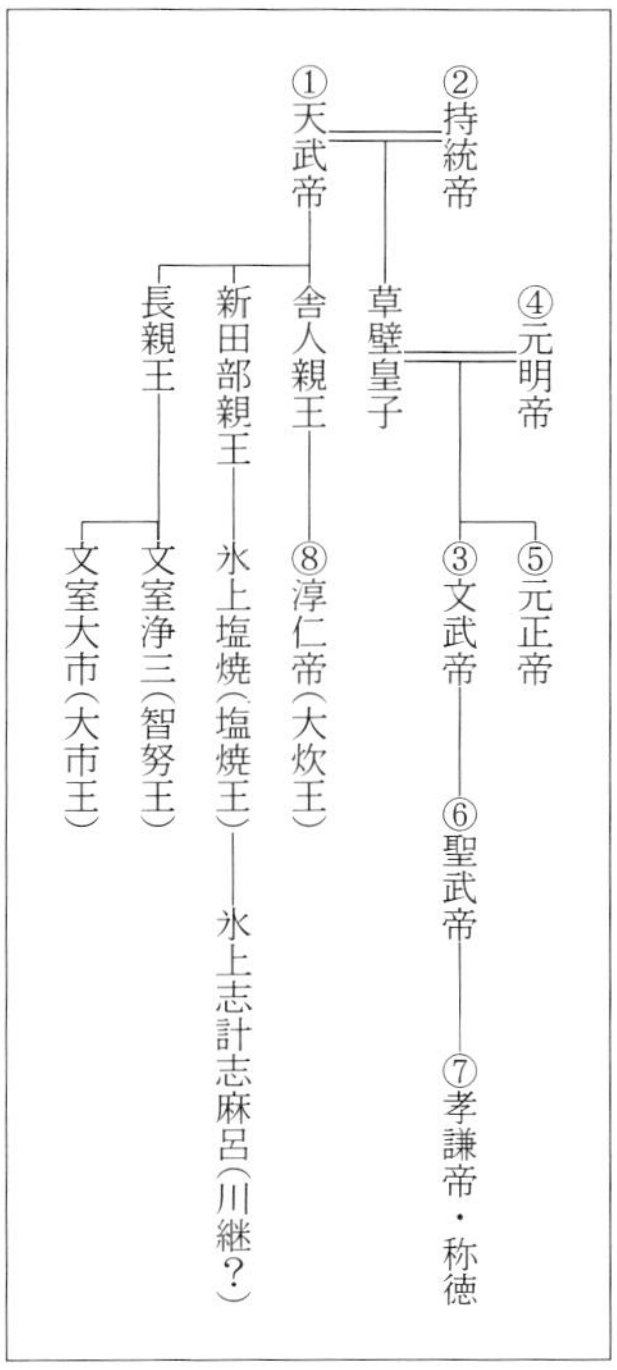

図 2-1-2　奈良時代の皇位継承と皇親関係略系図
（註）　○数字＝皇位継承順

氏の見解は光孝天皇が一代限りの中継ぎの天皇として擁立されたとするなど学ぶべき点も多く、説得力に富むが、皇位継承無資格者が擁立されるとする見解には素直に従い難い。

では恒貞親王の擁立や源融の自薦はどのようにみなすべきであろうか。

恒貞親王擁立のことを記す『恒貞親王伝』(4)は、藤原基経に擁立されんとして「於レ是親王悲泣云。内経厭二王位一而帰二仏道一者。不レ可二勝数一。未レ有下謝二沙門一而貪二世栄一者上焉。此盖修行之邪縁也。乃不レ薦二斎飡一三日。将二入滅一」として固辞したと伝える。恒貞親王は淳和皇子で仁明天皇の元皇太子であったが承和の変で廃太子され、三品に叙されたが、まもなく出家して恒寂と名乗っていた。時に五五歳であった。『恒貞親王伝』の信憑性については、先には所功(5)氏の研究があり、恒貞親王に好意をよせる者、すなわち三善清行の手になるとされ、河内氏も詳細に検討されて、そもそもは『亭子親王伝』であったとされ、作者を紀長谷雄とされる。作者の比定に違いはあるものの、その信憑性はいずれも高いとみておられる。とするならば、出家である親王が擁立されんとしたことは否定し難いといわねばならない。では何故出家である親王が皇位継承候補者たりうるのであろうか。河内氏は「一般論としては、皇位継承資格が失われる条件は、賜姓のみではない。もう一つの条件に、出家がある。(6)」とされるが、清和諸皇子が候補者たりえないという状況を一般論として解釈することが妥当であろうか。

そもそも、河内氏は清和諸皇子が何故に候補者たり得なかったのかについては「不明である(7)」として言及されていない。もちろん史料に欠けるのだから推測するより他無いのだが、清和皇子には藤原基経の血縁に繋がる皇子として、第一に娘佳珠子所生の貞辰親王（貞観十七年［八七五］に二歳であるから、当時一一歳）があり、第二に妹高子所生の貞保親王（貞観十五年親王宣下時二歳とすれば、当時一三歳）がいた。ほかにも七皇子が知られる。『玉葉』承安二年十一月二十日条には陽成天皇退位後の陣定に触れて、「昭宣公之外孫為二親王一。以レ彼可レ奉二吹嘘一由。疑二人以之一。」とみえ、議政官たちは藤原基経が貞辰親王か貞保親王を擁立するものと思っていたのである。それが案に相違して光孝天皇擁立となったのは、基経の意向によるところが少なくないことを推測せしめる。

瀧浪貞子氏は「基経にとって幼帝の即位は、およそ理想とはかけ離れた存在であった(8)」とし、基経自らが意図的に幼帝を立てることを忌避したとされる。また、藤原高子の王権中枢からの排除、佳珠子の母の血筋が相対的に低かったことなどから貞辰・貞保両親王は考慮の外であったとの見解もある(9)。あるいは、粗暴で退位を迫られた陽成天皇と血縁を同じくする清和諸皇子では貴族層の同意を得にくいという点を考慮したことが考えられよう。また、幼帝を擁した場合、成長して再び陽成天皇同様の混乱を現出することにでもなれば、外戚としての自己の地位の空洞化は決定的となりかねない(10)、といったこともあったかもしれない。いずれにせよ、基経の意向によって清和諸皇子から直系を確定することが出来なかったのであり、それは一般的な皇位継承のあり方ではなく、特殊な状況であったといってよい。

陽成天皇退位後の皇位継承問題は、藤原基経の意向を背景として、特殊な状況下に候補者選定が行われたとみるべきであり、その視点から出家していた恒貞親王の擁立をみるべきであろう。また、河内氏は『大鏡』が伝える源融の自薦も、恒貞親王擁立を前提とすれば「大いにありえる(11)」といわれるのであるが、たとえ出家していても親王身分にある恒貞親王と、臣籍に降っている賜姓源氏では、単純に同じ皇位継承無資格者として扱うべきではないであろう。では、特殊な状況下における皇位継承と出家や皇親賜姓との関係はどのように考えるべきであろうか。

以下では、これ以前の皇位継承問題を振りかえって、この点について考えてみたい。

二　平安時代以前の皇位継承と出家・皇親賜姓

奈良時代末の称徳天皇崩後の皇位について、『日本紀略』は百川伝を引いて以下のことを伝える(12)。藤原朝臣永手、吉備朝臣真備らが「定二策禁中一」したおり、吉備真備は文室真人浄三を推薦し、「有二子十三人」を理由に排除されると、今度は弟文室真人大市を擁立したが固辞されたというのである。(13) 文室浄三については、子が多いことが問題となっており、「如二後世一何」と否定されていることから、中継の一代限りとしての皇位継承問題であったと思われる。文室浄三はもと智努王といい、文室真人賜姓後に出家して浄三を名乗ったと思われる。(14) 大市もその薨伝(15)によれば出家していたことが知られる。賜姓皇親が擁立されていることは後述するとして、ここでは出家していることが問題になっていない点に注目したい。(16)

そもそも、出家は皇位継承権の放棄を示す手段とされながら、実際には皇位継承権の放棄とはみなされなかった過去がある。たとえば特殊な例ではあるが、古人大兄皇子が出家したにもかかわらず誅滅され、大海人皇子が出家して吉野に隠棲したが、壬申の乱を経て天武天皇となっているなどがそれである。(17) このことから、古来出家が必ずしも皇位継承権の喪失とはみなされていなかったことが考えられる。また、多少状況を異にするが、早良親王は父帝光仁の即位によって還俗して親王となり、皇太弟に立てられている。これは還俗によって皇位継承権を獲得しうることを示しているといえよう。

また、奈良時代には皇親賜姓された者が皇位継承候補とされた事例が少なくない。先の文室真人兄弟以外にも、称徳朝でおこった県犬養姉女の厭魅事件では、氷上真人塩焼の児、志計志麻呂が「天日嗣」に擁立されたことを伝える。(18) 志計志麻呂がこの時点で氷上真人であることは、これ以前に「氷上志計志麻呂」とみえることからわかる。(19) ここでも皇親賜姓された者が皇位継承者に擬せられている。この志計志麻呂を川継の兄弟とする見解もあるが、恐らく川継と同一人物と思われる。(20) その川継は延暦元年(七八二)閏正月に謀反事件により配流となるが、(21) この事件には多くの連坐者が出ており、大伴宿禰家持はじめ貴族層の支持があったとみられる。氷上川継謀反事件は川継が皇位を窺ったものとの記述は無いが、当時の政情から判断しても皇位を天武系皇統に奪還しようとする企てとみられていたことは間違いないであろう。そして、その背景に天武系皇統復活に期待を寄せる貴族層があったことは十分に考えられるところであり、そうした貴族層が皇親賜姓された氷上川継を支持していたとすれば、当時の皇位継承観には皇親賜姓が皇位継承権の喪失であるとの認識がなかったことを物語る。(22)

このように、奈良時代後半における皇位継承には出家や皇親賜姓された者が有力候補として名をあげられており、出家や皇親賜姓が皇位継承権の喪失とはみられていないことがわかる。村尾次郎氏が指摘されたように、(23) 血統が最優先されたとみてよいであろう。(24)

ただし、この時代には本来的に皇位継承に預かるべき親王が不在であり、孫王が皇位継承候補者として多くの政争に巻き込まれた時代であった。その孫王も多くが政争の犠牲となり、称徳朝以降、こうした皇位継承有資格者たる天武系孫王がほとんど存在しなかったという情況がある。舎人系は恵美押勝の乱で淳仁皇兄弟ゆえに排除されたし、新田部系も奈良麻呂の変などで壊滅した。長系は皇親賜姓した者と王名のままの者に分かれるが、奈良朝後半にまで活動が確認出来る二世王は、皇親賜姓した者のみである。その他の親王系は三世王以下の世代に至り、孫王の活動は知られない。

こうした特殊な情況ゆえに、出家や皇親賜姓された者が皇位継承候補に擬せられたのであるが、当時の貴族層が皇位に対して何よりも血統を重視していたことを物語る。その後、桓武天皇以降歴代の天皇が概ね多くの親王を儲けたこと、皇太子の地位が安定したことなどにより、皇位継承が親王（皇太子）によって担われるという情況が定着し、出家や皇親賜姓された者が皇位継承に関わることは原則的にはありえない状況となった。

しかし、こうした血統を最優先させる皇位継承観は平安時代においても同様であったと思われる。平城天皇は桓武長子で皇后藤原乙牟漏所生、嵯峨天皇も同じく皇后乙牟漏所生、淳和天皇は夫人藤原旅子所生、仁明天皇は皇后橘嘉智子所生、文徳天皇は女御藤原順子所生、清和天皇は女御藤原明子所生、陽成天皇は女御藤原高子所生であり、生母の血筋の上ではいずれも他の親王に劣るということは無いのであり、その意味では奈良時代以来の血統優先の原則は生き続けていたといえる。(25)

三　光孝天皇擁立について

さて、奈良時代末の皇位継承を概観して、皇位継承にはそもそも血統優先の原理が働いていることをみた。それゆえ、皇位継承候補者が不在であるような特殊な状況下においては、皇位継承権を放棄する意思表示であっても、出家が皇位継承権の喪失とは認識されていなかったのである。また、皇親賜姓も親王・孫王不在のなかで、皇位継承権が認知されていたといえる。ただし、皇親賜姓については、奈良時代と平安時代では同列に扱えない。

そもそも平安時代に始まる親王世代の賜姓が、広根諸勝・長岡岡成・良峯安世以降、卑母所生を対象とする例であり、源氏賜姓もその延長上にあった。(26)源氏は血統上皇子であるとはいえ、平安時代における親王宣下の区別は生母の地位身分に由来するのであるから、血統優先の皇位継承原理からすれば、生母の血筋で親王に劣る源氏は皇位継承の対象外であったのは当然である。従って、特殊な状況下にあったとしても、奈良時代のように出家と皇親賜姓とを問わず皇位継承候補たりうるとすることは出来ない。出家した親王と賜姓源氏では身分上はもちろんのこと、血筋においても出家した親王が優越しており、(27)出家した親王が皇位継承候補者たりえても、賜姓源氏が候補となることは考え難いのである。

では、源融の自薦はどのように解すべきであろうか。この点を解釈するに先立って、まず光孝天皇擁立についての卑見を述べたい。

基経に外孫を擁立する意志が無く、皇位継承候補者を定める陣定が紛糾し、河内氏がいわれるように、清和諸皇子から直系を確定しえないことから、一代限りの中継ぎの天皇を立てることになる。そのうえで改めて直系確定をはかろうとしたと思われる。こうした特殊な状況下にあって、考慮されたのは何であろうか。中継ぎということから、あまり在位が長くならない人物がもっともふさわしかったに違い無い。また、傍系であっても生母の血筋の上で貴族層が納得出来る人物が最もふさわしかったはずである。河内氏は「年齢階梯的な基準のみでは、皇位継承を律する原理とはなりえない」[28]といわれるが、長老であることが説得力を有することは、光仁天皇擁立時にも、大炊王擁立時の新田部・舎人両親王の位置づけからも理解し得る[29]。元慶八年二月四日乙未の陽成天皇の詔に「皇位波一日母不レ可レ曠。一品行式部卿親王波。諸親王中尓貫首毛尓御坐。又前代尓無二太子一時波尓。如此老徳乎立奉之例在。」と述べているのも、そのあらわれである。恒貞親王は当時六〇歳、時康親王はそれに次ぐ五五歳であった。

問題はより年長の七二歳であった嵯峨皇子秀良が候補にあがった形跡が無いことである。しかし秀良親王は理由は不明ながら、承和の変以降隠遁状態にあったとみられ、承和九年（八四二）九月[30]に上野太守に任じて以後、薨ずるまで[31]その動向が明らかではない。出家していないところをみると病気であったとは思われないが、秀良親王の個人的理由により政権に携わり得ない何らかの事情があったのであろう。従って、秀良親王が擁立されえないとするならば、皇位継承候補にあがった恒貞親王、時康親王は当時在世の親王中でもっとも年長であったとみてよい。

そもそも、当時在世の親王には清和諸皇子や上記三親王のほかに、仁明皇子本康・国康、文徳皇子惟喬・惟恒の各親王がいた。このうち国康・惟喬両親王は恒貞親王と同様に出家している。出家のみに視点を据えれば、恒貞親王に次いで国康・惟喬両親王が候補にあがっても不思議ではない。しかし、国康親王は時康親王の異母弟で、しかもその出家の理由は「為レ人羸弱。不レ堪二出仕一。」[32]ということであった。惟喬親王は貞観十四年（八七二）に病により出家しており、当時四一歳であった[33]。国康親王はともかく、惟喬親王は候補者たりえたにも関わらず候補にはあがっていない。これは出家が有力な条件であったのではないことを示している。また、血統優先の原理からみても、太后を生母とする秀良、恒貞両親王、女御を生母とする時康親王に比して、惟喬親王は更衣を生母としている点で劣っている。

一方、本康、惟恒両親王は、普通の皇位継承にあっては有力な候補者であったかもしれない。しかし、本康親王は女御所生[34]とはいえ、時康親王の異母弟。惟恒親王は二五歳ほどであったと思われるが[35]、参議藤原守貞女今子の所生と伝えられ、それほど血筋が良いとはいえない。この二人と時康親王との大きな相違は年齢をおいて他にない。

なお、恒貞親王の不適格性について、河内氏は第一に承和の変で廃太子されていること、第二に傍系の位置が確定済みであること、第三に出家であるとともに男子も出家しており、血統が絶えること、を示されている[36]。

しかし、廃太子が不当であったことは当時から知られた事実であり、皇位継承の妨げになったとは思われない。また、男子も出家しており、血統が絶えるとするが、即位して男子を還俗させ、親王宣下することは可能である。事実、早良親王が皇太弟に立っている。また、光孝天皇の例の如く、全員を源氏賜姓することで皇位継承を否認することも出来るから、男子の有無は問題とはならない。傍系であることは、清和諸皇子以外、みな傍系に属するのであり、その遠近は大した問題ではなかったであろう。

出家が皇位継承資格の喪失とはみなされていなかったであろうことは前述した。従って、秀良親王が候補に挙がりえないのであれば、恒貞親王が擁立されるのは妥当な流れであったと思われる。その恒貞親王が辞退すれば、次いで時康親王が擁立されるのも、穏当な処置であったといえる。もっとも、時康親王が擁立された背景には、藤原基経の母と親王の母が姉妹であるという親近性に加えて、『大鏡』が伝えるように、時康親王の性格等を考慮したということもあったかもしれない(37)。

四　源融と源定省

　では、『大鏡』が伝える源融の自薦はどのように考えるべきであろうか。

　時に左大臣の要職にあった源融は嵯峨皇子であり(38)、仁明天皇猶子の待遇を得て殿上に加冠した経歴もある。源融はいわば時康親王の兄弟格にあたるのである。年齢も当時六四歳であるから長老的立場にあったといっても過言ではない。しかし、賜姓源氏である融が皇位継承無資格者であるがゆえに有力な候補たりえたとするならば、仁明源氏の多や文徳源氏の能有などもその可能性を秘めていたことになる(39)。しかし、当時の皇位継承が血筋を重視するものであるならば、融をはじめ賜姓源氏は、そもそも問題外であったといわねばならない。原則として賜姓源氏が皇位継承候補者たりえないことは、光孝天皇が即位早々に皇太子も決めないうちに子女全員を賜姓したことからも窺える(40)。従って、源氏で長老格にあろうと、仁明天皇猶子の待遇であろうと、生母の血筋で劣る融が光孝天皇擁立時に自薦することは非現実的であるといわざるをえない(41)。

　では、賜姓源氏が皇位継承を主張する可能性が薄いとするならば、源定省の即位はどのようにみるべきであろうか。

　源定省は光孝天皇第七子で、光孝天皇臨終間際に親王宣下を蒙り、翌日立太子して宇多天皇となった(42)。その詳細は『宇多天皇御記』にみえる(43)。一方、「奉昭宣公書」によれば、光孝天皇が以前から源定省擁立を希望していたにも関わらず、基経はなかなか奉行しなかったが、結局は根強い反対意見を押さえ込んで、光孝天皇の「顧託」に応えたという(44)。

　河内氏の論(45)を参考にしながら、この間の事情をまとめるならば、以下のように考えることが出来よう。

　中継ぎとしての光孝天皇の在位が予想に反して短かったため、依然として清和諸皇子から直系を確定するには至らなかった(46)。再度中継ぎを擁立する必要に迫られたと思われるが、今度は光孝天皇の寿命の問題があり、陽成天皇の退位時以上に切迫していたはずである。陽成天皇退位時を踏まえれば、本来なら長老格で血筋の良い親王を擁立すべきで、光孝天皇の異母弟本康親王が有力であったと思われる。しかし、再三の光孝天皇の意志もあり、簡単には決定し難い状況の中で、基経が反対意見を押さえ込んで源定省の擁立を決めたものと思われる(47)。

　本康親王の性格等については伝えるところが無いが、八条式部卿宮と呼ばれて有職故実に詳しく、のちに一品に至る有能な親王であったようである。基経とは外戚関係に無く、光孝天皇同様に基経を遇してくれるかは不明といわざるをえない。一方、源定省は源氏ではあるが、これまでの源氏とは異なり、生母は女御班子女王（仲野親王女）で血筋の上では申し分無かったし、本来親王であるべき人物でもあった。

　その昔、淳和天皇が猶子とした嵯峨皇子源定を鍾愛し、嵯峨太上天皇に親王となすことを願い出て許されなかったことがある。[48] これは（太上）天皇が源氏の親王復帰を決定することを示しているもので、光孝天皇の意志により源定省が親王に復帰することは、不可能なことではなかったはずである。問題は中継ぎとするには二一歳という若さにあったと思われるが、逆に改めて外戚を形成する可能性もあり、それが成就出来れば、光孝系を直系にすることで皇位継承問題は一応決着することにもなる。源定省は橘広相の女義子を娶り、斉世親王（当時は二世源氏）を儲けていたが、義子は基経の妹淑子を養母としていた。淑子は当時、後宮にあって大きな力をもっており、基経からすれば淑子を通じて源定省とつながることになる。[49] 当時、基経には女温子があり、これを源定省に入れることによって、より強力な外戚形成も可能となる。

　こうした点を考慮すれば、外戚政策を指向する基経にとっては清和諸皇子擁立を放棄する価値があったのである。本康親王をさしおいて源定省が擁立されえたのは、命旦夕に迫った光孝天皇の枕辺での基経の決意によったためで、光孝天皇擁立時のように、十分な議論を尽くして貴族層の合意を得ることがなかったためではなかろうか。そして、それが先帝の希望であり、遺言ともなれば貴族層も無碍に反対もならなかったものと思われる。

　以上、宇多天皇即位の背景について、多くの推論を交えながら述べてきたが、要するに、源定省は賜姓源氏とはいえ、源融らとは生母の血筋においても立場においても異なり、親王に復帰しても決して不自然ではない存在であったことに注目したい。

　この、源定省と源融の立場の違いについては、『大鏡』にも表現されている。

　すなわち、源融の自薦に対して、藤原基経が「皇胤なれど、姓たまはりて、ただ人にて仕へて、位につきたる例やある」と一蹴し、「さもあることとなれ（流布本は「さもあることなれば」）」として貴族層も藤原基経の見解に同意したと記す。しかしこれが事実なら、その四年後には源定省が即位した例に照らして、『大鏡』が記述する基経の言動は矛盾しているようであり、貴族層を納得させるには十分でなかったように思われる。あるいは、光孝天皇擁立に際して、参議藤原朝臣諸葛が「懸手於剣柄」て恫喝したことが『玉葉』[50] にみえるが、その体験を踏まえて源定省の即位には誰も反対出来なかったのであろうか。しかし、藤原基経は学究肌の政治家であったようであり、[51] 彼の阿衡事件でのかかわりをみても、彼自身が源定省を擁立するに足る根拠に納得していなかったとは思われない。

　そこで、今一度『大鏡』の記事をみなおすと、賜姓されて「ただ人にて仕へて」、即位した例は無いと述べたとされている。賜姓源氏を否定するのであれば、「姓たまはりて」即位した例は無いと述べればすむことである。にもかかわらず、さらに「ただ人にて仕へて」即位した例は無いと主張しているのである。「姓たまはりて」即位することは源定省の例で明らかなように、抵抗はあるとしても承認され得たのである。また、「ただ人にて仕へ」た者としては、諸親王が八省卿等を歴任したし、源定省も「王侍従」と呼ばれたことが知られている。[52]しかし、源定省は孫王時代に侍従として陽成天皇に近侍した経歴はあるが、賜姓されて以後は官歴を有していない。一方、源融らは官歴を経て大臣にまで至っており、太政大臣藤原基経の下に立つ身である。二人の客観的違いはこの点にあるのであって、藤原基経の発言は一応合理的に解釈出来るのである。[53]

そして、このように解釈出来るとすれば、『大鏡』が伝える源融の自薦と藤原基経の拒否は、源定省との対比で宇多天皇擁立時にこそふさわしいのである。賜姓源氏が即位するという状況においてこそ、同じ賜姓源氏である融が自薦するという逸話は不自然さを伴わないのである。[54]

では、『大鏡』はなぜ源融自薦問題を光孝天皇擁立時に挿入したのであろうか。

『大鏡』は源融自薦の文章に続き、「帝の御すゑもはるかにつたはり、おとどのすゑもともにつたはりつつうしろみ申給。さるべくちぎりをかせ給へる御中にやとぞ、おぼえはべる。」と記す。光孝天皇にはじまる天皇系譜を基経の系譜が後見して道長の時代にいたったことを主張するものである。[55]

また、後一条天皇の段には、「昔も今も、帝かしこしと申せど、臣下のあまたして傾けたてまつる時は、傾きたまふものなり。されば、ただ一天下はわが御後見のかぎりにておはしませば、いと頼もしくめでたきことなり。」と述べており、皇位継承には有力な後見が必要との見方を示している。[56]

光孝天皇の擁立は強力な後見となる藤原基経の権力を示すものとして描かれているのであり、それに対して源融は「皇胤」ではあるが有力な後見をもたない存在として皇位継承権を主張し、否定されている。この対比は宇多天皇即位時であっても決して不都合ではないが、道長時代の天皇位の直系は宇多天皇ではなく光孝天皇からはじまることから、上述の後見の逸話は光孝天皇に関する逸話としてこそ、より有効であると考える。また、光孝天皇擁立時の混乱という史実を踏まえていることも忘れてはならないであろう。

さて、『大鏡』の虚構性については、河北騰氏の研究[57]などにも詳しいが、融の自薦の逸話の挿入箇所が虚構であるとするならば、逸話そのものの信憑性にも疑問が呈されなければならない。

『大鏡』の成立時期をめぐっては諸説ある。古くから万寿二年（一〇二五）成立説が唱えられたが、近年では十一世紀末から十二世紀初頭にかけて、様々な見解が出されており一致をみないようである。いずれにせよ、『大鏡』が成立したころには、摂関家を後見とする皇子が立太子して天皇となるのが通例であり、賜姓源氏や出家した親王が候補にあがることはありえなかった。そうした時代の皇位継承観であれば、賜姓源氏が皇位継承を主張しても、それは必然的に却下されるべきものとして描かれるであろう。藤原基経の発言内容はそうした皇位継承観に裏打ちされた創作である可能性も否定は出来ない(58)。しかしながら、他に傍証が無いので水掛け論に陥りかねないが、基経の発言も一応合理的に解釈しうるところから、現状では逸話自体は認めてもよいのではないかと考えている。

おわりに

奈良時代以来の血統を重視する皇位継承観は、直系を確立しようとする平安時代前期の皇位継承においても大きな意味をもっていたと思われる。そして、直系を容易に確定できないという特殊な状況に直面したとき、それは出家した親王にまで拡大され得たのである。

一方、賜姓源氏は本来的に生母の血筋で劣るがゆえに、皇位継承候補者たりえなかったといえる。従って、源融が自薦することは考え難いことであり、もし、それがありうるとすれば、それは宇多天皇擁立時でなければならないであろう。同じ賜姓源氏でも融と定省では、その血筋・経歴に大きな違いがあり、宇多天皇の即位は異例ではあるが、決して不可能なことではなかったのである。しかし、同じ源氏である融からみれば、不満があっても不思議ではない状況であったといえる。

このように源融自薦の逸話は『大鏡』の作者によって効果的な挿入箇所に置かれるという虚構が認められるのである。その逸話自体の信憑性については、現状では認めてもよいのではないかと考えているが、歴史物語を史実として扱ううえでは、より一層の注意が必要であることは言を待たない。

註

(1) 以下、『大鏡』は日本古典文学大系本を使用する。また、『古事談』第一の五「光孝天皇ノ御即位ノ事ナラビニ基経、融ト問答ノ事」にもみえる。

(2) 『古代政治史における天皇制の論理』(吉川弘文館、一九八六年)二一三頁以下。なお、河内祥輔氏の説はすべて本書に拠る。

(3) 前掲註(2)二五四頁。

(4) 『続群書類従』伝部巻第一九〇所収。ほかに『扶桑略記』巻二〇、元慶八年二月四日乙未条にもみえる。引用は後者による。

(5) 「『恒貞親王伝』撰者考」(『皇学館論叢』二―一、一九六九年)。

(6) 前掲註(2)二四四頁。

(7) 前掲註(2)二五四頁。

(8) 『日本の歴史 五 平安建都』(集英社、一九九一年)二六七頁。

(9) 保立道久『平安王朝』(岩波書店、一九九六年)五〇頁。なお、角田文衛氏は「尚侍藤原淑子」(角田文衛著作集五『平安人物志上』所収、法蔵館、一九八四年)において光孝天皇擁立から宇多天皇即位にいたる淑子の政治力を評価するが(同様の見解は「陽成天皇の退位」、『王朝の映像』所収、東京堂出版、一九九二年、にもみえる)、淑子を過大評価しては恒貞親王擁立が説明出来ない。

(10) 笹山晴生『平安の朝廷―その光と影―』(吉川弘文館、一九九三年)一一三頁参照。

(11) 前掲註(2)二五一頁。

(12) 『日本紀略』宝亀元年八月癸巳条。なお、以下「図2-1-1」を参照されたい。

(13) 信憑性について問題が無いわけではないが、この後、吉備真備が再三の上表を経て、宝亀二年三月に致仕していることから、大筋は認め得るのではなかろうか。宮田俊彦『吉備真備』（吉川弘文館、一九七八年）参照。

(14) 『日本高僧伝要文抄』所引、延暦僧録第二に「沙門釈浄三菩薩伝」がみえる。

(15) 『続日本紀』宝亀十一年十一月戊子条に「勝宝以後、宗室枝族、陥レ辜者衆。邑珍削レ髪為二沙門一。以図二自全一。」とみえる。

(16) なお、この場合、道鏡を皇位につけんとする動きがあったことも何らかの影響を及ぼしているかもしれない。

(17) 『日本書紀』孝徳天皇即位前紀、大化元年九月丁丑条、天智天皇十年十月紀、天武天皇元年紀。以上、奈良朝以前の例については、中西康裕氏の御教示による。

(18) 『続日本紀』神護景雲三年五月丙申条。

(19) 『続日本紀』神護景雲三年五月壬辰条。

(20) 『国史大辞典』第十一巻、林陸朗氏執筆「氷上志計志麻呂」の項（吉川弘文館、一九九〇年）。なお、新日本古典文学大系『続日本紀』第五巻（岩波書店、一九九八年）補注37—二では、「もう一つ決め手を欠くが、一考に値する見解といえる」とされている。

(21) 『続日本紀』延暦元年閏正月丁酉条。

(22) 村尾次郎氏は『桓武天皇』（吉川弘文館、一九六三年）四七頁において、「皇位の継承について成文法を制定していない時代には、血と、情況とが継承権の根拠になり、候補者が二人以上あらわれて混乱をまねくこともしばしばであった」と述べられている。

なお、恵美押勝の乱の際、新田部親王男・塩焼が藤原朝臣仲麻呂に擁せられ、近江への敗走の途中、偽立されて今帝と称して、仲麻呂の子息たちに叙品などを行った。塩焼はこれ以前に氷上真人を賜姓されており、その後、王籍に復したことは見えない。従って、藤原仲麻呂は皇親賜姓された者を天皇に擁立したことになる。ただしこの場合は、仲麻呂の子息たちへの叙品が示すように、仲麻呂に「恵美家」が准皇親家的存在に擬せられているとの認識があり、氏姓を有する皇親という立場が容認され得たのであろう。これは「恵美家」の皇位継承に対する特殊な考え方であって、当時の貴族層に受け入れられる考え方であったとは思われない（倉本一宏『奈良朝の政変劇』［吉川弘文館、一九九八年］参照）。

(23) 前掲註(22)参照。

(24) なお、この時代の皇親賜姓は、加藤優子氏がいわれるように、「皇位継承にとって決定的な障害とはならなかったが、皇位を諦める意志表示の手段となった」といえる（「奈良時代における賜姓皇族」、『愛知教育大学歴史研究』第三五号掲載、一九八九年）。在俗出家はその意志をより明確にしたものと理解出来る。また、大庭宏氏は「長親王の諸皇子」（『立正史学』第六二号掲載、一九八七年）において、「智努王、大市王兄弟にとって、臣籍降下とは、皇位継承資格権の棄権であり、（中略）仏門に入ることで、より一層、内外に明示したのである」といわれている。

(25) 仁明天皇以降は皇后を冊立していないので、女御が母方の地位としては最高である。なお、以下にいう「血統」は、天皇の血筋であることはもちろん、生母の血筋をも念頭においている。

(26) 源氏賜姓については、林陸朗「嵯峨源氏の研究」「賜姓源氏の成立事情」（『上代政治社会の研究』所収、吉川弘文館、一九七八年）を参照。

(27) 出家した親王も親王位にあったことは、無品親王と表記されていることからもわかる。例えば、嘉祥二年（八四九）閏十二月庚午に出家した四品安勅内親王が「上表還二爵品一」し（『続日本後紀』）、斉衡二年（八五五）九月癸亥に薨じたときは、「無品」とみえる

『日本文徳天皇実録』）など。

(28) 前掲註(2)二五三頁。

(29) 『続日本紀』宝亀元年八月癸巳条の遺宣に「白壁王波諸王乃中尓年歯毛長奈利」とみえ、天平宝字元年四月辛巳条の皇太子廃立問題での孝謙天皇の勅に「宗室中。舎人。新田部両親王。是尤長也。」とある。

(30) 『続日本後紀』承和九年九月己亥条。

(31) 『日本紀略』寛平七年正月二十三日辛巳条。

(32) 『日本文徳天皇実録』斉衡三年四月戊戌条。

(33) 『日本三代実録』貞観十四年七月十一日己卯条。出家の原因を外戚紀氏の悲運・非力による親王の不遇との見方もある（目崎徳衛「在原業平の歌人的形成」、『平安文化史論』［桜楓社、一九八三年］所収）。年齢は『日本文徳天皇実録』天安元年四月丙戌条に帯剣のことを記し、「于レ時皇子年十四」とみえる。

(34) 『平安時代史事典』資料・索引編（角川書店、一九九四年）「日本古代後宮表」参照。

(35) 『日本三代実録』貞観三年四月二十五日己巳条に親王宣下のことがみえる。この時二歳と仮定した。

(36) 前掲註(2)二五〇頁。

(37) ただし、『大鏡』の伝える逸話はフィクションである可能性が強いと考える。

(38) 『続日本後紀』承和五年十一月辛巳条。

(39) 当時の賜姓源氏には仁明源氏に多（右大臣）のほか、冷（参議）、光、効がおり、文徳源氏の能有（中納言）、本有、定有、載有、行有がいた。

(40) 『日本三代実録』元慶八年四月十三日癸卯条。ただし、斎院・斎宮の二女子を除く。

(41) 山中裕氏は「源融」（『平安人物志』所収、東京大学出版会、一九七四年）において前掲の『玉葉』の記事を紹介され、「融の発言も一応実在したとみなければならない」とされている。また、恒貞親王を擁立しようとする「基経に対する反駁」、「あるいは、本気で天皇になろうとは思ってはいなかった」とみるのが妥当であろうともいわれている。しかし、『玉葉』には、「于レ時諸卿出二異議一。事不二一揆一。融大臣深有二此心一。仗議大濫吹」とみえ、融が皇位を窺ったとはみえない。「此心」は「出二異議一」を受けるのであろうから、融が基経の主張に強く異議を唱えたということであろう。それはあくまでも清和諸皇子から直系を選ぶべきということではなかったろうか。

(42) 『日本三代実録』仁和三年八月二十五日丙寅条、同二十六日丁卯条。

(43) 仁和四年六月二日条に、光孝天皇が左に定省の手を取り、右に基経の手を取って、「此人必如二卿子一為二輔弼一耳」と言って崩御したと記載する。なお、『宇多天皇御記』は、所功編『三代御記逸文集成』（国書刊行会、一九八二年）による。

(44) 以上、『政事要略』巻三〇（阿衡事）所収。「閭里言曰。先皇欲下立二今上一為中太子上者数。而大府不レ務二奉行一。其間小事。人皆聞レ之。（中略）去年先皇晏駕之朝。今上承嗣之夕。功成二漏剋一。議定二須臾一。因二縁貴府之持重一。无レ有二傍人之出一レ言。宜哉先皇之寄二顧託一也。」とみえる。

(45) 前掲註(2)二六一頁以下。

(46) 臆測するならば、基経は外孫親王がせめて貴族の出身する二一歳前後に達して、確固とした人格を有するようになってから擁立するつもりであったのではなかろうか。

(47) 光孝天皇を迎えるに際して、源融と本康親王が帯剣したままであったのに対して、基経は「解㆓却太上天皇勅賜之剣㆒」しており、二人は「乍㆑驚相見。各自解㆑之」いたという（『日本三代実録』元慶八年二月五日丙申条）。これは光孝天皇の立場を高めるとともに臣下に天皇の存在を意識づけるための、基経の政治的演出であったと思われるが（本書第一部第一章「勅授帯剣」、初出一九八九年）、源融や本康親王が臣下であることを認識させられた出来事でもあった。この点に、臣下として位置づけられた本康親王が擁立されえない理由の一半があったと理解することは出来ないであろうか。

(48)　『日本三代実録』貞観五年正月三日丙寅条源定薨伝。「天長四年」のこととするから、定は一二歳であった。

(49)　角田文衞「尚侍藤原淑子」（前掲註(9)書所収）参照。

(50)　『玉葉』承安二年十一月二十日条。

(51)　坂本太郎「藤原良房と基経」（坂本太郎著作集第十一巻『歴史と人物』、吉川弘文館、一九八九年、所収）参照。

(52)　『大鏡』宇多天皇の段。

(53)　賜姓源氏は身分的には臣下であっても、血統上はあくまでも天皇の皇子である。それが、叙位以前の無位源氏の処遇（殿上元服など）によく表れている。源定の親王復帰を願い出たのも、定の出身以前であった（註(48)参照）。しかし、出身後は諸臣と何ら変わるところは無い。その点に出身以前の源氏に皇位継承に関わる素地を認めることが出来るのではなかろうか。

(54)　なお、源融は「近き皇胤をたづねば」と言ったとされており、この点について河内氏は「遠き皇胤であることを理由に立候補したはずであるが、それは『大鏡』の作者の理解力を越えるであろう」（前掲註(2)二六〇頁注二五）とされる。しかし、宇多天皇擁立時のこととすれば、光孝天皇の兄弟格である融はまさに「近き皇胤」である。

(55)　山中裕氏前掲註(41)参照。

(56)　『大鏡』の史観に外戚と後見の重要性があることは、山中裕『平安朝文学の史的研究』（吉川弘文館、一九七四年）第三章第六節の四に指摘がある。

(57)　河北騰『歴史物語の新研究』（明治書院、一九八二年）、『歴史物語論考』（笠間書院、一九八六年）など。融の自薦の逸話も、それが事実であったとしても、より効果的な挿入位置を虚構することは当然ありうるであろう。なお、河北氏は「大鏡の説話を考える」（後書所収）において、光孝天皇擁立に関する説話を因果的に連繋させようと仕立てられていると指摘されている。ただし、源融自薦の逸話については特に論じておられない。

(58)　仮に逸話を虚構とした場合、賜姓源氏が皇位継承を主張するという発想は何に由来するのであろうか。

第二章　雅子内親王と醍醐皇子女の源氏賜姓

醍醐源氏の賜姓については、林陸朗氏が「賜姓源氏の成立事情」(1)において詳細に検討を加えられている。醍醐源氏の賜姓は『類聚符宣抄』第四におさめる以下の太政官符によって大略を知ることができるのだが、林氏が指摘されたように、この官符には矛盾がみられ、氏もその解釈に苦慮されている。

　太政官符民部省（承知下中務式部大蔵宮内等省）

　　源朝臣高明年八　　源朝臣兼明年八　　源朝臣自明年四

　　源朝臣允明年三　　源朝臣兼子年七　　源朝臣雅子年七

　　源朝臣厳子年六

右、右大臣（忠平）宣。奉勅。件七人是皇子也。而依去年十二月廿八日勅書賜姓。貫左京一条一坊。宜以高明為戸主者。省宜承知依宣行之。符到奉行。

左大弁　　源悦　　　　　　左大史　　丈部有沢歟

　　延喜廿一年二月五日

この官符は『日本紀略』延喜二十年十二月二十八日条にみえる「賜皇子等源朝臣姓」を受けたものとみられ、七名の皇子女が源氏賜姓され、高明を戸主として左京一条一坊に貫するというものである。

問題は、ここにみえる源朝臣雅子が延喜十一年（九一一）に親王宣下のあった雅子内親王(2)と同一人物であるか否かにある。雅子は時に三歳(3)である。

ところが、該官符では「年七」とあり、雅子内親王が源朝臣雅子と同一人物であるならば、延喜二十一年に一三歳でなければならない。そこで、林氏は「雅子という名前に誤りがあるか、年齢に誤りがあるかいずれかであるが、（中略）年齢の方に誤りがあるのではないかと推定される」として、雅子内親王の経歴が源朝臣雅子の賜姓と矛盾しないことから、同一人物とみなされた。

たしかに、醍醐帝に「雅子」という同名の女子が二人あったとは考え難いから、該官符に何らかの誤りがあるとみなさざるをえないであろう。しかし、それが年齢であるとするには異論がある。

林氏は、名前に誤りがあるとした場合、「擬定すべき女性に適当な人物が存しない」といわれるが、それは名前の類似を根拠としているのであろうか。また、「高明・兼子と同母であることによって源氏」

となったとされるが、同母が理由にならないことは林氏も論文冒頭で述べておられる。たとえば、藤原淑子所生の長明は親王、兼明・自明は源氏であり、その後に生まれた英子は内親王である。また、『一代要記』記載の雅子の年齢が正しいとするならば、なぜ一三歳まで処遇が放置されていたのか理解に苦しむ。

そこで、いま一度該官符をみると、配列は男皇子を先にした年齢順であることがわかる。したがって、「源朝臣雅子」の年齢は「源朝臣兼子　年七」と「源朝臣厳子　年六」の間にあるから、「七歳」で矛盾はないのである。つまり、該官符の誤りは年齢ではなく、名前である可能性が高いといえよう。

では、「源朝臣雅子」に該当する醍醐皇女が存在するのであろうか。

醍醐皇子女を生年順に並べてみると、延喜二十一年官符にみえる兼子と同年の生まれに靖子がいる。靖子は源旧鑑女の更衣封子所生で、同母に克明親王・宣子内親王が知られる。延長八年（九三〇）に親王宣下を蒙ったが、(4)『一代要記』によれば時に年一六歳であった。(5)また、『尊卑分脈』第一篇にはみえないが、大納言藤原師氏に配されて一女を生んだという。(6)天暦四年（九五〇）に三六歳で薨じたとされるから、(7)延喜十五年の生まれである（源雅子を靖子の誤りとする推定は、すでに『醍醐天皇実録』第二巻に指摘がある）。

「靖」と「雅」では字体の違いから、延暦二十一年官符の単なる筆写の誤りと片付けることは難しいが、林氏が推察するように、内親王→（高明・兼子と同母であることによって）源氏→内親王という経歴を想定するのは無理がある。親王宣下を蒙った者が源氏賜姓されたという前例はなく、源氏→内親王の経歴の方が理解しやすい。そもそも、雅子であれ、靖子であれ、本来加笄されるべき年齢まで処遇が定まっていないというのも不自然である。皇子女の処遇は多くの場合、一、二歳で決められており、(8)高明以下の八歳ですら異例である。該官符の年齢を重視し、名前の誤りとする所以である。

では、醍醐朝の源氏賜姓はどのような意図で行われたのであろうか。

この点については、おおむね林氏が詳細に考察されているとおりであるが、私なりに若干の検討をしておきたい。

醍醐朝の源氏賜姓がこれまでの生母の違いによらないものであったことは、すでに林氏が指摘している。また、源氏賜姓された者も含めて皇子が「明」を通字とする命名法も醍醐皇子の特色である。

さて、延喜二十年の源氏賜姓以後に誕生した皇子女は、出生順に韶子・雅明・康子・斉子・英子・寛明・章明・行明・成明・為明・盛明である。

このうち、韶子は女御源和子所生で、同母に常明・式明・有明・慶子・斉子がある。『賀茂斎院記』によれば延喜十八年の生まれで、(9)源自明と同年である。にもかかわらず、高明らの源氏賜姓に先立つ一カ月前に親王宣下を蒙っている。これは、延喜二十年閏六月に賀茂斎院宣子内親王が薨去したことに関係があろう。(10)韶子は翌年二月には賀茂斎王に卜定されており、賀茂斎院に卜定されるにあたって親王宣下を蒙ったものとみることができる。

雅明は延喜二十年の生まれで、宇多法皇皇子を醍醐天皇の猶子としたもの。同年には中宮穏子所生の康子が誕生しており、康子は誕生年に、雅明は翌年に親王宣下を蒙っている[11]。宇多法皇皇子、中宮穏子所生ということが親王宣下の理由であろう。

ついで誕生した斉子は、寛明とのかかわりで親王宣下されたものとみられる。

中宮穏子が寛明を出産したのは延長元年七月で、その年十一月には親王宣下されている[12]（『一代要記』によれば、同日に斉子も親王宣下を蒙っている）。保明皇太子以後、懐妊に恵まれなかった中宮穏子に康子が誕生し、皇子誕生が再び期待されたであろうことは想像に難くない。そうしたおりに誕生した斉子は、生母とはかかわりなく、出生順に従って、雅明以後の親王宣下グループに入ったのであろう。

英子は、更衣藤原淑姫の所生である。同母に長明親王、源兼明、源自明がいる。延長八年に章明・靖子とともに内親王とされるのだが[13]、彼女の年齢に問題がある。『一代要記』によれば、「延長八年九月二十九日為内親王年十歳（中略）天暦九年九月十六日薨年二十六」とあり、延長八年に一〇歳であれば、延喜二十一年の生まれ。天暦九年に二六歳で薨じたとすれば、延長八年の生まれとなる。しかし、誕生年に親王宣下を蒙ったものは、寛明や康子等ごく限られており、延長八年に一〇歳であったと考えた方が自然であろう。彼女がなぜ、一〇歳まで処遇を放置されていたのかは不明だが、同母の兼明、自明が源氏賜姓されていたこととともに、中宮穏子が寛明、成明と皇子を儲けたことに紛れて処遇がなおざりにされたのであろうか。同じことは章明にもみられる。

章明は延長二年の生まれで、藤原桑子所生である。同八年九月に親王宣下されたが[14]、これは林氏が指摘するように、「この日は父醍醐天皇崩御の日でもある。従って、恐らく天皇の臨終に際して急遽奏上して親王宣下を強行したもの」であろう。これも七歳まで処遇が定まらなかった理由は明らかではない。

行明は延長三年十二月の生まれで[15]、延長五年に親王宣下を蒙っている[16]。行明も雅明同様に宇多法皇の子を醍醐猶子としたものであるから、源氏賜姓はありえなかった。ついで延長四年に中宮穏子が成明を出産した。これも、中宮所生として誕生同年に親王宣下を蒙った[17]。

以上、雅明から成明までは、斉子・英子・章明をのぞいて親王宣下が当然の皇子女であり、斉子・英子・章明はその一連の親王宣下グループにはさまれる形で出生したことが出生順による親王宣下の対象となったのではなかろうか。

その後、為明・盛明が源氏賜姓されたが、為明は藤原伊衡女の所生。生年は不詳であるが、天慶四年（九四一）に元服しているから[18]、時に一三歳と仮定すれば、延長七年の生まれとなる（林氏は「第一九表」の中で、生年を（延長五か）とする）。盛明は更衣源周子所生で、同母に親王宣下をうけた時明・勤子・都子・雅子、源氏賜姓された高明・兼子がいる。のちに親王宣下をうけたが、そのことについては林氏の論に詳しい。盛明は寛和二年（九八六）に五九歳で出家しているから[19]、延長六年の生まれである。この二人は成明以後の生まれであったこと、すでに醍醐皇子女の多くを親王とし親王数の増加が懸念されたこと等によって源氏賜姓とされたと推測される。

なお、『西宮記』臨時二「延長元年、以二当帝皇子二人一為二源氏一。勅

書無御画日云々」とあるが、「当帝皇子二人」は為明、盛明以外に該当すべき皇子は見あたらないが、延長元年では二人とも未だ出生前である。恐らくは、新帝即位にともなって、先帝所生の皇子女の処遇を明確にするため、為明、盛明の源氏賜姓が行われたのであろうから、「延長元」は延長八年の誤りである可能性が高い。「勅書無御画日」というから、写しであったのであろうか。

以上、醍醐朝の源氏賜姓は、これまでの生母の区別ではなく、皇子女の生年順によって区別されたものとみられる。そもそも、延喜十一年に第五皇子までを改名して「明」を通字として以後、[20]すべて親王宣下する方針であったのであろう。ところが、高明の誕生した同十四年（忠平が右大臣に就任して忠平政権が名実ともにスタートする）頃に方針変更されて、以後の出生は賜姓されることになった。その後、宇多法皇皇子を猶子としたり中宮穏子が再び皇子女を儲けたりしたことで親王宣下を行う必要が生じ、その間に生まれた皇子女も親王宣下に預かったものとみられる。その後、再び親王数増加を懸念してか、源氏賜姓を行ったとみられるのである。なぜこのような変則的な賜姓が行われたのかは、醍醐朝の政策のなかで別に考える必要があろう。

註

（1）『上代政治社会の研究』吉川弘文館、一九六九年。
（2）『日本紀略』延喜十一年十一月二十八日条。
（3）『一代要記』醍醐天皇に「天暦八－八月廿九日薨、四十五」とみえる。
（4）『日本紀略』延長八年九月二十九日己丑条。
（5）『一代要記』醍醐天皇に「延長八－九月廿九日内親王、十六」とある。
（6）同右に「配大納言藤師氏卿生一女」とみえる。
（7）同右に「天暦四－十月十三日薨、卅六」とある。
（8）例えば、『日本三代実録』貞観十八年三月十三日辛卯条に「皇子貞数為親王。年二歳。母更衣参議大宰権帥従三位在原朝臣行平之女也。皇女識子為内親王。年三歳。母更衣故神祇伯従四位下藤原朝臣良近之女也。皇子長頼。賜姓源朝臣。年二歳。母更衣従五位下行信濃権介佐伯宿禰子房之女也。」とあるなど。
（9）『賀茂斎院記』韶子内親王の項に「延喜二十一年二月二十五日卜定。時四歳。」（『群書類従』第四輯所収）とみえる。
（10）『日本紀略』延喜二十一年二月二十五日壬午条。
（11）『日本紀略』延喜二十一年十二月十七日条。
（12）『日本紀略』延長元年七月二十四日丙寅条。朱雀即位前紀、延長元年十一月十八日戊午「為親王。」。
（13）『日本紀略』延長八年九月二十九日己丑条。
（14）同右。
（15）『貞信公記抄』延長三年十二月九日条。
（16）『日本紀略』延長五年八月二十三日条。
（17）『日本紀略』延長四年六月二日丁亥条。同十一月二十一日条。
（18）『日本紀略』天慶四年八月二十四日辛亥条。
（19）『日本紀略』寛和二年四月二十八日丙寅条。「五十九」とみえる。
（20）『日本紀略』延喜十一年十一月二十八日条。

第三章　醍醐内親王の降嫁と醍醐源氏賜姓

はじめに

親王（内親王）の婚姻については史料上の制約から不明な点が多い。そうしたなかで、内親王の臣下との婚姻（降嫁）は、法的根拠が不明なまま、おもに国文学の研究(1)において、藤原氏の権力拡張の視点から触れられることが多かったように思われる。

後述のように、内親王降嫁は醍醐朝に始まるのだが、歴史学の視点からこれに注目し、その史的位置づけを試みたのは藤木邦彦氏(2)である。しかし、藤木氏の論文でも、なぜ醍醐朝に内親王降嫁が行われ得たのかについては納得のいく説明がなされていない。

本稿では、醍醐内親王（以下、「醍醐源氏」の例にならい、某天皇所生の親王、内親王を「某親王」「某内親王」と呼称する）の臣下への降嫁に焦点をあて、醍醐賜姓源氏との関連から考察し、なぜ、藤原師輔が内親王を娶り得たのかを論じ、もって藤原氏外戚政策の一端をうかがう。

一　親王・内親王の婚姻

親王・内親王の婚姻に関する規定は、継嗣令王娶親王条「凡王娶親王。臣娶五世王者聴。唯五世王。不得娶親王」である。これによれば、親王に婚姻制限は無いが、内親王は親王・諸王とのみ婚姻が許される。つまり五世王及び臣下との婚姻は出来ない定めであった。この点を確認したうえで、親王・内親王の婚姻の実態を検討しよう。

親王・内親王の婚姻関係を表2-3-1にまとめた(3)。九世紀の親王の婚姻傾向と、十世紀以降の婚姻の可能性がある清和皇子以降とでは大きな違いはみられない。また、臣下との婚姻は多くが藤原氏北家や源氏であり、藤原氏などによる外戚政策の一端がうかがえる。

醍醐皇子についてみれば、克明、保明親王（皇太子）が藤原時平女を娶っており、保明親王は藤原忠平女寛子をも娶っている。重明親王は保明親王薨去後に寛子を娶り、その卒去後に藤原師輔女登子（のち

表2-3-1　皇子・皇女と出自の知られる配偶者数

		皇子総数	不適格者	知配偶者数		
				総　数	内親王	孫　王
皇子	桓武皇子～三条皇子	90	8	37	6	4
	清和皇子～三条皇子	55	5	31	4	4
		皇女総数	不適格者	知配偶者数		
				総　数	天　皇	親　王
皇女	桓武皇女～三条皇女	118	6	28	11	8
	光孝皇女～三条皇女	50	6	22	6	6

の貞観殿尚侍）を娶っている。史料纂集本増補版『吏部王記』解説[4]が指摘するように、皇位継承の可能性を持っていた重明親王に期待をかけていたことがうかがわれる。そのほか、代明親王は藤原定方（のち右大臣従二位）女を、常明親王は藤原恒佐（のち右大臣正三位）女、式明親王は藤原玄上（のち参議従三位）女、有明親王は藤原仲平（のち左大臣正二位）女といった具合である。

もっとも、歌物語や和歌集にみられるように、何人もの女性に通った親王も知られ、記録に残らなかった配偶者（この場合、正妻を意味しない）も多くいたはずである。例えば、元良親王は貞平親王女、藤原邦隆女、誨子内親王、修子内親王、藤原兼茂女ほかとの関係が知られるし、敦慶親王も均子内親王、孚子内親王、藤原定方女、藤原総継女らとの関係が知られる。一方、具平親王は源高明女や為平親王女のほか雑仕女との関係が伝えられており、下層身分の女性との関係も少なくなかったであろう。

このように親王の場合、藤原氏外戚政策の対象となり、正妻は有力な臣下の娘を娶る例が少なくない一方、様々な女性と交渉を持つことが可能であった。ところが内親王の場合は、令規定に制約されて多くが正式な配偶者を得ないで薨じたようである。

内親王の場合、配偶者の出自が明らかな者は、わずかに二五％である。光孝皇女以後に限れば、九世紀の内親王とは異なり、半数の婚姻が知られる。ただし、婚姻の知られる者の半数にあたる一〇名は臣下との婚姻であるから、令規定通りに皇親との婚姻のみを取り上げれば、九世紀の内親王と割合は大差無い。つまり、内親王の場合は令規定に準ずる以上、極めて婚姻は制約的であったといわねばならない。しかし、十世紀以降の内親王は臣下藤原氏との婚姻が可能であったのであり、その結果、多少とも婚姻率は高まったのである。

ではなぜ、内親王と臣下との婚姻が可能になったのであろうか。その淵源は延暦十二年（七九三）詔である。この詔は執政家・良家の子孫に孫女王を娶ることを許すものであるが、その目的は執政家・良家を天皇権力の「藩屏」化することにあった[5]。この延長上に、藤原良房と嵯峨皇女源潔姫との婚姻が位置づけられる。これによって血統上皇女である女性と臣下との婚姻が許容され、さらに藤原忠平と源順子（宇多皇女。光孝皇女との説もある）、藤原連永と光孝皇女源礼子との婚姻など、一世源氏との婚姻が生まれるのである。

さて、内親王と臣下との婚姻は藤原師輔に始まるとされる。師輔は、勤子・雅子・康子の醍醐三内親王を娶った。ほかに醍醐内親王では普子内親王が源清平、のち藤原俊連に降嫁、靖子内親王が藤原師氏に、韶子内親王が源清蔭、のち橘惟風に配されたとされる。村上内親王では保子内親王が藤原兼家に、盛子内親王が藤原顕光に降嫁した。また、三条内親王禔子は藤原教通に、小一条院女で三条内親王とされた儇子内親王が藤原信家に配されている。

十世紀以前に臣下と一世源氏との婚姻が可能になったとはいえ、一世源氏は法的にはあくまでも臣下である。それに対して内親王は血統上も身分上も天皇の女である点で、その尊貴性は同列に論じられない。それにも関わらず、師輔が内親王を娶ることが出来たのは、彼をめぐる政治的環境や既成事実を作る好色性だけでは説明出来ない。法的にも慣習上も禁忌とされる内親王を娶ることが可能となるには、それ相応の背景がなければならない。

二　藤原師輔と内親王の婚姻

以下では、藤原師輔に配された内親王についてみよう。

師輔が初めて娶った内親王は勤子である。勤子内親王は『一代要記』によれば、延喜五年（九〇五）生まれである。母は『本朝皇胤紹運録』に時明親王に同じとする。更衣源周子である。師輔室であったことは、『日本紀略』にみえるほか、(6)『本朝皇胤紹運録』にもみえる。師輔は天徳四年（九六〇）に五三歳で薨じたから、延喜八年生まれとなり、勤子内親王は師輔の三歳年長であった。承平二年（九三二）に「女四宮焼亡」(7)とあり、承平六年正月四品に叙されたことが知られる（『一代要記』）。

なお、勤子内親王降嫁の時期については、木船重昭氏は承平四年秋とされ、安西奈保子氏は同五年頃とする。(8)

雅子内親王は、『一代要記』に「延喜十一年十一月二十八日為内親王年三歳。承平元年二月為伊勢斎。同六年遭母喪後配右大臣師輔生太政大臣為光。天暦八年八月二十九日薨。年四十五」とあるによれば、延喜十年生まれである。雅子内親王薨去時に師輔は四七歳。母は『本朝皇胤紹運録』の頭書に「皇胤系図。母源周子」とある。勤子内親王の同母妹である。師輔に配されたことは、『一代要記』のほか、『本朝皇胤紹運録』、『公卿補任』、『尊卑分脈』にもみえる。(9)師輔との関係は、雅子内親王が母の喪に遭って退下した承平六年から為光が生まれた天慶五年（九四二）までの間に出来たとみられる。

ところで、雅子内親王に関しては、藤原敦忠が斎宮卜定前から懸想していたことが、『敦忠集』『後撰和歌集』などにより指摘されている。師輔も懸想していたことは『後撰和歌集』からうかがえるが、結果として、雅子内親王退下後に降嫁を得たのは師輔であった。そのことは今おくとして、なぜ、敦忠が法的には婚姻不可能な内親王に懸想し、プラトニックとはいえ相思相愛にまで発展しえたのであろうか。もしかりに、師輔が史上初めて内親王降嫁を得たとするなら、それ以前から退潮下にあった時平流の敦忠が、雅子内親王と懸想文の応酬をなし得たであろうか。

もちろん、密通であれば在原業平と恬子内親王など前例が無いわけではない。しかし、敦忠にしろ師輔にしろ、藤原氏でありながら内親王を望むには、何らかの前提が無ければ発想しえないことであろう。単に師輔の好色や豪胆といった性格、あるいは忠平流の隆盛といった政治的背景にのみに帰することは出来ない。それならば、もっと早い時期に藤原氏は内親王に懸想し降嫁を勝ち得ていたと思われるからである。この点については後述するとして、次に康子内親王との婚姻についてみておこう。

康子内親王は中宮藤原穏子所生の第一四皇女である。(10)『一代要記』によれば、「延喜二十年七月二十七日為内親王。（中略）天徳元年六月六日薨。年三十八。准后後配右大臣師輔公生公季」とあり、延喜二十年に誕生、親王宣下を受けた。(11)承平三年に常寧殿で初笄、三品直叙。(12)天慶九年一品に叙され、天暦八年（九五四）承香殿に入り准后とされたが（『一代要記』）、天徳元年に公季を生んで薨じた。(13)

師輔との関係は、『一代要記』のほか『本朝皇胤紹運録』、『尊卑分脉』、『公卿補任』にみえる。(14)公季は天暦十年生まれであるが、『大鏡』裏書（日本古典文学大系本）一品康子内親王事（第三巻60）には、「延喜廿年誕生　同十二月十七日為二親王一年一（中略）同（天暦）九年配二右大臣師輔公一帝及世不レ許レ之　天徳元年六月六日生二仁義公一即薨年卅九　同十日乙丑葬礼」とあり、天暦九年に師輔に配され、天徳元年に三九歳で薨じたことになるが、「延喜廿年誕生」に従えば三八歳である。時に師輔は五〇歳であった。

ところで、『大鏡』は師輔と康子内親王の婚姻についての逸話を伝える。それによれば、①康子内親王が醍醐帝に寵愛されていたこと、②師輔が密通したこと、③村上天皇は師輔を寵遇していたため、咎めなかったこと、④師輔が康子内親王を邸宅に引き取ったこと、⑤公季出産と康子内親王の死、⑥以後の師輔の独身、が語られている。

この逸話は、醍醐天皇鍾愛の康子内親王と「密通」した師輔に対し、

村上天皇は「やすからぬこと」と思いながらも、寵遇する師輔を不問に付したとする。しかし、師輔はすでに勤子、雅子内親王を娶っており、内親王を娶ることに対する批判ではない。村上天皇の不快は康子内親王が先帝鍾愛の内親王であったことであり、生母が皇太后藤原穏子であったことによろう。(15)

そもそも師輔が内親王を娶り得たのはなぜであろうか。

それは父忠平が摂政太政大臣であったこと、師輔女安子が村上皇后であったことなど、師輔寵遇の背景は多々あろう。しかし、何よりも皇太后穏子が朱雀・村上二帝の生母として重きをなす存在であったからであろう。それでも、師輔が娶った内親王は康子以外は更衣腹であった。ところが、康子内親王は中宮腹であり、村上天皇が不快に思った最大の理由、「世の人、便なきことに申し」たわけも、この康子内親王の出自血統にあったのではなかろうか。

先にも述べたように、藤原氏はすでに一世源氏を娶ることを許されていた。一世源氏は血統的には皇女だが、法的には臣下であるから驚きではあっても批判の対象とはなりえない。師輔の勤子、雅子内親王との婚姻も本来源氏賜姓されるべき更衣腹出自の内親王であり、その延長線上にあったものと考えられる。(補注1)康子内親王との婚姻は、そうした実績のうえになされた既成事実が、彼の政治的環境によって許された特例であったのである。

なお、『源氏物語』宿木の巻（小学館本、以下同じ）では、今上帝女二の宮の裳着の翌日に薫大将が婿に迎えられるのだが、

天の下響きていつくしう見えつる御かしづきに、ただ人の具した

てまつりたまふぞ、なほあかず心苦しく見ゆる。と描く。天下をあげて評判になるほど大切にかしずかれていた姫宮に、臣下が連れ添うのは、物足りず気の毒である、と描いている。薫大将は二世源氏だが、師輔と康子内親王の婚姻を彷彿とさせる描写である。

三　醍醐源氏の創出

醍醐源氏の創出は、前代の生母の尊卑によるものではなく、出生順によるものであったと考えられる。(16)もともとは全ての皇子女に親王宣下する方針であったが、恐らく藤原忠平が実質的に政権を掌握した延喜十四年頃に方針変更されたものと思われる。その結果、生母による区別は不可能となり、とりわけ尊貴な所生皇子女以外は、出生順により源氏とされたものとみられるのである。

醍醐朝は延喜元年の菅原道真左遷以後、藤原時平が政治を領導した。政治的には寛平の政策を継承するものであったといわれるが、(17)同母妹穏子を強引に入内させるなど、権力継承への布石も怠らなかった。しかし、延喜九年に三九歳の若さで薨じている。(18)

時平政権下で誕生した醍醐皇子女には、中宮穏子所生の崇象、更衣源封子所生で宣子・将順、更衣藤原鮮子所生で恭子・将観・婉子・敏子、大納言源昇女所生で将保、女御源和子所生で慶子・将明・式明のほか、勧子（為子内親王所生）、勤子、都子（勤子同母）、修子（更衣満子女王所生）、雅子の六皇子一〇皇女がいる。

ここで注目すべきは、皇子の命名である。六皇子のうち、式明親王を除く五皇子が延喜十一年に改名され、保明・克明・代明・重明・常明とされている。(19)

そもそも、皇子の改名は古く桓武朝に遡る。延暦二年（七八三）には小殿親王を安殿に、同二十三年には、茨田親王を万多に改名した例がある。また、宇多朝には維城親王を敦仁に、維蕃親王を敦慶に改名している。(20)

皇子女名は、古くは乳母の氏名をとってつける例であったようだが、(21)嵯峨朝以後は嘉名通字とするようになった。個々の改名理由についての詳細は知りえないが、宇多朝の場合は、藤原胤子所生の維城、維蕃親王のみが改名され、橘義子所生の斉中、斉世親王が改名されていないことから、多分に政治的な意味合いがあるように思われる。出生順で第五皇子と推察される敦固親王（生母は藤原胤子。寛平元年［八八九］生まれか）以下の皇子が改名されていないことから、改名の方針は仁和四年（八八八）頃に決定したのであろう。この年は、阿衡事件で宇多天皇が藤原基経に屈した年であり、詔書を作成した橘広相の責任が問われた年である。(22)藤原胤子所生皇子のみがわざわざ改名して「敦」を通字としながら、橘義子所生の皇子は依然として宇多天皇が一世源氏だった時代の命名のままとされたことは、皇位継承からの排除を表明するものであったのではなかろうか。

では、醍醐朝における皇子改名はどのような事情によるのであろうか。

改名以前に皇太子のみ命名が異なること、それ以外の第五親王将明までが、「将」を通字としていたこと、この後、延喜七年に生まれた第六親王式明以下、皇太子を含めてすべての皇子が、「明」を通字とするようになったことが知られる。第六親王式明が改名されていないことから、延喜七年頃にはこの方針が決定したものと思われる。これ以前の命名は、生母ごとになされていたわけではなく、第二親王崇象のみが「将」の通字からはずれており、皇太子となることを命名に示したものとみられよう[23]。

式明親王の生まれた年までに親王宣下を蒙った皇子は、皇太子崇象と将順（克明）のみであり、翌八年に将観（代明）、将保（重明）、将明（常明）が親王とされたようである[24]。このことは、時平政権を支える皇太子を得た延喜四年以降、続いて誕生する皇子の処遇をどうすべきかを考慮していた時期があったことを示しているのではなかろうか。

皇子女数は宇多朝初年の五〇名前後から漸次減少して四〇名前後になっていたが、皇子数は二〇名前後で推移し減少していない。親王数の増減が皇室財政に直接影響を与えることは、貞観期に親王給が整備されて以降あまりなかったと思われるが、親王以下諸王は依然として王禄の対象であり、官職位階の問題もあった。従って、安易に親王を増やすことは醍醐朝の時期においても憂慮すべき問題であったと考えられる。

しかしながら、延喜八年には式明親王を含めて、誕生したすべてに親王宣下を行うこととし、皇太子を含めて、改めて「明」を通字として醍醐皇子としての同族意識を高めることとし、源氏を作らない方針に至ったのであろう。しかし、延喜八年から十年にかけて連年災害にみまわれ[25]、吉日に改名することが出来ず、九年には藤原時平が薨じてしまう。その後の政権は源光を首班とするが、八年に参議に還任した藤原忠平は時平薨去後に権中納言に昇ったものの、未だ政権を掌握するには至っておらず、皇子改名と非賜姓源氏の方針は宙に浮いた状態で、ついに十一年末に至ってしまったのではなかろうか。

なぜ、すべての皇子を同じ通字にすることにしたのか、なぜ「将」を「明」にかえたのか、詳細はわからないが、すくなくとも、延喜十年前後には醍醐皇子はすべて「明」を通字とした親王とする原則であったものと思われる。それは、後に源氏賜姓された高明はもとより、同時に賜姓された皇子女中最年少であった允明も「明」を持つことから、允明が誕生した延喜十九年までこの原則が通っていたことがわかる。

その後、高明が生まれた延喜十四年には、藤原忠平が右大臣に就任し[26]、忠平政権が名実ともにスタートする。しかし、翌年には赤痢・疱瘡が流行し、天皇も罹患するほどであった[27]。その後の十六年には皇太子が元服し、克明も元服することによって[28]、皇位継承は一応の安定を迎え、この後の皇親増加は抑制する方針に向かったのではなかろうか。続く十七年には渇水状態が「火急之間」に至り、十八年には台風災害、十九年前半は旱魃、二十年には咳病流行と連年の災害[29]もあって、皇親抑制の方向に変化なかったものと思われる。

こうした連年の災害が、醍醐朝の皇親政策にどれほどの影響を及ぼしたかは確言できないものの、少なからず皇室財政の負担軽減を考えざるを得ない状況はあったであろう。そうした状況の中で、高明以後に生まれた皇子女の親王宣下は見送られ、源氏賜姓が行われることになる。しかし、すでに生母に関係無く皇子が「明」を通字としている以上、源氏賜姓は出生順で行うしかなかったのである。

また、藤原忠平は源順子（実頼母）や源能有女（師輔母）を妻としており、源氏や二世女王を娶ることで、皇室に同化していく藤原良房以来の方策を実践していた。そうした方策を次世代にも活用するうえで、女子一世源氏の創出は有意義であったはずである。事実はこの後、忠平の思惑を超えて、忠平子息達は一世源氏どころか内親王を娶るのだが、延喜二十年頃の忠平には、そこまでは考え及ばなかったであろう。

一方、政治的には、源氏は皇室の藩屛としての意味もあったといわれるが[30]、決して藤原氏と敵対するような存在ではなく、むしろ藤原氏と皇室を結ぶ潤滑油的な役割もあった。そうした一世源氏の存在は、醍醐朝に入って減少しており、新たな一世源氏創出は忠平以後の権力継承においても無駄ではないと考えたのかもしれない。一世源氏は同族的意識が希薄で政治的結合をなす恐れが小さく、むしろ扱いやすい面さえあったであろう。そのことは、阿衡事件の際に、源融が皇位を望みながらも、基経の意を迎えるような動きをしたことにも表れている。

つまり醍醐皇子女の処遇は、女御腹であっても親王もあれば源氏もあり、更衣腹しかりである。しかし、生母の尊貴性は消えたわけではなく、例えばその居処の違いが指摘されているように[31]、むしろ女御腹と更衣腹の格差は拡大していく。本来的には更衣腹は源氏賜姓される存在であったのである。従って、醍醐内親王とはいえ、更衣腹は親王身分に違いないものの、ある意味、純粋な親王とみなしえないところがあったのではなかろうか。藤原師輔が勤子、雅子内親王と契っても批判されなかった背景には、本来賜姓されるべき皇女であるとの人々の認識があったからではなかろうか。

しかし、康子内親王は中宮腹であり、内裏で養育された、まさに純粋な内親王であったから、村上天皇はじめ人々の誇りは免れなかったのである。それでも許されたところに、忠平流の天皇家との結びつきの強さ、藤原師輔を取り巻く政治的環境の優越性を見て取ることが出来よう。

四　醍醐内親王の婚姻降嫁と『大和物語』

ついで、同時期の醍醐内親王を娶った例をみよう。

靖子内親王は『一代要記』によれば、「延長八年九月二十九日為二内親王一。年十六。天暦四年十月十三日薨。年三十六。配二大納言藤師氏卿一。生二一女一。母源氏」とあるのだが、年齢に矛盾があり、没年齢によれば、延喜十二年の生まれとなる[32]。母は『本朝皇胤紹運録』に克明親王に同じとみえるので、更衣源封子である。

普子内親王は天暦元年（九四七）に三八歳で薨じたから[33]、延喜十年生まれ。母は『本朝皇胤紹運録』に修子内親王に同じとあるから、更衣満子女王である。延喜十一年に親王宣下を蒙り、延長三年（九二五）裳着が行われた。(34) 普子内親王の婚姻については、『本朝皇胤紹運録』に「配二三木源清平一。後配二和泉守俊連一」とあり、『一代要記』は「始配二参議清平一。後配二和泉守藤俊遠一」と伝える。

　源清平は光孝皇子是忠二男で、(35) 天慶八年（九四五）に大弐で大宰府に卒した。時に六九歳とあるので、元慶元年（八七七）生まれ。普子内親王誕生の年には三四歳である。また、その後配された人物を『一代要記』は「俊遠」とし、『本朝皇胤紹運録』は「俊連」とするが、「俊遠」は『権記』長徳元年（九九五）十二月二十五日条に「民部少丞俊遠」とみえるが、時期的に合わないので「俊連」の可能性が高い。藤原俊連は康保四年（九六七）に和泉国の「前前司守」とみえる。(36) しかし、源清平卒去後、藤原俊連に配されたとしても、普子内親王薨去までわずかに二年であり、一年の服喪期間を考慮すれば、藤原俊連とは実質半年ほどの関係であったことになる。

　なお、『日本紀略』安和二年四月十一日条から、都子内親王・敏子内親王が安和の変で左遷された左大臣源高明家に同居していたことが知られる。都子内親王は高明と同母であり更衣源周子所生で、敏子内親王は更衣藤原鮮子所生である（『本朝皇胤紹運録』）。同居の背景は不明だが、後見を無くした内親王が皇兄弟と同居したり、受領層の財力を頼ったりすることもあり得たのであろう。

　韶子内親王は『日本紀略』に「卜定賀茂斎王。今上第十三皇女韶子内親王卜食。年四」とあるによれば、延喜十八年生まれで、天元三年（九八〇）に薨じた。(37) 延喜二十年に親王宣下を蒙り、延長八年に斎院を退下した。(38) 生母については、『賀茂斎院記』（『群書類従』第四輯）に「母女御利（和―筆者）子。光孝之女也」として女御源和子とするほか、『本朝皇胤紹運録』が常明（女御源和子）に同じとみえる。韶子内親王の婚姻については、『一代要記』に「詔子」とあるが「帝六女延喜二十年二月十七日為二親王一。同二十二年二月為二斎院一。同八月遭二母喪一。始配二大納言源清蔭一。後配二河内守橘惟風一」とみえ、『本朝皇胤紹運録』にも「配二大納言清蔭幷河内守惟風等一」と記す。(39) ただし、『皇代記』（『群書類従』第三輯）には、他内親王の降嫁は記載があるものの韶子には記載が無い。

　源清蔭は陽成皇子で、韶子内親王が退下した年に四七歳である。(40) 時に韶子内親王は一三歳であるから、年齢に三四歳もの開きがある。また『一代要記』には「帝六女」とあるが、六女は都子内親王であり、韶子内親王は一三皇女である。「同二十二年二月為二斎院一」とあるのも、二十一年二月のことで、時に四歳であった（『日本紀略』『賀茂斎院記』）。「同八月遭二母喪一」とあるが、女御源和子が薨じたのは天暦元年であり、(41)『一代要記』の記載には誤りが多い。

　橘惟風は延喜二十三年に「備後守従五位下」「元宮内少輔」とみえ、承平六年には安芸前司であったことが知られる。(42) 延喜二十三年にすでに五位であったから三〇歳を超えていた可能性が高いが、とすればこれも韶子内親王との年齢差は三〇歳ほどもあったとみられよう。

　以上、藤原師輔が娶った以外の醍醐内親王の降嫁についてみてきたが、靖子内親王、普子内親王はいずれも更衣腹である。婚姻の時期は断定出来ないが、師輔の前例に倣ったものであろう。ただし、韶子内親王のみが女御腹とされ、源清蔭に配されたことが事実とすれば、師輔が康子内親王を娶る以前である可能性が高い。

　ところで、韶子内親王の婚姻については、『大和物語』（日本古典文学大系本）一一段に、

　故大納言のきみ、たゞふさ（藤原忠房）のぬしのみむすめ東のかたを、年比思てすみ給けるを、亭子院の若宮につき奉り給ふて、はなれたまうて、ほとへにけり。

表2-3-2　宇多皇女の経歴と配偶者

名	生　年	薨去・出家	年齢	親王宣下	卜　定	配偶者
均子	寛平 2(890)	延喜10(910)	21			敦慶親王
柔子	寛平元(889)頃	天徳 3(959)		寛平 4(892)	寛平 9(897)斎宮	
君子	寛平元(889)頃	延喜 2(902)		寛平 4(892)	寛平 5(893)斎院	
孚子	寛平 5(893)頃	天徳 2(958)		寛平 7(895)		敦慶親王
成子	寛平 7(895)頃	天徳元(957)出家		寛平 9(897)		
若子						
依子	寛平 7(895)	承平 6(936)	42	寛平 9(897)		
誨子		天暦 6(952)				元良親王
季子		天元 2(979)				

との逸話を伝える。この逸話については、「故大納言のきみ」が源清蔭であることから、「若宮」を韶子内親王とし、「亭子院」を延喜帝の誤りとする説が一般的である(43)。これに対して、新田孝子氏は『一代要記』の韶子内親王生母の所伝を誤りとされ、「亭子院」を宇多上皇の院号ではなく、「亭子院」御所を指すと解された(44)。しかし、新田氏が根拠とされる斎院には、韶子内親王が生母の死に遭って斎院を退下した後に、同母妹の斉子内親王が斎院に任じたとするのだが、韶子内親王の後、婉子内親王が承平元年十二月に卜定され(45)るので、斉子内親王の入る余地は無い。そもそも、父帝醍醐が内親王の婚姻に、わざわざ一世代も年齢差のある臣下を勧めるであろうか。独身として生涯を終える内親王も少なくないのである。

　ただ、『一代要記』の所伝を鵜呑みにしなかったのは新田氏の卓見である。『一代要記』の誤りについては先に指摘したが、韶子内親王の生母は『一代要記』以外で伝えるところが一致するので、『一代要記』の遭母喪以下配偶者を伝える記事が他内親王の混入ということも考えられるのではなかろうか。

　そこで、『大和物語』を素直に解釈すれば、「亭子院」は宇多上皇であるから、「わか宮」を源清蔭にすすめて配したのは宇多上皇であろう。では、「わか宮」とはだれか。

　宇多帝には九内親王が伝わる。均子内親王は敦慶親王に配したと伝えられ、孚子内親王は「桂のみこ」といい、敦慶親王ほかとの関係が『大和物語』にみえる。誨子内親王は元良親王妃である。

　内親王の多くは誕生年不詳だが、かりに親王宣下時二歳として、各内親王の経歴を示したものが表2-3-2である。

　一方、源清蔭は陽成第一源氏で、元慶八年生まれであるから、『大和物語』が伝えるように、すでに忠房女との間に子をなしていたとすれば、二〇代の可能性が高いであろう。とすれば延喜年間であろうから、君子は除外される。また、男性関係がわかる均子内親王、孚子内親王、誨子内親王も除外してよいであろう。『後撰和歌集』には忠房が「女五のみこ」に懸想していたことがみえ、「女五のみこ」を依子内親王とするが、第五内親王は成子であるから、成子内親王も除外出

来る。

従って、宇多皇女で可能性のある内親王は若子、依子、季子内親王である。依子内親王が寛平七年の生まれであるから、「わか宮」とよばれるような著裳前後の年齢であるのは延喜八年頃になる。記載順が依子内親王より後であるから年下と思われる季子内親王は、それより数年遅れるであろう。若子内親王は存在自体が不明である。なお、季子内親王が「数児」を儲けていたことが『本朝世紀』天慶五年六月三十日条にみえる。以上を勘案して、依子内親王の可能性が高いが確定出来ない。[補注2]

しかし、源清蔭に配されるにふさわしい年齢の内親王が宇多天皇にあったことは明らかであり、それをすすめた「帝」は宇多上皇の意を受けた醍醐天皇であった可能性が高い。

では、なぜ臣下身分である源清蔭が宇多内親王を配され得たのであろうか。

そもそも、宇多天皇は源定省から親王宣下を蒙り即位したのであり、『大鏡』宇多天皇の段に陽成院が「当代は家人にはあらずや」といったとする所伝を想起すれば、それが事実であるか否かはおくとしても、『大鏡』作者に嵯峨直系の陽成院に比して、傍系で源氏から即位した宇多天皇を血統的に低くみる意識があったことの表れとみることが出来、それは当時の宇多天皇も意識していたことではなかろうか。

そのことは、陽成一親王元良と誨子内親王との婚姻にもあらわれており、さらに「女五のみこ」と元平親王との関係（『大和物語』二三段）からもうかがえる。傍系である宇多―醍醐系が嵯峨直系である陽成院の血筋と幾重にも婚姻関係を重ねることは、自己の正統性を強化するうえでも有効であったであろう。[46]しかし、陽成一親王元良は寛平元年の生まれであり、[47]より年長であった源清蔭が最初の対象者となったのではないか。一世源氏という臣下身分であることは、宇多上皇が源氏から復帰しての即位であったことに鑑みれば、血統重視によるものであることは十分に考えられる。その前提が嵯峨皇女の源潔姫と藤原良房の婚姻にあったことは論を待たない。

宇多内親王と源清蔭との婚姻であれば、年齢的にも適合する。また、醍醐朝前半期とすれば、醍醐天皇は二〇歳前後であったから、天皇の勧めとはいえ、それは父上皇の意向を受けたものであったとみるのが妥当であろう。

以上、韶子内親王の配偶者の伝は、宇多内親王の伝が混入したものとみなすことが可能であり、従って、藤原氏が配された醍醐内親王はいずれも更衣腹内親王で、醍醐朝の源氏賜姓の方針が前代同様であったとすれば、源氏賜姓に預かった皇女たちであったのである。

その前提には、醍醐朝初期における宇多内親王と源清蔭との婚姻があり、臣下でも内親王と婚姻が認められる可能性が開かれていたからこそ、藤原敦忠と雅子内親王との関係や藤原師輔と勤子内親王との関係も可能であったものと考えられる。[48]

おわりに

最後に『源氏物語』における内親王の婚姻観に触れておきたい。若菜上の巻には、

皇女たちは、独りおはしますこそは例のことなれど、さまざまにつけて心寄せたてまつり、何ごとにつけても御後見したまふ人あるは頼もしげなり。

とある。すなわち、皇女たちはずっと独身を通すのが常例だが、後見のあるのが心強いというのである。また同じ段に、

皇女たちの世づきたるありさまは、うたてあはあはしきやうにもあり。

とみえ、皇女たちの縁づいている有様は、見苦しくあさはかな感じでもあるという。いずれも紫式部の内親王婚姻観を表しているが、「独りおはしますこそは例のこと」が必ずしも史実でないことは前述したが、紫式部は内親王の尊貴性を未婚に求めていたことがうかがえる。

とくに紫式部は時代背景を醍醐朝頃に想定したところがあるようだが、内親王の婚姻に関しては、醍醐朝のそれを良しとしていなかったのではなかろう(49)。臣下に降嫁するよりは未婚である方が、内親王としての尊貴性に価値があると考えていたように思われる。そこには、村上皇女で大斎院と呼ばれた選子内親王の存在が大きく影響しているのではないかと想像するが、いかがであろう。

さて、本稿では醍醐内親王降嫁の問題を醍醐朝の源氏賜姓から考察し、藤原道長が権力を確立する以前の、藤原氏の尊貴性獲得過程の一端をうかがった。

『大和物語』の史実性についても論ずべきであるが、史実との兼ね合いで、矛盾無い範囲で検討に値するのではないかと考えている。『大和物語』については、雨海博洋氏らの研究を始め膨大に及び(50)、筆者の介入すべき余地は無いが、今後、史実を検証する中で考えたいと思う。

註

(1) 今井源衛「女三宮の降嫁」（改訂版『源氏物語の研究』所収、未来社、一九八一年）、後藤祥子「皇女の結婚」（『源氏物語の史的空間』所収、東京大学出版会、一九八六年）、木船重昭「雅子内親王と敦忠・師輔」（『中京国文学』六号掲載、一九八七年）、安西奈保子「雅子内親王の恋と結婚」（『平安文学研究』七九・八〇号掲載、一九八八年）、岩井京子「内親王の恋愛結婚について―「大和物語」九三段雅子内親王を通して―」（『大和物語探求』五〇年度掲載、一九七六年）、久徳高文「斎宮の恋―雅子内親王と敦忠―」（山崎敏夫編『中世和歌とその周辺』所収、笠間書院、一九八〇年）、森藤侃子「内親王の降嫁」（源氏物語講座第三巻『光る君の物語』所収、勉誠社、一九九二年）など。

(2) 藤木邦彦「延喜天暦の治」（『平安王朝の政治と制度』所収、吉川弘文館、一九九一年、初出一九六六年）。

(3) 本書付載「古代貴族婚姻系図稿」第一部を参照されたい。

(4) 米田雄介、吉岡眞之校訂、一九八〇年。

(5) 『日本紀略』延暦十二年九月丙戌条。拙著『平安時代皇親の研究』

第一章第一節（吉川弘文館、一九九八年）参照。

(6)『日本紀略』天慶元年十一月五日条。

(7)『貞信公記抄』承平二年三月七日条。

(8)註(1)前掲論文。なお、後述する雅子内親王と師輔の婚姻に関しては、木船重昭、安西奈保子両氏のほか、久徳氏が註(1)前掲論文で天慶二年秋頃以降とされ、安西氏は木船氏の説に賛同され、「同時に二人の内親王を妻としていた」とみて、天慶元年とする。なお、林陸朗氏は、雅子を延喜二十一年に賜姓された一人とするが（「賜姓源氏の成立事情」、『上代政治社会の研究』所収、吉川弘文館、一九七八年）、『醍醐天皇実録』第二巻（藤井讓治、吉岡眞之監修・解説、ゆまに書房、二〇〇七年）にも指摘があるように、賜姓されたのは靖子であろう（本書第二部第二章「雅子内親王と醍醐皇子女の源氏賜姓」、初出二〇〇八年、参照）。

(9)『公卿補任』安和三年条藤原為光後付。『尊卑分脉』第一篇五七頁、同第一篇三九三頁、藤原為光脇付。同第一篇五七頁、高光脇付。

(10)『日本紀略』天徳元年六月六日辛酉条。

(11)『日本紀略』延喜二十年十一月十七日条。

(12)『日本紀略』承平三年八月二十七日辛未条。

(13)『九暦』天徳元年六月六日条。

(14)『尊卑分脉』第一篇五八頁、第一篇一一九頁、公季脇付。『公卿補任』天元四年条藤原公季後付。

(15)なお、密通であったことに対する批判との見方もあろうが、当時の男女関係は密かに通うものであるから、形式上は密通と大差ない。問題は犯すべからざる人に通った場合であり、斎宮や斎院であれば、在原業平（相手は斎院恬子内親王）や藤原道雅（相手は斎宮当子内親王）のように事件視された。ここで「密通」と表現されたのは、内裏に居住し、特に大切に養育されていた内親王であったからであろう。もっとも、師輔が最初に娶った勤子内親王も醍醐天皇の寵愛を蒙った内親王であった（藤木邦彦氏前掲註(2)論文参照）。しかし、ここは康子内親王に関わることとして『大鏡』作者の評価を記した部分であり、勤子内親王に触れていないことは問題ではない。

　また、高橋由記氏は『小右記』長和四年十一月十五日条の女二宮（禔子）を頼通に降嫁することに具平親王室が泣いて悲しんだという記事に続く、「(脱か)者主上思立事也。所被仰之例。故北宮例云々。奇也。怪也。邑上先帝不知食之事也。」をもって、康子内親王の師輔降嫁は村上天皇の裁可あるものではなかったとされた（「『狭衣物語』の一品宮―降嫁した内親王の問題として（二）―」、『明星大学研究紀要―日本文化学部―言語文化学科』第十六号、二〇〇八年三月）。脱文省略があるので明確ではないが、康子内親王の降嫁は既成事実のうえになされたことであり、村上天皇が知らなかったにしても、村上天皇の許可無く降嫁が行われたとはいえないであろう。

(16)拙稿前掲註(8)論文参照。

(17)醍醐朝の政治については、藤木邦彦氏前掲註(2)論文。角田文衞「太皇太后藤原穏子」（『平安人物志』下所収、法蔵館、一九八五年、初出一九六六年）、黒板伸夫「藤原忠平政権に対する一考察」（『摂関時代史論集』所収、吉川弘文館、一九八〇年、初出一九六九年）、森田悌「摂関政治成立期の考察」（『平安時代政治史研究』所収、吉川弘文館、一九七八年、初出一九七六年）、佐藤宗諄「藤原忠平政権の形成」（『平安前期政治史序説』所収、東京大学出版会、一九九七年）等を参照。

(18)『日本紀略』延喜九年四月四日条。

(19)『日本紀略』延喜十一年十一月二十八日条。

(20)『続日本紀』延暦二年四月庚申条。『日本後紀』延暦二十三年正月戊寅条。『日本紀略』寛平二年十二月十七日条。

(21) たとえば、『続日本紀』天平勝宝元年七月乙未条、『類聚国史』巻三二、天皇遊宴叙位附出所引延暦十三年十二月辛丑条。

(22) 『日本紀略』仁和四年十月十三日丁丑条。

(23) 崇象は延喜三年十一月二十日に生まれ、翌年二月十日に立太子している（以上、『日本紀略』）。

(24) 『日本紀略』延喜八年四月五日条。

(25) 多くをあげないが、『日本紀略』延喜十年正月一日壬辰条に「停二朝賀事一。依二去八年旱。九年疫災一也」、同十一年正月二日丁亥条にも「停二朝賀一。依二去年旱損一也」とあるなど。

(26) 『日本紀略』延喜十四年八月二十五日己丑条。

(27) 『日本紀略』延喜十五年六月二十日己酉条、同九月一日己未条、十月十六日癸卯条。

(28) 『日本紀略』延喜十六年十月二十二日甲辰条。十一月二十七日戊寅条。

(29) 『日本紀略』延喜十七年十二月二十六日辛未条。同十八年八月十五日条、同十七日丁巳条。同十九年七月七日壬申条。同二〇年七月条、同九月九日条。

(30) 林陸朗氏註(8)前掲論文参照。

(31) 山本一也「通過儀礼から見た親王・内親王の居住」（西山良平・藤田勝也編『平安京の住まい』所収、京都大学学術出版会、二〇〇七年）。

(32) 『日本紀略』延長八年九月二十九日己丑条、『西宮記』巻一二所引「九記」参照。

(33) 『日本紀略』天暦元年七月十一日条。

(34) 『貞信公記抄』延長三年二月二十四日丁亥条。『御遊抄』三。

(35) 『公卿補任』天慶四年条源清平後付。

(36) 『類聚符宣抄』第八「勘出」所引、康保四年十二月一日付太政官符。

(37) 『日本紀略』延喜二十一年二月二十五日壬午条。天元三年正月其日条。

(38) 『日本紀略』延喜二十年十一月十七日条。延長八年九月其日条。

(39) なお、『賀茂斎院記』には「系譜曰。韶子。配大納言清蔭幷河内守惟風等」と記しており、『本朝皇胤紹運録』と同じ系譜を参照しているようである。

(40) 『公卿補任』延長八年条源清蔭尻付。

(41) 『日本紀略』天暦元年七月二十一日甲辰条。

(42) 『類聚符宣抄』第八「任符」所引、延喜二十三年四月八日付任符。『政事要略』巻五五所引承平六年勘解由使勘判。

(43) 例えば、浅井峯治『大和物語新釈』（大同館書店、一九三一年）など。

(44) 新田孝子『大和物語の婚姻と第宅』（風間書房、一九九八年）起篇第一章「亭子院のわか宮」。

(45) 『日本紀略』承平元年十二月二十五日戊寅条。

(46) 河内祥輔氏は、宇多天皇が前代の直系の権威を否認していたとされる（『古代政治史における天皇制の論理』二七一頁参照、吉川弘文館、一九八六年）。しかし、陽成皇子との婚姻関係が示すように、完全に前代の血統を無視していたわけではないであろう。そこに宇多の苦悩と劣等意識をうかがうことができるように思う。

(47) 『日本紀略』延長七年十月十四日条「第八内親王（脩子）為兵部卿親王（元良）。設卌賀礼」。

(48) 栗原弘氏は師輔婚が一番早かったと推定している（「藤原良房と源潔姫の結婚の意義」、『平安前期の家族と親族』所収、校倉書房、二〇〇八年）が、本論に述べたように、源清蔭の婚姻の方が早かった可能性が高い。また、『大和物語』を踏まえた韶子内親王と源清蔭の婚姻については、今井源衛氏や後藤祥子氏、森藤侃子氏ら（以上、註(1)前掲論文参照）が考察しているが、『一代要記』を前提としている点で従い難い。

(49)　山中裕「源氏物語の時代」（『平安朝文学の史的研究』所収、吉川弘文館、一九八七年）。なお、国文学の研究では、宇多朝の歴史性に取材したとの意見が提起されており（日向一雅『源氏物語の準拠と話型』、至文堂、一九九九年）、内親王は独身がよいとする紫式部の見解は、宇多朝のイメージの反映かもしれない。

(50)　雨海博洋・山崎正伸・鈴木佳與子『大和物語の人々』（笠間書院、一九七九年）ほか。なお、柳田忠則『大和物語研究史』（翰林書房、二〇〇六年）参照。

（補注1）　中村みどり氏は「一世皇子女の親王宣下と源氏賜姓」（『京都女子大学大学院文学研究科研究紀要』史学編十四、二〇一五年）において、勤子、雅子内親王が「本来源氏賜姓されるべき更衣腹出自の内親王」であったことを否定されたが、前代までの源氏賜姓であれば更衣腹は賜姓対象であったことを意味しており、そうした認識が当時の貴族にもあったのではないかと考えた。女御腹と更衣腹では厳然とした格差があったことは、山本一也氏が「日本古代の叙品と成人儀礼」（『敦賀論叢』第十八号、二〇〇三年）において明らかにされている。

（補注2）　本稿初出発表後、中村みどり氏は「藤原師輔と内親王降嫁の実現」（『古代文化』第六九巻第四号、二〇一八年）により、系譜に混入・誤表記があったと推定したことを批判された。しかし、『本朝皇胤紹運録』等の史料はいずれも鎌倉・室町期の成立であり、もとの系譜に誤りがあれば、誤伝として継承されることもありうると考える。また、「惟風」が『尊卑文脈』記載の人物しか考えられないという根拠は不明だが、すべての人物が記載されて残っているわけでもない。さらに、注においてではあるが、年齢差のある結婚は珍しくないとして、韶子内親王の誤伝とする根拠にならないとする。確かに年齢差のある婚姻は少なくないが、内親王降嫁という特殊性を考えたとき、世代の違う婚姻を無理に進める必要性は希薄である。生涯独身であった内親王も少なくない。

第三部　親王序列

第一章　桓武皇子女の出生順と序列記載

はじめに

正史における皇子女の薨伝には系譜とともに第○子などの序列が記載されている場合がある。『続日本紀』における天武皇子の序列については研究蓄積があり、荻原千鶴氏によって整理検討されている。(1) 一方、平安時代の皇子女の序列記載については、ほとんど検討されることが無かった。わずかに桓武皇子について述べられてはいるが、(2)『日本後紀』以降の正史間では矛盾と思える記載もあり、正史の記事としては不自然を免れない。そこで、こうした序列記載が何に基づき、正史間の矛盾をどのように解釈すべきなのかを考える。以下では、『日本三代実録』の記載を足がかりにして、皇子女の序列記載について検討するとともに、こうした皇子女の序列がどのように系図等に定着するのかについても言及する。

一　『三代実録』の序列記載

表3―1―1は『三代実録』における皇子女の薨去記事に、序列が記載されている記事七例を加えたもので、合計四十二例が管見に入った。このうち、皇子二十例、皇女三例に序列が記載されている。

さて、親王の記載は三例が「第○皇子」、二例が「第○之子」とある以外は「第○子」と記載する。「第○皇子」と記載された常康・貞保・貞数、「第○之子」とみえる貞数の記事はいずれも薨去記事ではない（成康はいずれか不明。業良の記事については後述する）。この点に着目するならば、『三代実録』では、薨伝と即位前紀には「第○子」とする序列記載を用いていたことがわかる。この「第○子」が「第○皇子」と同様の意味であることは、清和即位前紀に「文徳天皇之第四子也。……文徳天皇有四皇子。第一惟喬親王。第二惟条親王。第三惟彦親王。皇太子是第四皇子也」とあり、惟仁に「第四皇子」と「第四

表3-1-1 『三代実録』にみえる皇子女の序列記載

No.	親王名	記載年月日条	巻	系譜	記載内容	備考
1	仲野親王	貞観 9.正.17戊午条	14	桓武天皇	第十二子	
2	賀陽親王	貞観13.10. 8庚戌条	20		第七子	拠紀略補
3	伊登内親王	貞観 3. 9.19庚寅条	5		皇女也	
4	善原内親王	貞観 5. 7.21辛亥条	7		皇女	
5	大井内親王	貞観 7.11.28乙巳条	11		皇女	
6	池上内親王	貞観10.11.23壬子条	15		女	拠紀略補
7	賀楽内親王	貞観16. 2. 3癸巳条	25		皇子	拠紀略補
8	紀内親王	仁和 2. 6.29丁丑条	49		第十五女	
9	高岳親王	元慶 5.10.13戊子条	40	平城天皇	第三子	
10	巨勢親王	元慶 6. 8. 5甲辰条	42		第四子	
11	大原内親王	貞観 5.正.19壬午条	7		皇女	
12	業良親王	貞観10.正.11丙午条	15	嵯峨天皇	第二之子	
13	忠良親王	貞観18. 2.20戊辰条	28		(薨)	
14	純子内親王	貞観 5.正.21甲申条	7		皇女	
15	正子内親王	元慶 3. 3.23癸丑条	35		長女	
16	基貞親王	貞観11. 9.21乙亥条	16	淳和天皇	第四子	
17	恒貞親王	元慶 8. 9.20丁丑条	46		第二子	
18	同子内親王	貞観 2. 閏10.20丙寅条	4		皇女	
19	有子内親王	貞観 4. 2.25甲子条	6		女	
20	氏子内親王	仁和元. 4. 2丙辰条	47		第一女	
21	成康親王	貞観 6. 8. 3丁巳条	9	仁明天皇	皇子者第八成康親王是也	藤原貞子薨伝
22	宗康親王	貞観10. 6.11癸酉条	15		第二子	
23	人康親王	貞観14. 5. 5甲戌条	21		第四子	拠紀略補
24	時康親王	光孝即位前紀	45		第三子	
25	常康親王	仁和 2. 4. 3壬子条	49		第七皇子常康親王旧居也	勅
26	重子内親王	貞観 7. 7. 2辛巳条	11		皇女	
27	高子内親王	貞観 8. 6.16己丑条	13		皇女	
28	柔子内親王	貞観11. 2.28丙辰条	16		皇女	
29	真子内親王	貞観12. 5. 5丙辰条	18		女	
30	平子内親王	元慶元. 2.14丙辰条	30		姑	
31	惟仁親王	清和即位前紀	1	文徳天皇	第四子	
32	惟喬親王	清和即位前紀	1		第一(子)	
33	惟条親王	貞観10. 9.14甲辰条	15		第二子	拠紀略補
34	惟彦親王	元慶 7.正.29丙申条	43		第三子	拠紀略補
35	勝子内親王	貞観13. 7.28壬申条	20		皇女	拠紀略補
36	珍子内親王	元慶元. 4.24乙未条	31		女	拠紀略補
37	儀子内親王	元慶 3. 閏10. 5辛卯条	36		清和太上天皇同産之妹也	拠紀略補
38	慧子内親王	元慶 5.正. 6乙卯条	39		女	
39	貞保親王	貞観12. 9.13壬戌条	18	清和天皇	第四皇子誕，皇太子同母弟也	
40	貞明親王	陽成即位前紀	30		第一子	
41	貞数親王	元慶 6. 3.27己巳条	41		第八之子	皇太后賀算
42	貞数親王	仁和 2.正.20庚子条	48		第八皇子	太政大臣献物

子」の両様の記載をしていることから知られる。また、それは皇子のみの序列であることも確認出来る。従って、『三代実録』は親王に限れば、皇子のみの序列としての「第○皇子」の意味で「第○子」と記載していることが知られよう。なお、「第○之子」も「第○皇子」と同義であることは、貞数が「第八之子」とも「第八皇子」ともみえることからわかる。

一方、内親王の場合は、ほとんどが「皇女」あるいは「女」とのみ記載されており（賀楽のみ「皇子」とあるが、「皇女」と同義であろう）、序列は記載しない原則であったようにみえる。ただし、巻三十以降には序列の記載を含めて、それ以前とは若干異なる記述が目につく(3)。

では、巻三十以降に限ってみえる例外的な記載はどのような理由によるのだろうか。

平子は「太上天皇之姑」と記載されているが、これは天子の服紀を問題とする記事が続くためであろう。また、儀子は「太上天皇同産之妹」と記されており、これは藤原基経との関係において一品に至った内親王であったことによる特例的記載とみなしうる（『帝王編年記』等が第一皇女としている）。紀は「第十五女」と序列が記載されているが、これは桓武皇子女最後の内親王として、また光孝女御班子女王の父仲野親王との関係においての特例とみられる(4)。また、正子は「長女」という記載であり、氏子も「第一女」として特記されたものとみなしうる。

すなわち、皇女の場合は序列を記載しない原則であり、巻三十以降において特例的に系譜を詳述したり、序列を記載したりする場合があった。序列を記載する場合は第一女（出生順とは限らない。正子が第一女でないことは後述する）を原則とした、とみられる。なお、「第○女」も皇子同様に皇女における序列で、「第○皇女」と同義とみなしてよいであろう。

では、『三代実録』が記載する序列は何に基づいているのであろうか。皇子では、桓武から清和までの歴代の皇子がみえるが、『本朝皇胤紹運録』（以下、『紹運録』と略す）や『帝王編年記』等の配列とは異なるものも散見する。これが単純に出生順と見なし得ないことは、例えば嵯峨皇子で、業良が薨伝に「第二之子」と記されているにも関わらず、『続日本後紀』仁明即位前紀に正良（仁明）が「第二子」と記されていること、などから知られる。そこで、以下では歴代皇子女ごとに序列の根拠を検討する。

まず、清和皇子については、親王宣下が明記され、その時の年齢が知られるものもあることから、出生順による序列と推測しうる。文徳皇子は先の清和即位前紀によって明らかであるが、生年などをも考慮して、これは出生順とみなしてよい。仁明皇子は、三皇子の生年が知られるが、さらに元服や初叙品の順序を考慮すると概ね出生順を明らかにしうる。それによれば、仁明皇子も出生順による序列で記載されているとみられる。また、淳和皇子は二名みえるが、知られる生年と初叙品の順序、同母での『紹運録』等の配列を参考にすれば、出生順と認めてよい(5)。

ついで嵯峨皇子は業良のみに序列の記載があり、忠良にはみえない。ただし、忠良の薨伝には「薨時年五十八。時人惜之（以上、新訂増補国史大系本頭註云「拠紀略補」)。云々」とあり、より詳細な伝があったとみられ、そこに序列の記載があった可能性は高い(6)。

さて、ここでは『三代実録』が記載する業良の「第二之子」について検討を加えておく。これが「第二皇子」と同義であること、仁明即位前紀と矛盾することは先に述べた。この問題については、すでに『大日本史』が指摘しており、『紹運録』・『源氏系図』における同様の記載についても、「此特以所生尊卑為文、其実非長幼次序也」と述べている(巻九十「第一子業良」の割注)。玉井力氏も(7)『大日本史』の見解を支持しており、出生順では業良が第一子、正良が第二子とするのが妥当であろう。では、なぜ『三代実録』は業良を「第二之子」としたのだろうか。『三代実録』には他に嵯峨皇子の序列記載がないので明言出来ないが、事実誤認や誤写ではなく、嵯峨皇子については、出生順とは異なる基準によって記載されたと考えることが出来る(8)。すなわち、業良の生母高津内親王は廃妃されているが、その理由は薨伝に「即立為妃。未幾而廃。良有以也」と記されるのみで(9)、故意に伏せられたように思われる。業良が「親王精爽変易。清狂不慧。心不能審得失之地」(薨伝)という状態だったことと関係するのかも知れない。生母高津の桓武皇女での序列にも疑問があり(後述する)、業良は生母高津との関係もあって長子ではあるが、『続日本後紀』編纂以降のある時期に、嵯峨皇子内での序列が仁明天皇となった正良の下位に位置づけられたのではなかろうか。このように理解出来るならば、『三代実録』は仁明以後の皇子については出生順で序列を記載しながら、嵯峨皇子は出生順ではない序列(生母の尊卑による序列など。以下、これを親王序列と呼ぶ)で記載するという、二重基準によったことになる。しかし、これは歴代親王群ごとに序列記載の基準が異なっているということであって、皇子によって二重基準を使い分けたということではないであろう。

では、平城皇子や桓武皇子はどのような基準によっているとみられるであろうか。

平城皇子では高岳・巨勢の二皇子にそれぞれ「第三子」「第四子」と記載されている。これについて、『大日本史』巻九十　平城三皇子割注は「其第二子、本史不書、無所考」としている。この二皇子以外には『続日本後紀』に「第一皇子」とある阿保が知られるのみで(10)、『三代実録』の記載には疑問が残る。

この点に関して参考となるのは、淳和皇子である。

淳和皇子は諸書に五皇子が配列記載されているのだが、ほかに天長八年(八三一)に誕生してまもなく薨じた皇子のあったことが知られる(11)。この正子所生の皇子については『紹運録』等にみえず、基貞親王薨伝にも「母(中略)諱正子。淳和天皇納之。生三皇子」とあり、正子所生に数えられていない。恒統が天長七年生まれで、「第四子」基貞・「第五子」良貞がその下とみられるので(12)、この皇子は恒統と基貞の間に生まれた可能性が高いのだが、序列からは除外されている。

同様の事例は仁明皇子にもある。天長十年に滋野縄子が生んだ皇子が六歳で薨じたが(13)、この皇子も系図・系譜記事等に記載が無く、滋野貞主卒伝(14)にいう縄子の伝にもみえない。この皇子は天長五年生れであるから、出生は宗康の前後であるが、幼くして薨去したために序列から除外されたとすれば、時康の序列に影響しなかったものとみられる。[15]

平城皇子の場合、幼くして薨じた皇子があったか否か史料的に確認出来ない。しかし、平城のキサキで皇子女を儲けた女性はいずれも身分が高くないから、早世した第二子を儲けたものの名を止めなかった女性もありうるのではなかろうか。それが何故に序列に組み入れられたまま伝えられたのかは不明であるが、『三代実録』が記載する平城皇子の序列は出生順に一致すると認めてよいように思われる。ただし、平城のキサキが序列化を必要とするほど、生母の地位に差異がなかったためか、出生順による序列が通用していたものと考えられる。より後世には、『紹運録』等の配列にみられるように、皇太子となった高岳を第一に置くようになるのだが、『三代実録』編纂の時代には、未だ高岳の立太子と生母の格を結びつけては考えられていなかったのであろう。

桓武皇子では、仲野と賀陽の序列が知られるが、これは高田淳氏が指摘する生母による序列の原則に一致する。

以上のことから、『三代実録』は皇子に関しては、歴代皇子群ごとによる基準で序列を記載しており、淳和皇子以後は出生順、嵯峨皇子以前は親王序列（ただし、平城皇子は親王序列が定まっていなかったと推定され、出生順と一致する）によったものと考えられる。このことは、歴代皇子群ごとに、ある時期に出生順とは異なる親王序列が形成され、それが正史編纂に用いられた可能性を推測させ、『三代実録』編纂の段階では、すでに嵯峨皇子以前については親王序列が定まっていたとみなすことが出来よう。

では皇女の場合も同様に考えることが出来るであろうか。

皇女で序列が記載されているのは、正子、氏子、紀の三例のみである。皇女の場合、出生順を確定することは難しいが、正子を「長女」とする記載が出生順でないことは、彼女の生年が弘仁元年（八一〇）であるのに対して、有智子は大同二年（八〇七）の生まれ、大同四年に伊勢斎に定められた仁子も大同年間の生まれであることからわかる。[16]従って、嵯峨皇女も『三代実録』以前に親王序列が定着していた可能性が高い。

「第一女」とされる氏子であるが、『続日本後紀』に「第一皇女」とみえる貞子の序列と矛盾する。[17]両内親王の生母高志は大同四年に薨去したが、その伝には「生三品恒世親王。氏子。有子。貞子内親王」とあり、[18]皇女は出生順による配列であろうから、三皇女中で氏子が最年長とみられる。なお、『紹運録』等の配列も氏子・有子・貞子の順でほぼ一致しており、[19]続いて四皇女が配列されている。これは高志所生を上位に位置づけた生母の尊卑順ともみえるが、右大臣清原夏野の女春子所生の明子は『日本文徳天皇実録』に「第七女」と記されており、[20]同母入内順かもしれない。それはともかく、他の皇子女の配列では、同母の場合は出生順に配列されているとみられるので、やはり出生順は高志薨伝に従うべきであろう。現状では、淳和七皇女の出生順を明らかにする根拠に乏しいが、生母高志が早くに薨去していることからみても、『紹運録』等の配列は出生順と大きな違いがあるとは思えない。従って、氏子が出生順で第一女であった可能性は高いであろう。ただし、淳和皇女の場合は出生順と親王序列が同一であった可能性もあるので、『三代実録』以前に親王序列があったかは明らかではない。[21]

次に桓武皇女では紀のみに「第十五女」とあるが、紀は延暦十八年（七九九）生まれで、同十九年誕生の「第十二女」甘南備、同二十年誕生の「第十四之女」駿河（以上、『日本後紀』。『日本紀略』による逸文を含む）より先の出生が確認出来る。[22]従って、この序列が出生順とはみなし難い。また、紀の「第十五女」は『紹運録』等の配列に一致するが、これは皇后藤原乙牟漏所生の高志を筆頭に置いた生母の尊卑による序列とみられるから、紀の「第十五女」も親王序列とみなしうる。[23]

以上、皇女は記載例が少ないので明確には成し難いが、桓武皇女、嵯峨皇女ともに親王序列が用いられていると考えられる。淳和皇女は出生順とみられるが、親王序列と同一の可能性もあり、『三代実録』がどちらによったものか判然としない。しかし、皇女も皇子同様に、出生順とは異なる親王序列が存在し、『三代実録』が皇女に序列を記載する場合、それによったと考えられるのである。

では、歴代皇子女群の親王序列はいつ形成されたのであろうか。文徳皇子や清和皇子が『三代実録』では未だ出生順で記載されているとみられることから、各皇子女群によって親王序列が定着する時期は異なるのであろう。そこで、以下では『日本後紀』以降の各正史に漏れなく記載がみられ、比較的出生順の明らかな桓武皇子女について検討する。

二　桓武皇子女の出生順

桓武皇子女の親王序列がいつ形成されたのかを考えるため、『日本後紀』から『三代実録』に至る正史での桓武皇子女の序列記載について検討する。そのために、まず正史の序列記載を参照しながら、桓武皇子女の出生順を明らかにしておく必要があろう。[24]

桓武皇子についてはすでに高田氏の出生順・生母序列順の案[25]があるので、これを参考にしながら、各正史にみえる序列記載を検討しよう。『三代実録』における「第七子」賀陽、「第十二子」仲野が高田氏の推定する生母による序列の原則に一致することは先に述べた。また、『文徳実録』には葛原が「第三子」、葛井が「第十二子」とみえる。[26]葛原には続いて「嵯峨太上天皇之兄也」とあり、出生順による序列記載とみられる。一方、葛井の序列は仲野のそれと矛盾する。高田氏の表では出生順で第十四位、生母による序列では第十一位である。葛井は延暦十九年生まれなので、出生順では高田氏の表を認めてよいであろう。従って、出生順ではない序列と考えられるのだが、それでは同じ『文徳実録』において桓武皇子の序列記載が異なる基準によったことになる。また、『文徳実録』と『三代実録』との矛盾も問題となる。

葛原が出生順による序列で記載されているとするならば、葛井の「第十二子」も出生順であった可能性が高い。しかし、葛井は出生順で第十四位であるから、これ以前に出生した皇子二人が除外されていた（もしくは下位に位置づけられていた）ことになる。恐らく、それは叙品前に薨じた大野と大田ではなかろうか。[27] なぜ『文徳実録』が桓武皇子に限って無品親王を序列から除外した（最下位とした）のか不明であるが、同じ正史の中で同じ皇子群の序列記載に異なる基準を用いたとは考え難い。「第十二子」が「第十四子」の誤りであるとする根拠も見当たらないので、上記試案を提出しておきたい。このように理解出来るとするならば、『文徳実録』と『三代実録』が異なる親王に「第十二子」と記載しているのも、各正史間で、桓武皇子の序列記載の基準が異なるためであるとして認めることが出来るのである。

さて、『続日本後紀』では明日香が「第七皇子」とみえており、[28] 高田氏が推定する出生順に一致する。『日本後紀』では、「長子」安殿、「第二子」神野、「第三子」大伴、「第九皇子」佐味、「第十一子」大野、「第五皇子」万多が知られる。[29] 即位した三親王を上位においたことが明らかであるが、万多の序列から伊予を除外している可能性が考えられる。同様に佐味も伊予を除外すれば出生順として認めうる序列である。[30] 問題は大野であるが、延暦十七年生まれなので、伊予を除外しても第十二子である。しかし、高田氏の表で十一番目に位置する賀陽は、『帝王編年記』巻十二に「貞観十三年十月八日薨年七十八」とある記載によっている。この薨年が正史ほどに信頼出来るのか疑問であり、大野と同年、もしくはそれより遅れる可能性もあるのではなかろうか。従って、『日本後紀』に記された桓武皇子の序列は天皇となった三親王を別格とし、伊予を除外した出生順である可能性が高いと思われる。[31]

恐らく、もともとは出生順での序列が存在し、『日本後紀』編纂に至る過程で出生順を基本としながらも三親王を別格とし、伊予を除外した親王序列が形成され、その後、『文徳実録』編纂に至る過程で、三親王を含めた出生順を原則としながらも、無品親王を除外した（もしくは下位におく）親王序列に変化したとみることが出来る。[32] さらに生母の尊卑による序列が形成され、『三代実録』で採用されたのではなかろうか。

桓武皇女の場合も皇子同様に、『紹運録』等の配列が原則として生母の尊卑順によるならば、本来の出生順は異なると思われる。

生年が明らかなのは、「第二之女」朝原（宝亀十年（七七九）誕生、以下同じ）、「第二女」高志（延暦八年[33]）、それに前述した「第十五女」紀（同十八年）、「第十二女」甘南備（同十九年）、「第十四之女」駿河（同二十年）である。これらから、朝原、高志、紀、甘南備、駿河の順で出生したことが確かめられる。一方、序列記載がみられるのは、上記のほかに「第四皇女」安濃、「第五女」布勢、「第七女」滋野、「第八皇女」大宅、「第十二皇女」高津、「第十三女」安勅、「第十六皇女」菅原である。[34] この序列記載には一見矛盾と思われるものがあり、正史間で基準の異なることが考えられる。まず第一に、朝原と高志の関係、第二に甘南備と高津の記載が問題となろう。

第一の点については、『大日本史』巻百一　高志内親王割注が「則二或一之誤乎」とする。朝原の誕生が先であるから朝原の「第二之女」が誤りであるが、これが誤写なのか、意図的な記載かは判然としない。仮に理由があるとするならば、以下のように考えることが出来るであろう。

朝原は「為性倨傲。情操不修。天皇不禁。任其所欲。婬行弥増。不能自制」と評された酒人内親王の女で、弘仁三年には妃を辞職している[35]のに対して、高志は皇后藤原乙牟漏所生で淳和贈后であり、そこに序列の逆転が生じたことが考えられよう。これは『日本後紀』が天皇となった三親王を別格としたことに通じる序列とみなしうる[36]。

第二の問題である、甘南備と高津の序列記載については、他の皇女の序列とともに考えたい。

『日本後紀』に「第五女」とある布勢は、『帝王編年記』等では最末尾に配列する[37]。これは生母豊子が中臣丸朝臣氏で比較的地位が低いためであり[38]、林陸朗氏のいわれるように豊子の入内は延暦十年前後と推定されるから、布勢の「第五女」は出生順である可能性が高い。とすると、生年から朝原・高志に続いて、第三女・第四女は『帝王編年記』等が配列する因幡・安濃とみてよいであろう[39]。

布勢で確認したように、『日本後紀』の序列記載が皇子同様に基本的には出生順であると仮定するならば、甘南備、駿河、菅原の序列記載も出生順とみてよいであろう。

また、大宅[40]の生母橘常子は延暦十五年に従五位上を直叙されており[41]、藤原河子（安勅・大井・紀・善原の生母、以下同じ）と同じく桓武朝中期の入内とみられる。同じく中期からの女性とされる藤原東子は甘南備を生んでいる。坂上春子（春日）、橘御井子（賀楽・菅原）、藤原上子（滋野）らは後期の入内。この三人は延暦二十三年に従五位上を直叙されている[42]。藤原南子（伊豆）、橘田村子（池上）の入内時期は不明ながら、これも後期に属する可能性が高いという[43]。なお、問題の「第十二皇女」高津の生母坂上全子（又子）は東宮時代に入内しており[44]、より早い時期の所生である可能性が高い。

これら生母の入内時期をも参考にすると、1朝原、2高志、3因幡、4安濃、5布勢、6高津、7安勅、8大井、9大宅、10紀（延暦十八年誕生）、11善原、12「第十二女」甘南備（延暦十九年誕生）、13春日、14「第十四之女」駿河（延暦二十年誕生）、15賀楽、16「第十六皇女」菅原、17滋野、18伊豆、19池上、という試案を提出できる。

滋野は『文徳実録』に「第七女」とみえるが、生母が後期の入内であること、中期の入内である藤原河子所生皇女の配列等を勘案すると、第十七女あたりが適当と思われる。『文徳実録』にみえる桓武皇女の序列（滋野、安勅）は『紹運録』等の配列に一致するから、これを親王序列とみなして用いなかった[45]。また、『続日本後紀』の序列記載は原則として出生順と思われるのだが、問題が少なくない[46]。高津の序列もその一つであるが、それに伴って大宅も出生順と異なる結果となっているのではなかろうか。すなわち、出生順では本来大宅の上であった高津が「第十二皇女」に位置づけられることにより、出生順では第九女であった大宅が「第八皇女」と記載されたのではないかと考えた。

では、なぜ高津は「第十二皇女」に位置づけられたのであろうか。それは先に業良の関係で述べたように、高津の廃妃に関わるのではなかろうか。高津の所生である業良・業子の序列記載にも問題があり[47]、いずれも高津に由来するのではないかと推測されるのである。「第十二皇女」という位置づけは、前期・中期の入内であるキサキ所生の皇女を出生順に配列した場合、その最下位に位置するとみることが出来る。従って、後期の入内に属するキサキ所生の皇女である春日、駿河、賀楽、菅原、滋野、伊豆、池上の上に位置付けられたとみることが出来よう。

以上、桓武皇女の出生順について述べてきた。明確な根拠となる史料が少なく、多くを臆測に頼っているのだが、現状では各正史の記載をもっとも整合的に理解しうる順序と考えている[48]。

これまでの検討が受け入れられるとするならば、皇子同様に『日本後紀』『続日本後紀』は、朝原や高津の序列を下げるなどの序列化はみられるものの、原則として皇女も出生順による序列で記載したものと理解できよう。しかし、『文徳実録』『三代実録』は生母の尊卑による親王序列とみられ、皇子が『文徳実録』でも原則的には出生順による序列で記載されたのに比して、より早くに生母の尊卑による序列化が形成されたのではないかとみられる。その理由は明らかではないが、皇子の場合は孫王以下の皇親系譜が存続すること、親王内での序列化がありうること（叙品や式部卿任官等）など副次的な要素があるためではなかろうか。

三　親王序列の形成

前節では、『日本後紀』以降の正史における序列記載を整合的に解釈することによって桓武皇子女の出生順を明らかにした。その過程で、正史の序列記載がしだいに変化している可能性を指摘した。桓武皇子女の場合、原則的には出生順での序列であったと思われるが、早くから皇子女個別の条件が加味されて一部序列化が行われていたようである。そして、皇子の場合は『文徳実録』以降に生母の尊卑による親王序列が形成され、皇女の場合はより早く、『続日本後紀』以降に親王序列が形成されたと推測した。こうした親王序列の形成が他の皇子女群においてもみられるかは、個別に検証しなければならないが、各皇子女の出生順を明らかにすることがその前提となる。その過程は煩雑に過ぎるので割愛し、結論のみを提示すれば以下の如くである（表3—1—2参照）。

平城皇子女の場合は、『三代実録』に至るまで出生順による序列であったとみられ、高岳を首とする配列はより後世に形成されたと考えられる。嵯峨皇子は『続日本後紀』の段階で、原則的には出生順で序列を記載しながらも一部序列化がみられるようであり、桓武皇子同様に、『三代実録』に至る過渡的段階であったと推測される。嵯峨皇女の場合は出生順が明確には出来ないので不明ではあるが、『続日本後紀』が記す芳子の「第五女」は出生順でない可能性が高く、すでに親王序列が形成されていた可能性がある[49]。淳和皇子女以降は出生順による序列で記載されているとみられ、『三代実録』に至るまで親王序列は形成されていなかったとみてよいであろう。ただし、淳和皇女については、貞子の序列が何によるのか明らかに出来ないので、『三代実録』以前に親王序列が存在したかは不明である。

桓武皇子女および嵯峨皇子女に比較的早くから親王序列が認められることは、古い歴代皇子女群であるということだけではなく、正史編纂を担う皇統が桓武・嵯峨を源とする系譜であることにより、生母の尊卑による序列化を推進したとみることが出来るであろう。

そもそも、皇子女の皇親籍がどのようなものであったかは明確ではない。『令集解』職員令正親司条穴記に皇親名籍について、「親王何。答。皆是約皇親也。戸令。不課謂皇親者。然則親王以下名籍。合在京職民部等也」という問答がある。また、同令中務省条釈説は私案として後宮職員令給乳母条を引いて、「有親王名帳。乃合考乳母等」という。穴記の問答は法律的解釈ではあるが、正親司が二世以下諸王の系譜を把握するためにも親王の名籍を管理していたことは十分考えられる。『延喜式』宮内省親王諸王名籍条にも「凡親王諸王名籍者。皆於正親司案記」とあるから、正親司で「親王名帳」が作成管理されたとみてよいであろう。それがどのような形式のものであったかは不明であるが、現在の皇統譜のように天皇ごとに簿冊を区分し、さらに親王、内親王ごとに区分されて各々に一欄を設けるようなものではなかったろうか。皇子と皇女の序列が別個になされているのもそのためであろう。「親王名帳」には出生順に生母・生年・命名・親王宣下・加冠（加笄）や叙品など経歴が書き加えられていったのであろう。先にみたように皇子女の序列がもとは原則的に出生順であったとみられることから、出生順に配列記載された名帳がもともとの形であったと推測しうる。

それが天皇実録を編纂する原材料に供されるに及んで、皇子女固有の条件（生母の不適格性や、皇子の場合は無品で薨去したなど）によって一部配列を変更する形で利用されたのではなかろうか[50]。こうした「親王名帳」は永久保存とは考えられないから、ある時期に系図化され、その時点で生母の尊卑による序列化が行われたものと考えられる（平安前期にあっては未だ文章系図の形式であったであろう）。その時期は、恐らく生母であるキサキが概ね他界した時期を通例としたのではなかったか。

ちなみに、桓武のキサキのうちで親王生母で没年が明らかなのは、藤原河子が最も遅く、承和五年（八三八）である。没年の不明な者もいるが、桓武朝末から『文徳実録』編纂が下命された[51]貞観十三年（八七一）まで六十年余に及ぶから、ほとんど没しているとみてよい。また、皇子女もほとんど他界していた[52]。嵯峨のキサキでは、親王生母で没年の明らかな女性では、百済貴命が最も遅く仁寿元年（八五一）である[53]。高階河子（宗子生母）や交野女王（有智子生母）、文室文子（純子・斉子生母）は没年不明だが、これ以前に没した生母たちに比してその地位は劣るので、生母の尊卑による序列化が行われても問題無かったであろう。また、『続日本後紀』の撰修が下命された[54]斉衡二年（八五五）に生存していた皇女は、正子、純子（奉進以前の貞観五年に薨去）のみで、太后正子の存在が生母の尊卑による序列化を促したとみることが出来るであろう。

おわりに

以上、多くの臆測をまじえながら皇子女の序列記載を検討し、親王

10	11	12	13	14	15	16	17	18	19
佐味	坂本	大野	賀陽	葛井					
後		後	三	文					
第九皇子		第十一子	第七子	第十二子					
延暦12生	延暦12生	延暦17生	延暦13生？	延暦19生					
紀	善原	甘南備	春日	駿河	賀楽	菅原	滋野	池上	伊登
三		後		後		後	文		
第十五女		第十二女		第十四之女		第十六皇女	第七女		
延暦18生		延暦19生		延暦20生					
基子	純子	斉子							
		文							
		第十二女							
珍子									
貞頼									
紀									
第十皇子									
貞観18生									

表 3-1-2　歴代皇子女出生順序列試案

	出生順	1	2	3	4	5	6	7	8	9
桓武皇子	親王名	安殿	伊予	葛原	神野	大伴	万多	明日香	仲野	大田
	記載序列	後		文	後	後	後	続	三	
		長子		第三子	第二子	第三子	第五皇子	第七子	第十二子	
	参考	宝亀5生		延暦5生	延暦5生	延暦5生	延暦7生		延暦11生	延暦12生
桓武皇女	親王名	朝原	高志	因幡	安濃	布勢	高津	安勅	大井	大宅
	記載序列	後	後		続	後	続			続
		第二之女	第二女		第四皇女	第五女	第十二皇女			第八皇女
	参考	宝亀10生	延暦8生							
平城皇子	親王名	阿保	某皇子	高岳	巨勢					
	記載序列	続		三	三					
		第一皇子		第三子	第四子					
	参考	延暦11生								
平城皇女	親王名	上毛野	叡努	石上	大原					
	記載序列		続							
			第二皇女							
	参考				大同元斎宮					
嵯峨皇子	親王名	業良	正良	基良	秀良	忠良				
	記載序列	三	続			続				
		第二之子	第二子			第四子				
	参考		弘仁元生	天長7元服	弘仁8生	弘仁10生				
嵯峨皇女	親王名	業子	有智子	仁子	正子	秀子	芳子	俊子	繁子	宗子
	記載序列	後			三		続			文
		第一皇女			長女		第五皇女			第八女
	参考		大同2生	大同4斎宮	大同4生					
淳和皇子	親王名	恒世	恒貞	恒統	某皇子	基貞	良貞			
	記載序列	後	三	続		三	続			
		第一皇子	第二子	第三皇子		第四子	第五子			
	参考	延暦24生	天長4生	天長7生	天長8生					
淳和皇女	親王名	氏子	有子	貞子	寛子	崇子	同子	明子		
	記載序列	三		続				文		
		第一女		第一皇女				第七女		
	参考	大同4斎宮	大同4生 母薨去	大同4生 母薨去		承和2宣下				
仁明皇子	親王名	道康	宗康	某皇子	時康	人康	本康	国康	常康	成康
	記載序列	文	三		三	三			文・三	文・三
		長子	第二子		第三子	第四子			第七子	第八子
	参考	天長4生	天長5生	天長5生	天長7生	天長8生	承和15加冠			承和3生
仁明皇女	親王名	時子	久子	高子	新子	親子	柔子	真子	平子	重子
	記載序列									
	参考	天長8斎院	天長10斎宮	天長10斎院		承和14加笄	承和15加笄			
文徳皇子	親王名	惟喬	惟條	惟彦	惟仁					
	記載序列	三	三	三	三					
		第一	第二子	第三子	第四子					
	参考	承和11生	承和13生	嘉祥3生	嘉祥3生					
文徳皇女	親王名	晏子	慧子	述子	恬子	儀子	礼子	楊子	濃子	勝子
	記載序列							紀		
								第七女		
	参考	嘉祥3斎宮	嘉祥3斎院	天安元斎院		貞観元斎院	貞観3宣下			
清和皇子	親王名	貞明	貞固	貞元	貞保	貞平	貞純	貞辰	貞数	貞真
	記載序列	三			三				三	
		第一子			第四皇子				第八皇子	
	参考	貞観10生	貞観15宣下	貞観15宣下	貞観12生	貞観15宣下	貞観15生	貞観16生	貞観17生	貞観18生
清和皇女	親王名	孟子	包子	敦子	識子					
	記載序列		紀	紀						
			第一皇女	第五皇女						
	参考	貞観15宣下	貞観15宣下	貞観15宣下	貞観16生					

（註）「記載序列」欄の典拠略号は以下の通り．後＝日本後紀，続＝続日本後紀，
文＝日本文徳天皇実録，三＝日本三代実録，紀＝日本紀略

序列の形成について述べてきた。正史における皇子女の序列記載を整合的に解釈するならば、それは歴代皇子女群によって異なる基準で序列付けられていると理解出来る。もともとは原則的に出生順であったものが、皇子女個別の条件により一部序列化される過程を経て、ある時期に生母の尊卑順による親王序列に編成されたとみられる。正史は親王序列の定まった皇子女群についてはそれを利用し、未だ親王序列が形成されていない皇子女群は、一部変更を加えながらも原則的に出生順で序列を記載したものと考えられる。親王序列の形成は生母となったキサキがすべて没した後を目安としたであろうが、皇子女群によっては多少遅速の差はあったのであろう。こうして形成された親王序列は、その後、帝王系図などに取り込まれ、『紹運録』などの配列を生むのではなかろうか。

　ところで、『続日本紀』における天武皇子の序列が生母の尊卑でグループ化され、その中での出生順であったろうことは、荻原千鶴氏が述べている。また、こうした序列は草壁の血統による皇位継承の理念において、「庶子」内での皇位継承権の順位が求められた結果であろうと推測されている。同じ序列基準が桓武皇子の序列にもみられることは、高田淳氏が指摘されたところであるが、生母の尊卑による親王序列の源流は奈良時代に遡ることが知られよう。しかし、それは必要が生じた段階で形成されるものであり、荻原氏が推測されたように、多分に政治的なものであったと思われる。

　では、桓武皇子女以降の親王序列は何故形成されたのであろうか。平安時代前期においては皇太子による直系継承という皇位継承法が一

応定着していたとはいえ、直系を確定する過程でもあったことは河内祥輔氏が述べられている(55)。そうした状況のなかで、生母の尊卑による親王序列は十分に意味を有していたと思われるし、皇女の場合でも、キサキが立つ場合もあり、皇子に準じて親王序列が形成される意味はあったと思われる。その後、どのように歴代親王系譜が書きつがれ、帝王系図として継承されていったかについては今後考えねばならない問題である(56)。

註

(1) 荻原千鶴「天武皇子の序列について」（尾畑喜一郎編『記紀万葉の新研究』所収、桜楓社、一九九二年）。以下、荻原氏の研究はこれによる。

(2) 高田淳「桓武天皇の親王について—その加冠・叙品・任官を中心に—」（『史学研究集録』第九号掲載、一九八四年）所収の表一および補表一参照。なお、高田氏の案はすべてこれによる。

(3) もっとも、これ以前の新訂増補国史大系本の巻にも「拠紀略補」ったものがあり、『日本紀略』が抄録した可能性が無いわけではない。

(4) 続く紀薨伝に「内親王与仲野親王同産也。（中略）薨時年八十八」（傍点筆者）と記載されていることからも特例的扱いを窺いうる。

(5) 嵯峨から清和に至る、各皇子女の出生順についての詳細は別稿に譲る。推定結果のみ表3-1-2に掲示する。以下では、紙幅の都合上、原則として『三代実録』に記載された皇子女の序列に関わる場合、及び桓武皇子女について詳述する。

(6) なお、『続日本後紀』承和元年二月乙未条には「第四子」とある。

(7) 玉井力「女御・更衣制度の成立」（『名古屋大学文学部研究論集』

56史学十九、一九七二年)。

(8)「二」を「一」の誤写とみなすことは簡単である。しかし、業良以外にも桓武皇女朝原の「第二之女」(『日本紀略』弘仁八年四月甲寅条薨伝)には疑問があり(後述する)、この二箇所ともに誤写として伝わったとするのは如何であろうか。写本を精査したわけではないので明確なことはわからないが、現在伝えられる史料を出来る限り忠実に理解するという前提で検討していく。

(9)『続日本後紀』承和八年四月丁巳条高津薨伝。

(10)『続日本後紀』承和九年十月壬午条阿保薨伝。

(11)『日本紀略』天長八年十二月十日甲戌条、同二十九日癸巳条。

(12)『続日本後紀』承和十五年五月甲子条良貞薨伝。

(13)『続日本後紀』天長十年五月乙卯条。

(14)『文徳実録』仁寿二年二月乙巳条。

(15)あるいは、皇太子時代を経て天皇となった道康を別格とすれば、某皇子を含めても出生順に矛盾は生じなかった可能性もある。

(16)以上、『三代実録』元慶三年三月二十三日癸丑条正子崩伝。『続日本後紀』承和十四年十月戊午有智子薨伝。『日本紀略』大同四年八月十一日甲申条。

(17)『続日本後紀』承和元年五月壬申条(『日本紀略』同じ)。

(18)『日本紀略』大同四年五月壬子条高志薨伝。

(19)『一代要記』『帝王編年記』は氏子に「帝第一女」と記載する。『帝王編年記』は第三番目に寛子(母大原鷹子)を、第四番目に貞子(母同上)を配列するが、これは貞子の生母を誤ったためである。

(20)『文徳実録』斉衡元年九月丁亥条明子薨伝。

(21)貞子を「第一皇女」とするには出生順でも生母の尊卑順でもない序列の基準を想定しなければならないが、同母の氏子・有子を超える基準は残存史料からは明らかに成しえない。仮に認めるとするならば、貞子が、正子の猶子とされたとすれば、序列の逆転はありうるかもしれない。淳和は生母亡き後、平田孫王を養母としており(『類聚国史』巻六六、天長七年閏十二月戊子条)、早くに生母高志を失った皇女がそれぞれ養母を得ることはありうる。もっとも、何故貞子のみが正子を養母としたかの問題は残る。また、『続日本後紀』の段階で何らかの親王序列が存在したとすると、その後、『三代実録』では出生順による序列(もしくは出生順を原則とした親王序列)が用いられたとしなければならない。後述するように、他の皇子女群の場合、出生順を原則とする序列記載から生母の尊卑順による序列へ変化する傾向にあり、まったく異なる序列が介在した様子はうかがえない。

　本論では出来る限り、正史の記載を認める立場で論を進めているが、貞子を「第一皇女」と認めるだけの成案を得ていない。なお、承和七年五月癸未条の淳和崩伝には「春秋五十五」とあるが、新訂増補国史大系本頭註は「五、原作九。今従水鏡歴代皇紀皇胤紹運録」として九を五に訂正している(『日本紀略』同じ)。こうした伝本の誤記は確かにあるので、貞子の「第一皇女」も単純に誤記であるのかもしれない。

(22)紀薨伝。『日本紀略』弘仁八年二月辛亥条甘南備薨伝。同弘仁十一年六月庚寅条駿河薨伝。

(23)ただし、『紹運録』の桓武皇女の配列は厳密には生母の尊卑順とはいえない。皇后・妃・夫人、ついで、贈太政大臣、大・中納言の女所生(これは藤原氏を先とする)、三位、四位の女所生と続く。ただし、正五位下嶋田麻呂の女橘常子所生の大宅が第六位、従四位下入居の女橘御井子所生が、従四位上大継の女藤原河子所生の上に位置している。第十八位に位置する橘入居の女田村子所生の池上は不明だが、橘氏の位置が幾分高いようにみえる。橘氏は十世紀以降、嶋田麻呂の系統が長く伝えられており、そこに配列の変化を生じた何らかの理由があるのではなかろうか。

(24) なお、各正史間で「第○子」や「第○皇女」が『三代実録』とは異なる用法であったとは考え難い。以下では『三代実録』と同じ用法であることを前提として検討する。

(25) 前掲註(2)参照。

(26) 『文徳実録』仁寿三年六月癸亥条葛原薨伝。同嘉祥三年四月己酉条葛井薨伝。

(27) 『日本紀略』延暦二十二年十月壬寅条大野薨伝「時年六歳」。大田は『日本紀略』大同三年三月己酉条に薨去記事があり、『帝王編年記』巻十二に「十六薨無品」とみえる。

(28) 『続日本後紀』承和元年二月甲午条明日香薨伝。

(29) 以上、『日本後紀』平城即位前紀。『日本紀略』嵯峨即位前紀。同淳和即位前紀。同天長二年閏七月丁亥条佐味薨伝。同大野薨伝。同天長七年四月甲子条万多薨伝。

(30) 高田氏は出生順で、伊予を含めて第十一番目に配するが、大田、坂本、佐味は同じ延暦十二年誕生なので、佐味を坂本と入れ替えても矛盾しない。

(31) 伊予が除外された理由は、伊予親王事件によるものであろう。『日本紀略』弘仁十年三月己亥条に伊予と母吉子の本位号を復することがみえるが、『日本後紀』編纂の下命も弘仁十年である。『日本後紀』は、その後、三次にわたって撰修され承和七年に奏進されるが、皇子女の序列は初めに用いられたもの（恐らく天皇実録の段階—天皇実録の存在については、中西康裕「『続日本紀』編纂の前段階」、『続日本紀研究』第三三三号掲載、一九九九年、のち『続日本紀と奈良朝の政変』所収、吉川弘文館、二〇〇二年、が想定している）を用いたため、伊予の復権は反映されなかったのではなかろうか。

(32) 『日本後紀』にみえる序列から『文徳実録』における序列の変化は、『文徳実録』編纂時（貞観十三年下命、元慶三年奏進）に至るまでに、桓武・平城・嵯峨三天皇の時代から時を経て、より客観的に桓武皇子を出生順に配列することの可能な環境が整ったことが考えられる（最後の皇子である賀陽が薨じたのは貞観十三年である）。かわって、有品・無品など、より親王固有の条件による序列付けが取り込まれた結果ではなかろうか。

(33) 朝原薨伝。高志薨伝。

(34) 『続日本後紀』承和八年八月丁卯条安濃薨伝。『日本後紀』弘仁三年八月辛卯条布勢薨伝。『文徳実録』天安元年四月甲戌条滋野薨伝。『続日本後紀』嘉祥二年二月己亥条大宅薨伝。同高津薨伝。『文徳実録』斉衡二年九月癸亥条安勅薨伝。『日本紀略』天長二年閏七月丁丑条菅原薨伝。

(35) 『東大寺要録』巻十「雑事章之余」所収、天長六年八月丁卯条酒人内親王薨伝。『日本後紀』弘仁三年五月癸酉条。

(36) なお、同じ『日本後紀』中で「第二皇女」と「第二之女」が混在する理由については明らかではない。「一」を「二」とする誤写はあまりなさそうなので、何らかの理由があると思われる。ところで、高志薨伝は『日本後紀』巻十八、朝原薨伝は巻二六に該当する『日本紀略』による逸文である。『日本紀略』は朝原薨伝を含む弘仁元年九月から同十一年まで、桓武天皇を「皇統弥照天皇」と表記し、前後と異なる。この部分には朝原薨伝のほか、「第十四之女」とする駿河薨伝、系譜を記載しない坂本薨伝も含まれ、他と記載を異にするようにみえる。これは『日本紀略』の抄録や撰述の問題でもあるので明確なことはわからないが、薬子の変以降の嵯峨紀は前後とは異なる独特な編述が行われたのであろうか。「第二之女」朝原もそうしたことと共に考えるべき問題かもしれないが、後考を期したい。

(37) 前掲註(34)布勢薨伝。

(38) 林陸朗氏「桓武朝後宮の構成とその特徴」(『桓武朝論』所収、雄山閣出版、一九九四年)参照。

(39) 前掲註(34)安濃薨伝。因幡・安濃の生母多治比真宗は葛原(延暦五年誕生)、佐味(延暦十二年誕生)、賀陽、大野(延暦十七年誕生)を儲けており、二皇女も前後して誕生したと思われる。従って、高志の次に位置するのが適当であろう。

(40) 前掲註(34)大宅薨伝。

(41) 『日本後紀』延暦十五年十一月丁酉条。

(42) 『日本後紀』延暦二十三年七月己卯条。ただし、坂上春子は延暦十九年に葛井を生んでおり、春日も入内以前の同二十年前後出生の可能性が高い。

(43) 以上、前掲註(38)林陸朗氏論文参照。

(44) 『続日本紀』延暦九年七月乙酉条坂上全子卒伝。

(45) 『文徳実録』の記載を出生順と認めた場合、滋野の生母の入内時期、諸系譜が配列する藤原河子所生皇女の順序と矛盾を生ずる。従って、出生順とは認め難い。

(46) 『続日本後紀』は本文を完全に伝えた伝本がなく、一部に脱漏・抄略・錯簡があり(『国史大辞典』巻第七、山本信吉氏執筆)、整合的に理解し難いところがある。先の貞子の序列がその例であるが、嵯峨皇女芳子の「第五皇女」、同皇子忠良の「第四子」も出生順とは異なるとみられる。これを認めようとすれば、別の基準を想定しなければならない。高津の序列も同様に、原則的には出生順でありながら、違う基準が持ち込まれたとみなければ整合的に理解しえない。

(47) 業子は『日本後紀』に「第一女」とあり、「長女」正子(『三代実録』)と矛盾する。これについては、『大日本史』巻百一　業子内親王割注が、「今拠紀略、以業子為長女」としている。大略、従うべき見解であろう。詳細は別稿に譲るが、業子は生母高津との関係で、『三代実録』に至る過程で下位に位置づけられたと考えられる。

(48) 安濃の「第四皇女」を出生順と認めて、大宅の「第八皇女」、高津の「第十二皇女」を親王序列とすることは、同じ『続日本後紀』において二重基準によったようにみえる。しかし、これは本論でも述べたように、高津の序列変更が大宅にも影響を与えたもので、原則的には出生順による序列に従っているとみるべきであろう。

(49) 『続日本後紀』承和五年十二月庚戌条芳子薨伝。前掲註(46)参照。

(50) 天皇実録の存在については、前掲註(31)中西康裕氏論文参照。

(51) 『文徳実録』編纂が貞観十三年に下命されたことは序にみえるが、十五年説もあり、疑点がある(坂本太郎著作集第三巻『六国史』参照、吉川弘文館、一九八九年)。

(52) 皇子では賀陽の貞観十三年を最後とし、皇女では賀楽・紀を残すのみである。『文徳実録』が、なぜ皇子に親王序列を用いなかったかは成案を得ていない。本文に記したように、親王固有の問題が考慮されたのであろうか。

(53) 『文徳実録』仁寿元年九月甲戌条。

(54) 『文徳実録』斉衡二年二月丁卯条。

(55) 『古代政治史における天皇制の論理』(吉川弘文館、一九八六年)。

(56) なお、『紹運録』では、清和皇子女の配列は生母の尊卑順ではなく、(多少誤謬があるが)出生順とみられる。これ以降の皇子女については精査していないので何ともいえないが、清和皇子女をみる限り、親王序列は形成されないままに系図に定着したようである。あるいは、国史の編纂が途絶えたことと関係あるのかも知れない。

第二章　平城から清和皇子女までの出生順

はじめに

皇子女の出生順については、天武皇子をめぐって議論が展開されてきたが、[1]平安時代初期の皇子女については、桓武皇子について試案が提出されているに過ぎない。[2]そもそも、皇子女で生年の知られる者が少ないばかりでなく、正史に記載された「第○子」等の序列記載も相互に矛盾すると思われる例が散見する。こうしたことが、平安時代初期の皇子女の出生順を考えるうえで、少なからず妨げとなっている。本論では、平城から清和までの歴代皇子女の出生順を明らかにすることを目的とするが、それは、正史における序列記載の在り方、ひいては序列形成の過程を明らかにするための基礎作業であることをおことわりしておきたい。[3]

一　平城皇子女

平城皇子については、『本朝皇胤紹運録』（以下、『紹運録』と略す）等が記載する皇子が阿保・高岳・巨勢の三人であるのに対して、『続日本後紀』は阿保を「第一皇子」と記し、『日本三代実録』は高岳・巨勢に「第三子」「第四子」と記している。阿保は薨伝により延暦十一年（七九二）の生まれと知られるが、高岳・巨勢について生年を知る手がかりは無い。高岳は大同三年（八〇八）に地を賜っており、巨勢は大同五年に稲を賜っている。[4]賜地・賜稲は必ずしも出生順と関わらないが、いずれも生母が伊勢継子であることから、同母兄弟順の可能性が高いのではなかろうか。後には皇太子となった高岳を上位におく傾向がみられるが、『三代実録』の時代には未だその傾向は無かったと思われることは第三部第一章で述べた。なお、『続日本後紀』が高岳を「第三子」としていることも併せ考えると、[5]阿保についで高岳、巨勢の順と考えるのが妥当であろう。さらに、阿保と高岳の間に早世した第二皇子があったのではないかと推測し(6)、出生順は阿保・某皇子・高岳・巨勢であったと推測しうるであろう。

平城皇女は知られる限りで四内親王である。『紹運録』等は上毛野・石上・大原・叡努の順で配列している。皇子同様に皇太子高岳を生んだ伊勢継子所生を上位に配列したものである。

正史に序列記載がみえるのは「第二皇女」叡努のみである。大原は薨伝に「皇女」とのみみえ(7)、上毛野は『紹運録』に「承和十二九薨」と伝えるが、『続日本後紀』にはみえない。『大日本史』巻百一の石上内親王割注は、『紹運録』等では第二女とするが、『三代実録』貞観二年十月十五日辛卯条の真如上表に「上毛野。叡努。石上内親王等」とある記載に従って叡努の後とする、としている。従うべきであろう。従って、出生順は上毛野・「第二皇女」叡努・石上・大原ということになろう。

なお、『一代要記』は石上・叡努・大原（上毛野は皇子としている）とし、『系図纂要』は上毛野・石上・叡努・大原の順である。『一代要記』は「第二皇女」叡努を認めた配列であるが、『系図纂要』の配列の根拠は不明である。

二　嵯峨皇子女

『紹運録』が記す嵯峨皇子の配列は、正良・秀良・業良・基良・忠良の順である。これは『帝王編年記』（正良を第一に掲げるが「第二皇子」と記載している）、『皇代記』と一致し、『一代要記』は正良を「第一子」として別格とし、それ以下の配列は一致する。皇后橘嘉智子所生の正良・秀良、ついで妃高津内親王所生の業良、そして女御百済貴命所生の基良・忠良の順であるから、生母の尊卑による序列である。

まず、生年の判明する皇子は以下の通りである。

正良は崩伝に「時春秋卌一」とあることから、弘仁元年（八一〇）の生まれ。秀良は天長九年（八三二）に元服し、寛平七年（八九五）に七九歳で薨じているから、弘仁八年の生まれ。忠良は薨伝に「薨時年五十八」とあり、弘仁十年の生まれであることが知られる(8)。

また、基良は天長七年に元服し、その翌年薨去している。一方、同母の忠良が承和元年（八三四）に加冠しており、ときに「第四子」と記載されている(9)。元服の順は、基良・秀良・忠良である。元服は必ずしも出生順とは限らないが、嘉智子所生の秀良より百済貴命所生の基良が先であることからみて、この場合は出生順であったとみてよいであろう(10)。

従って、正良・基良・秀良・忠良の順に出生したことがわかる。

なお、『三代実録』に「第二之子」とみえる業良(11)については第一章で述べたが、出生順では第一子とみられるので、『続日本後紀』に「第四子」とある忠良の記載が問題となる。

正良が『続日本後紀』に「第二子」と出生順で記載されているのだから、忠良の「第四子」も出生順とみられなくもない。しかし、事実は上述の如くであろうから『続日本後紀』は原則的に出生順で序列を記載しながら、それ以外の何らかの作為が働いているとみられる。考えられることは、無品で薨じた基良を最下位に位置づけたか、あるいは業良を最下位に位置づけていることが考えられる。『続日本後紀』での高津の序列が変更されていることからみて、業良が生母高津との関係(12)で序列を変更されている可能性が高いであろう。

ついで、嵯峨皇女について検討する。

『紹運録』等諸系譜の配列は概ね一致し、正子・秀子・俊子・芳子・繁子・業子・基子・宗子・有智子・仁子・純子・斉子の順で配列する。『一代要記』によれば皇后橘嘉智子所生とする五女を上位におき、ついで妃高津内親王所生の業子を第六位にしており、生母の尊卑順に配列されているかにみえる。なお、『系図纂要』は有智子を首に置き、正子・業子・秀子・芳子・媛子（俊子か）・繁子・宗子・基子・仁子・純子・斉子とするが、『紹運録』を参考に若干の考証をした結果とみられる。

各皇女の生母は諸系譜で錯綜しているが、正史で橘嘉智子所生と確認出来るのは正子、秀子、芳子、繁子である(13)。『帝王編年記』はこの四皇女に加えて俊子も橘嘉智子の所生とし、正子・秀子・俊子・芳子・繁子とする。この配列は諸系譜で一致するのだが、俊子の生母については、『紹運録』は「母同（秀子＝大原氏―筆者注）」とし、『一代要記』も「母同（秀子―筆者注）」とするが、その秀子は「母同上（嘉智子―筆者注）」としながら、末尾に「大原浄子」とみえる。嘉智子所生とされる五人中四人は正史に明記されながら、俊子のみ見えないのは不審であり、後世、俊子の生母が配列か何かの関係で混同されたのではなかろうか。従って、俊子の生母は大原浄子が正しいと思われる。

さて、嵯峨皇女で生年が知られるのは、有智子（大同二年生まれ）と正子（弘仁元年生まれ）のみである。また、大同四年に伊勢斎王に定められた仁子は大同年間の生まれであると推定される。これから、有智子、仁子、正子の順で出生した可能性が高い(14)。

序列記載がみられるのは、「長女」正子、「第一女」業子および、「第五女」芳子、「第八女」宗子、「第十二女」斉子である(15)。このうち、『文徳実録』の記載する序列は『紹運録』等の配列に一致するので、生母の尊卑による序列である可能性が高い（なお、同母は恐らく出生順の配列と思われる）。従って、これはとらない。

まず、正子の「長女」と業子の「第一女」が問題となるが、これについては、『大日本史』巻百一　業子内親王割注が、橘嘉智子が皇后として五女（ママ）を儲けていることから正子が首に置かれたものと理解し、「今拠紀略、以業子為長女」としている。大略、従うべき見解であろう(16)。従って、出生順は業子・有智子・仁子・正子となろう(補注)。基子・宗子・純子・斉子については根拠となる史料は無いので、その出生順は不明とせざるをえない(17)。仮に諸系譜に従う。

ところで、『続日本後紀』は芳子を「第五女」と記すが、先の結果とともに諸系譜にみえる嘉智子所生子の配列に従うと、出生順では第七女となる。嘉智子所生に限っても第四番目である。『続日本後紀』では桓武皇女高津の序列を下げているとみられるので、高津所生の業子も同様に下位に位置づけられていたと考えられるが、さらに、有智子か仁子のいずれかが下位に序列付けられたと考えなければならない。

しかし、有智子か仁子の一方のみが下位に位置づけられる理由は見当たらない。そこで、先に述べたように、俊子の生母が嘉智子でないとすると、有智子・仁子・正子・秀子・芳子・繁子となり、芳子を「第五女」とした理由も明確となる。すなわち、『続日本後紀』は嵯峨皇女について、基本的に出生順で序列を記載しているのだが、高津所生の業子を下位に位置づけるという、一部変更を加えているとみることができる。

三　淳和皇子女

淳和皇子は『紹運録』等に五皇子記載されており、その序列は恒世・恒貞・恒統・基貞・良貞で一致している。贈后高志内親王所生の恒世を第一子とし、続いて皇后正子内親王所生を配列し、大中臣淵魚女安子所生の良貞を最下位に配列しており、生母の尊卑による序列とみられる。

正史には、恒世が「第一皇子」とみえ、恒貞は「第二子」、恒統は「第三皇子」、基貞は「第四子」、良貞は「第五皇子」とある[18]。生年は薨伝により恒世が延暦二十四年、恒貞は天長二年、恒統は天長七年であるから[19]、恒世・恒貞・恒統の順で出生し、第一～第三皇子であることがわかる。一方、恒貞、恒統、基貞の生母はいずれも正子内親王であり、三人の序列が意図的に変更されるとは考え難いから、基貞は「第四子」と認めてよいであろう。良貞は承和十五年の初叙品で、基貞の初叙品に四年遅れていることを[20]勘案すれば、「第五皇子」と認めてよい。

以上、淳和皇子の出生順は恒世・恒貞・恒統・基貞・良貞とみなしうる。なお、淳和皇子には上記以外に早世した皇子がある[21]。

さて、淳和皇女は『紹運録』等に七名の内親王と賜姓皇女一名がみえる。配列は諸系譜でほぼ一致するが、『一代要記』『帝王編年記』は氏子に「帝第一女」と記載する。『帝王編年記』は第三番目に寛子（母大原鷹子）を、第四番目に貞子（母同上）を配列するが、これは貞子の生母を誤ったためである。また、『系図纂要』は貞子を第一、氏子を第二とするが、氏子を第二とする根拠は明らかではない。

このうち正史に序列記載がみられるのは、「第一女」氏子、「第一皇女」貞子、「第七女」明子である[22]。

氏子と貞子の間に序列の矛盾がみられることについては第一章で述べたが、両内親王の生母である高志内親王の薨伝[23]に従って、出生順は氏子・有子・貞子の順とみられる。淳和七皇女の出生順を明らかにする根拠に乏しいが、生母高志が早くに薨去していることや、『紹運録』等の配列を参考にするならば、氏子が出生順で第一女であった可能性は高いであろう。なお、崇子は承和二年の誕生であることが知られ[24]、出生順では遅い方に属するであろう。

以上、淳和皇女は不明な点が多いが、『紹運録』等の配列に従って、氏子・有子・貞子・寛子・崇子・同子・明子であったとしておく。

四　仁明皇子女

『紹運録』等の諸系譜は一致して道康・宗康・時康・人康・本康・国康・常康・成康の順に八皇子を配列する。これが生母の尊卑によるものでないことは、右大臣藤原三守の女貞子所生の成康が第八子とされていること、無位から正六位上に叙された藤原賀登子を生母とする国康が常康、成康より上位に位置づけられていることからわかる。[25][26]

文徳即位前紀に「長子」とみえる道康は天長四年の生まれ。「第二子」宗康は承和元年に「春秋七歳也」とあるので、天長五年の生まれ。光孝即位前紀に「第三子」とみえる時康は、崩伝により天長七年の生まれであることが知られる。従って、道康・宗康・時康の順に出生したことがわかる。[27]

また、人康は「第四子」、常康は「第七皇子」、成康は「第八」（皇子）と序列が記載されている。常康、成康は『文徳実録』にそれぞれ「第七子」、「第八子」と記載があり、『三代実録』の序列記載と一致する。なお、成康は承和三年の生まれである。[28]

人康は承和四年に空閑地を賜り、同十二年に時康とともに元服した。初叙品は同十五年である。人康が時康の同母弟であったことは、女御藤原朝臣沢子卒伝に、「誕三皇子一皇女也。［宗康。時康。人康。新子是也。］」とあることからわかる。一方、本康は承和三年に空閑地を賜り、同十五年に加冠している。初叙品は嘉祥二年（八四九）であった。[29][30][31]

また、国康の初叙品は斉衡元年（八五四）である。[32]

さて、元服の順序では、人康・本康、初叙品の順序では、人康・本康・国康である。空閑地を賜ったのは人康より本康が一年早いが、これは人康が生母藤原沢子の所生三皇子目であるのに対して、本康の生母滋野縄子は参議貞主を父とし、承和三年に叙位されているところからみて入内早々の誕生で、養育基盤を付加したものであろう。[33]

以上の点を勘案して、先の三皇子を加えての序列は、『紹運録』等の配列どおりに道康・宗康・時康・人康・本康・国康・常康・成康とみなしてよいであろう。

仁明皇女は、『紹運録』等に時子・新子・柔子・真子・親子・平子・重子・久子・高子の順で九皇女が記載されている。『一代要記』は新子・時子の順に配列するが、これは新子の生母が藤原沢子であることを重んじたためかと思われる。

上記皇女のうち、第六女以前の生母は仁明天皇の寵愛深かった滋野縄子、藤原沢子、藤原貞子と承和六年に無位から正五位下に直叙された紀種子である。また、第七女以下の生母は藤原道長女少童子、高宗女王、百済永慶であり、この二グループ内での出生順の可能性が高い。[34]

それは以下のことからも認められるであろう。

『一代要記』が第七女、第八女とする（『帝王編年記』は第八女、第九女）久子、高子が天長十年に斎宮、斎院に定められている。従って『一代要記』等の序列を信じるとすれば、仁明皇女はみな天長十年以前に生まれたことになる。ありえないことではないが、時子同母の滋野縄子所生である柔子は、承和十五年に同母所生の本康親王とともに[35]

加笄しており、親子は承和十四年の加笄である。[36]柔子が久子等の上であれば、天長九年以前に生まれた可能性が高く、加笄が一七歳以降であったことになる。これはあまりにも遅きにすぎるので、『一代要記』等の序列は俄に信じがたいのである。

なお、仁明皇女で正史に序列が記載された内親王は無いので、出生順を明らかにする術は無い。時子についで久子、高子が出生したであろうこと、加笄の年よりみて親子、柔子がそれにつぐ可能性が高いこと、が知られるにすぎない。

五　文徳皇子女

『三代実録』清和即位前紀に「文徳天皇有四皇子。第一惟喬親王。第二惟条親王。第三惟彦親王。皇太子是第四皇子也」とある。これが出生順であることは、生年から明らかである。

惟喬は天安元年（八五七）に一四歳であるから、承和十一年の生まれ。惟条は薨伝により、承和十三年の生まれ。惟仁は三一歳の崩御であるから、嘉祥三年の生まれ。惟彦は薨伝に「年三四（原作卅四、拠紀略改）」とあり、薨時三四歳とすれば嘉祥三年、四四歳とすれば承和七年の生まれとなる。[37]しかし、惟喬が第一皇子であることは『文徳実録』天安元年十二月甲子朔条にも見え、元服前の帯剣など長子にふさわしく、惟彦が惟喬に先立つ承和七年生まれとする根拠は無い。従って、惟彦は薨年三四と見て、「第三子」とみなしてよいであろう。

従って、文徳皇子の出生順は清和即位前紀にあるように、惟喬・惟条・惟彦・惟仁であることが確認出来る。

文徳皇女は『紹運録』等に、儀子・恬子・述子・濃子・勝子・礼子・楊子・晏子・慧子・珍子の順に十皇女を配列する。この配列は太后藤原明子所生を筆頭におき、唯一、紀静子所生の珍子が最下位に位置していることを除けば、概ね生母の尊卑順である可能性が高い。しかし、『一代要記』のみ恬子・楊子・珍子・濃子・勝子・儀子・礼子・晏子・慧子の順に配列し、文徳天皇斎宮・斎院には晏子「帝一女」、慧子「帝四女」、述子「帝五女」と記載し、清和天皇斎院では儀子を「文徳五女」とする。これが何に基づいた配列であるのか不明だが、儀子は『日本紀略』に「太上皇同産之妹」とあるから、[38]清和天皇誕生の嘉祥三年以後の生まれであり、嘉祥三年に斎宮・斎院に卜定された晏子、慧子[39]より年下であることは確かであろう。

儀子の始笄は『三代実録』貞観十一年二月九日丁酉条と貞観十八年二月九日丁巳条に重複して記されているが、貞観十一年としても斉衡年間以降の生まれとみられる。貞観元年同時に卜定された恬子も儀子と前後して出生したと思われ、天安元年に斎院となった述子より後、貞観三年に親王宣下を蒙った礼子より先の誕生である。[40]従って、晏子・慧子・述子・恬子・儀子・礼子という出生順であったであろうか。

また、「第七女」[41]とみえる楊子は元慶六年（八八二）に伊勢斎に卜定されているから、かなり遅い出生であろう。濃子、勝子は『文徳実録』仁寿二年二月乙巳条滋野貞主卒伝に「少女奥子。…生惟彦親王。濃子内親王。勝子内親王」とあるので、濃子・勝子の順に出生したことがわかる。これらを勘案すると、晏子・慧子・述子・恬子・儀子・礼子・「第七女」楊子・濃子・勝子・珍子と考えられる。もっとも、恬子、儀子の順や濃子、勝子の位置など臆測に過ぎないし、珍子に至っては全く根拠が見いだせない。しかし、『紹運録』等が下位に位置づける晏子、慧子が早い時期の出生であること、儀子が第一女ではありえないことは確認出来るであろう。

六　清和皇子女

清和皇子女の場合、『三代実録』に親王宣下記事があり、中には時の年齢が明記されているものもある。清和皇子で正史により生年が知られるのは、貞明（貞観十一年生まれ）、貞保（貞観十二年生まれ）、貞辰（貞観十六年生まれ）、貞数（貞観十七年生まれ）、貞真（貞観十八年生まれ）、貞頼（貞観十八年生まれ）である。[42] なお、貞純は薨伝に「年卅二」とあるが[43]、『尊卑分脈』は「六十四」とする。[44] しかし、貞頼が薨伝[45]に「第十皇子」とみえ、「年四十七」とあることから、『尊卑分脈』頭注が「恐並有誤」と指摘するように、どちらも従いえない。以上の生年から、「第一子」貞明、「第四皇子」貞保、貞辰、「第八之子」貞数[46]、貞真、貞頼の順であるとみられる。

貞固、貞元、貞平については、貞観十五年の親王宣下記事[47]が参考となる。その記事の配列は貞固、貞元、貞保、貞平、貞純の順であり、陽成同母の貞保が三番目の記載であるから、出生順による配列とみてよい。従って、先の生年の明らかな皇子たちを加えた出生順は、貞明・貞固・貞元・貞保・貞平・貞純・貞辰・貞数・貞真・貞頼であることが知られる。

『紹運録』では貞保と貞平の順が逆転しているが、これは貞明を別格としたもので、『三代実録』にみえる「第四皇子」を生かそうとしたために起こった誤りであろう。

清和皇女は孟子、包子、敦子が貞観十五年に親王宣下を蒙った記事[48]に同じ配列でみえ、識子は貞観十八年（八七六）と遅れる。識子は時に「年三歳」とあるので[49]、貞観十六年の生まれであることが知られる。出生順は『三代実録』の配列に従って、孟子・包子・敦子・識子とみてよいであろう。なお、『日本紀略』には包子が「第一皇女」[50]、敦子が「第五皇女」[51]とある。包子の生母が在原行平女であることによって首に置かれたものと推測され、『日本紀略』では生母の尊卑順による序列を用いていた可能性がある。敦子の「第五皇女」は、四皇女しか知られないので疑問だが、これを認めるだけの根拠に欠ける。

おわりに

以上、平安時代前期における歴代皇子女の出生順を検討してきた。生年が知られる皇子女は限られており、『紹運録』等諸系譜の配列を参考にするとともに、正史にみえる序列記載を拠り所とした。しかし、各正史における序列記載は、そのままでは相互に矛盾すると思われるものも少なくない。本論では出来る限り正史の記事を尊重することを原則としたが、それはすべてを出生順として認めることではない。詳細は第一章に述べたが、正史によって序列記載の基準は異なるのであり、それも皇子女群ごとに序列記載の基準があったのではないかと推測している。そのように考えれば、矛盾すると思われる記載も整合的に理解し得るのである。

　皇女の場合は序列記載すらない場合が少なくないので、多くを『紹運録』等諸系譜の配列に頼らざるをえなかったが、概ね出生順を明らかに出来たと思う。もちろん、試案の域を出るものではないが、皇子女の出生順の大略が把握出来たとすれば幸いである。

註

(1) 荻原千鶴「天武皇子の序列について」において先学の整理検討がなされている（尾畑喜一郎編『記紀万葉の新研究』所収、桜楓社、一九九二年）。

(2) 高田淳「桓武天皇の親王について―その加冠・叙品・任官を中心に―」（『史学研究集録』第九号掲載、一九八四年）所収の表一および補表一参照。なお、高田氏の案はすべてこれによる。

(3) 平城から清和までの皇子女に限定するのは、正史に序列記載がみられ、出生順を推定する材料が得られるからである。なお、本書第三部第一章「平安前期皇子女の序列記載」ですでに桓武皇子女および平城皇子についての詳細は述べているので本章では割愛する。以下では、第一章で紙幅の都合上詳論出来なかった部分について、平城皇女、淳和から清和に至る皇子女の出生順について詳論する。行論の都合上、第一章と重複する部分も多少あるが、御寛恕いただきたい。

(4) 以上、『続日本後紀』承和九年十月壬午条阿保薨伝、『日本後紀』大同三年六月甲寅条、『類聚国史』巻七十八、賞宴部下、賞賜、大同五年二月二十九日己亥条。

(5) 『続日本後紀』承和二年正月壬子条。

(6) 『三代実録』元慶五年十月十三日戊子条、同六年八月五日甲辰条巨勢薨伝。本書第三部第一章参照。なお、笠井純一氏は「日本後紀逸文索引稿（三）」（『金沢大学教養部論集人文科学篇』二十二―一、一九八四年）において、延暦十一年十一月戊辰条に従五位下に昇叙した、とある巨勢王と同一人か、とするが従い難い。

(7) 以上、『続日本後紀』承和二年四月戊子条叡努薨伝、『三代実録』貞観五年正月十九日壬午条大原薨伝。

(8) 『続日本後紀』嘉祥三年三月己亥条仁明崩伝。『日本紀略』天長九年二月十一日乙亥条および同寛平七年正月二十三日辛巳条秀良薨伝。『三代実録』貞観十八年二月二十日戊辰条忠良薨伝。

(9) 『日本紀略』天長七年十一月三十日庚子条、同天長八年六月十四日庚辰条基良薨伝。『続日本後紀』承和元年二月乙未条。

(10) 『大日本史』巻九十、「第五子基良親王」割注では「従源氏系図定為五子」としているが、従い難い。

(11) 『三代実録』貞観十年正月十一日丙午条業良薨伝。

(12) この点は、生母高津も下位に位置づけられているとみられることとともに第一章で述べた。また、『日本後紀』に「第一女」とみえる高津所生の業子も後に序列が下位に位置づけられたとみられる。

(13) 『紹運録』は秀子・俊子に母大原氏と記し、芳子・繁子に文室氏とする。『系図纂要』は秀子・媛子（俊子か）に母大原浄子と記し、芳子は母文室文子とする。正史で嘉智子所生とみえるのは、『三代実録』元慶三年三月二十三日癸丑条正子崩伝、『続日本後紀』嘉祥三年二月甲戌条秀子薨伝、同承和五年十二月庚戌条芳子薨伝、『文徳実録』仁寿元年十二月丙午条繁子薨伝。

（14）以上、『続日本後紀』承和十四年十月戊午条有智子薨伝、前掲註（13）正子崩伝、『日本紀略』大同四年八月十一日甲申条。

（15）以上、前掲註（13）正子崩伝、『日本紀略』弘仁六年六月二十四日癸亥条業子薨伝、前掲註（13）芳子薨伝、『文徳実録』斉衡元年三月甲辰条宗子薨伝、同仁寿三年五月乙巳条斉子薨伝。

（16）なお、『三代実録』には天皇となった時康が「第三子」と記載されているが、これは「長子」道康（『文徳実録』文徳即位前紀）が同じく天皇となっているために序列を変更する余地が無かったからであろう。

（17）なお、基子の生母百済貴命は弘仁十年に従五位上に叙され（『文徳実録』仁寿元年九月甲戌条卒伝）、同年忠良を生んでいるから、弘仁後期の入内とみられる。従って、基子の出生も皇女中ではかなり遅い方に属すると思われる。

（18）以上、『日本紀略』天長三年五月丁卯朔条恒世薨伝、『三代実録』元慶八年九月二十日丁丑条、『続日本後紀』承和九年三月辛亥条恒統薨伝、『三代実録』貞観十一年九月二十一日乙亥条基貞薨伝、『続日本後紀』承和十五年五月甲子条良貞薨伝。

（19）前掲註（18）及び、『日本紀略』天長六年七月丁亥条。

（20）『続日本後紀』承和十五年正月戊辰条、同承和十一年正月庚寅条。

（21）『日本紀略』天長八年十二月十日甲戌条、同二十九日癸巳条。

（22）以上、『三代実録』仁和元年四月二日丙辰条氏子薨伝、『続日本後紀』承和元年五月壬申条貞子薨伝、『文徳実録』斉衡元年九月丁亥条明子薨伝。

（23）『日本紀略』大同四年五月壬子条高志薨伝。

（24）『続日本後紀』承和二年正月己巳条。

（25）『続日本後紀』承和九年正月癸卯条。

（26）生母は紀名虎女種子。種子は承和六年正月辛酉に正五位下直叙。

（27）以上、『文徳実録』天安二年八月甲子条文徳崩伝、『三代実録』貞観十年六月十一日癸酉条宗康薨伝、『続日本後紀』承和元年八月乙酉条、『三代実録』仁和三年八月二十六日丁卯条光孝崩伝（なお、新訂増補国史大系本頭註に従う）。

（28）以上、『三代実録』貞観元年五月七日壬戌条および貞観十四年五月五日甲戌条、同仁和二年四月三日壬子条、同貞観六年八月三日丁巳条、『文徳実録』仁寿元年二月丙寅条、同仁寿三年四月戊寅条、『続日本後紀』承和三年十二月丁巳条。

（29）『続日本後紀』承和四年六月丁未条。同承和十二年二月癸巳条。同承和十五年正月戊辰条。

（30）『続日本後紀』承和六年六月己卯条。

（31）『続日本後紀』承和三年十一月戊辰条。同承和十五年四月癸卯条。同嘉祥二年正月壬戌条。

（32）『文徳実録』斉衡元年正月壬戌条。

（33）『続日本後紀』承和三年四月戊戌条。

（34）以上、『文徳実録』仁寿二年二月乙巳条滋野貞主卒伝「仁明天皇殊加恩幸」、『続日本後紀』承和六年六月己卯条藤原沢子薨伝「寵愛之隆。独冠後宮」、『三代実録』貞観六年八月三日丁巳条藤原貞子薨伝「雖不登后位。而宮闈権勢無与為比。嬿私加愛。終始無衰焉」。

（35）『続日本後紀』承和六年正月辛酉条。同天長十年三月癸丑条。

（36）『続日本後紀』承和十五年四月癸卯条。同承和十四年四月乙巳条。

（37）以上、『文徳実録』天安元年四月丙戌条、『三代実録』貞観十年九月十四日甲辰条惟条薨伝「時年廿三」（拠紀略補）、同元慶四年十二月四日癸未条清和崩伝、同元慶七年正月二十九日丙申条惟彦薨伝。

（38）『日本紀略』元慶三年閏十月五日辛卯条儀子薨伝。

（39）『文徳実録』嘉祥三年七月甲申条。

(40) 以上、『三代実録』貞観元年十月五日丁亥条、『文徳実録』天安元年二月丙申条。『三代実録』貞観三年四月二十五日己巳条。
(41) 『日本紀略』延喜十四年二月二十三日庚寅条楊子薨伝。『三代実録』元慶六年四月七日己卯条。
(42) 以上、『三代実録』陽成即位前紀「第一子也。……時年九歳」、同貞観十二年九月十三日壬戌条「第四皇子誕」、同十七年十月十五日甲子条「于時年二歳」、同十八年三月十三日辛卯条「年二歳」、同十一月二十五日戊戌条「貞真年一歳」「貞頼年一歳」。
(43) 『日本紀略』延喜十六年五月七日辛酉条貞純薨伝。
(44) 『尊卑分脈』第三篇六〇頁、第四篇一三五頁。
(45) 『日本紀略』延喜二十二年二月八日己未条貞頼薨伝。
(46) 『三代実録』元慶六年三月二十七日己巳条。
(47) 『三代実録』貞観十五年四月二十一日乙卯条。
(48) 同右。
(49) 『三代実録』貞観十八年三月十三日辛卯条。
(50) 『日本紀略』寛平元年四月二十二日癸未条包子薨伝。
(51) 『日本紀略』延長八年正月十三日条敦子薨伝。
(補注) 本章では有智子内親王を第二皇女としたのだが、初出発表後、丸山裕美子氏の「有智子内親王」(吉川真司編『平安の新京』、清文堂出版、二〇一五年)が発表された。他の内親王が二字名であるのに対して、有智子のみ三字名であることに着目され、第一皇女とみなされている。その考証に説得力があり、やはり有智子内親王を長女とするのが妥当であろう。

補　論

第一章　小家内親王

はじめに

小家内親王に関しては、『本朝皇胤紹運録』（以下、『紹運録』と略す）に舎人親王孫・御原王女とある小宅女王とする説が一般的である。(1)その根拠は、「史料価値は極めて低い」（『群書解題』第二下）とされる『斎宮記』に「小宅内親王。孝謙〔三原王イ〕皇女。在任七年。天平勝宝二年。」とあることによる。

先学は、「孝謙皇女」は認め難いとしながらも「家」と「宅」の音通を根拠に「内親王」を認めている。しかし、皇族に同名異人が多いことも周知である。(2)また、女王と内親王は厳密に区別される身分であり、孝謙皇女でなければ、何故に三世女王である小宅女王が内親王とされたかが問題とされねばならない。

小家内親王の唯一の所見である『続日本紀』（以下、特に断らない限り出典はこれによる）宝亀三年（七七二）十月壬子条（『類聚国史』巻八七にも記載がある）には「内親王」が二箇所記載されており、「内親王」の記載を疑う理由は無い。一方、『続日本紀』に限らず以後の正史には、諸王（女王）を親王（内親王）と記載する例は皆無である。

木簡には有名な「長屋親王」の記載があり、『日本霊異記』中巻第一、下巻第三八にも「長屋親王」や「道祖親王」といった記載はあるが、長屋王の特殊性や説話の性格が正史とは異なる点で同一視出来ない。また、宝亀元年十一月甲子条（以下、十一月紀と略す）には「酒人内親王三品。従四位下衣縫女王。難波女王。坂合部女王。能登女王。弥努摩女王並四品」に叙したことがみえる。酒人が「内親王」とあるのは、当時一七歳で未だ無位であったため、三品と矛盾を生じなかったからである。一方、衣縫以下が「女王」であるのは、すでに位階を有していたため記載の統一をとったものと思われる。従って、この条も内親王と女王を混同していることにはならない。

それに対して同文中二箇所に「内親王」と記された小家内親王の存在は認めなければならないが、いずれの系譜にもみえず他に所見が無い。いったい小家内親王はどの天皇の皇女であったのであろうか。あるいは、小宅女王と同一人物とみなすべきであろうか。

一　小家内親王の系譜

まず、小家内親王が小宅女王と同一人物であったかを検討しよう。

小宅女王は三世女王であるが、天平宝字三年（七五九）六月に舎人親王が崇道尽敬皇帝を追尊されたことにより、諸王とともに二世王に昇格したと推定される(3)。しかし、淳仁廃帝とともに舎人親王系は衰退に向かう。淳仁皇兄弟姉妹はいずれも親王から諸王に貶され、諸王も系世を戻された。宝亀初年に至って次々に許されるが、それは諸王の子としての復位であった。こうした状況にあって、小宅女王が内親王となり、彼女のみ宝亀初年までその地位が保証されることは考え難い。

そもそも、小宅女王が内親王になり得るとすれば、それは宝亀三年以前に何れかの天皇の養女（あるいは猶子。以下同じ）待遇となった場合である。ただし、（太上）天皇が養子を取ることが可能であったかは問題が無いわけではない。継嗣令集解における各法家は「女帝子」は問題としているものの、養子については触れるところが無い。

しかし、平安時代には天皇や上皇が養子を取る場合のあったことが知られる。例えば、源定（嵯峨皇子）、源融（同上）・正道王（淳和皇孫・恒世親王男）が、それぞれ淳和天皇、仁明天皇の「為子」されたことが知られる（『日本三代実録』貞観五年正月三日丙寅条、『続日本後紀』承和五年十一月辛巳条、同四年八月丁巳条）。しかし、正道王の孫王身分に変化無かったことはもちろん、血縁上は皇子である源氏すら、天皇が「為子」しても血統上問題はないにも関わらず、臣下身分に変化無かったことは注目に価する。

しかし、親王宣下を蒙る例もある。雅明・行明（宇多皇子）は醍醐天皇の子として親王宣下を蒙った（『日本紀略』延喜二十一年十二月十七日条・延長五年八月二十三日条）。これは宇多が太上天皇の尊号を辞して法皇と称したための特別な処置とみられる。また、孫王が親王宣下を受けた例は、遥かに後世のことではあるが、後一条朝にみられる。敦明親王は皇太子を辞して「小一条院」号を受けたが、その子供達は故祖父・三条院の子として親王宣下された。小一条院は准太上天皇待遇であったが、それは子に及ぶものではなかったようである。

これ以前に血統上孫王である者が親王宣下を受けた例はなく、この事例は、外戚を確固たるものとして自信に満ちた藤原道長個人の意思による特例であり、法的に根拠があったわけではなかろう。それは藤原実資をして「一時議歟(4)」といわしめるほど異例の処置であったのであり、親王宣下を蒙ったとはいえ、小一条院皇子に皇位継承権が認められていたとは思われない。

これらの事例は、奈良時代においても（太上）天皇が養子を取る可能性を示唆してはいるが、たとえ養子待遇を得ても、孫王が親王宣下を受ける可能性の薄いことをも示している。とりわけ後一条朝の事例は、藤原道長の強大な権力を背景に、皇位継承権を有さない親王宣下ではあったが、批判を蒙るものであった。また、平安初期の諸例は天皇家における家父長的権威の存在が、皇室に安定をもたらしていた時期のことであり、政局の不安定な奈良時代においては、皇位継承権を有さない形でさえも、養子待遇による孫王の親王宣下が可能であったとは思われない。

以上、小宅女王が（太上）天皇の養子待遇によって親王宣下を蒙った可能性が無いとすれば、宝亀三年時に内親王ではあり得ない。従って、小家内親王と小宅女王は別人とみるべきであるが、では小家内親王はどの天皇の皇女（あるいは皇姉妹）であろうか。

最も可能性が高いのは淳仁天皇であるが、前述の如く池田・船両親王が諸王に貶されて配流されており、依然として内親王であり得たとは思われない。聖武天皇には二皇子・三皇女が知られるが、皇子女の生母は光明皇后と県犬養広刀自に限定される。光明皇后の立場を擁護する藤原氏の存在を考えた場合、それ以外の女性に皇子女を儲ける機会があったとは思われない。従って、可能性は低いであろう(5)。

そもそも、宝亀三年時点で「内親王」を称し得るのは聖武皇女以外では、光仁天皇の皇姉妹か皇女のみである。従って、光仁皇姉妹か皇女である可能性がもっとも高い。そこでまず、光仁皇子女について検討してみよう。

先掲の十一月紀で品位を賜わった皇子女には、山部・酒人・能登・弥努摩の四人がみえる。この他には『紹運録』に早良・薭田・他戸の各親王と広根諸勝の存在が知られる。

このうち、諸勝は天皇竜潜の時の所生として賜姓され（延暦六年二月庚申条）、叙品の対象外であった。また、早良は当時、親王禅師として東大寺に在り、薭田は当時二〇歳であるが、宝亀六年二月四品に叙されている。他戸は当時一九歳という説があるが、皇太子予定者であり叙品の対象外であった。すなわち系譜に見える皇子女で、宝亀元年に叙品がみえない者は、各々事情が判明する。

従って、『紹運録』の記載以外に皇女が存在したとするならば、十一月紀に叙品がみえないことから、未だ叙品される年齢に達していなかったことが考えられる。

しかし、賜姓された諸勝すら記載されており、たとえ無品であったとしても、内親王がその系譜に見えないのは不審であり、小家内親王のみ記載漏れとは考え難い。桓武皇姉妹であることを理由に、故意に系譜から抹消された場合を想定し得るが、桓武の他の皇兄弟姉妹が明確である中で、ただ小家内親王のみが復籍の跡もとどめず系譜から抹消されたとは考えにくい。このことは光仁天皇の立場からも指摘し得る。

光仁天皇は能登内親王の薨去を悼んで一品を贈り、その子を二世王にあげている（天応元年二月丙午条）。また、弥努摩内親王を尚び、神王を左大舎人頭に任じたこともある（『日本後紀』大同元年四月丁巳条、『公卿補任』宝亀十一年条）。これらには光仁天皇の皇女への思いがよく表れているが、小家内親王が皇女であったならば、治世十一年の間に復籍がなかったとは思えない。まして、系譜からの抹消（あるいは欠落）は考え難いのではなかろうか。従って、光仁皇子女の系譜にはもともと小家内親王は存在しなかったとみるのが妥当であろう。

ついで皇姉妹について考えてみよう。

皇姉妹で十一月紀にみえるのは、衣縫・難波・坂合部の各女王である。『紹運録』には皇姉妹が一切記されておらず、他には湯原親王・海上王・榎井親王・春日王・壱志王がみえる。このうち、春日王は天平十七年四月に卒したことが確認でき、湯原親王・海上（女）王・榎井親王はいずれも『万葉集』に歌を残すが、天平初年までと推定されるので、すでに没していた可能性が高い。また、壱志王は和銅五年正月に従五位下を直叙された人物とされるが、親王の子の初叙としてはおかしい(6)。あるいは、『紹運録』にみえる大友皇子女・壱志姫王の誤伝かとも思われる。

　ところで、光仁天皇即位前紀には「田原天皇第六之皇子也」とあるが、皇兄弟は四人である。海上女王を加えて五人となるが、その場合、明らかに年長である難波内親王（宝亀四年十月丙辰条）や坂合部内親王（同九年五月癸酉条）も含めた出生順を考えるべきであり、これでは光仁天皇以外で七人となる。即位前紀が誤りなのか、系譜に皇兄弟の脱落があるのかは判然としない。記載に親王と王が混在しており統一がなく、皇姉妹の記載がないなど、『紹運録』における光仁皇兄弟姉妹の記載は、他に比して著しく不完全である。

　理由は不明ながら、天武天皇即位以来、約百年ぶりで天智系から即位した光仁天皇の兄弟姉妹は、正確に伝わっていなかったようである。『紹運録』の原資料にすでに欠落していたことが考えられ、光仁皇兄弟姉妹は二次的に補われたのではなかろうか(7)、その場合、内親王の記載がないことから、正史に基づいていない可能性が高い。また、「親王」と記される榎井・湯原の系譜は正史以外に『公卿補任』でも確認でき、海上王の系譜は『万葉集』（巻四―五三〇）に見える。もちろん、尾張女王や浄庭女王、あるいは壱志王など独特の系譜を伝えるので、断定は出来ない。しかし、他にみられない不統一さは、この部分の系譜が二次的に形成された可能性を示しているように思われる。とすれば、そこに系譜不明の小家内親王を加えることも、あながち不当とは言えないであろう。

　ただし、光仁皇兄弟姉妹と同世代であったとすれば、宝亀以前に全く活動の痕跡が残っていないのは不審である。とりわけ、十一月紀に皇兄弟姉妹として叙品がみえないことには大いに不安を感じる。光仁天皇が即位時六二歳であったことを考慮すれば、十一月紀にみえない皇兄弟姉妹はすでに他界していた可能性が最も高いが、はたして、十一月紀が皇兄弟姉妹の全てを伝えているのであろうか。

　二世王から即位した淳仁天皇の場合、先掲の天平宝字三年詔に「兄弟姉妹悉称親王」とのべ、皇兄弟姉妹の叙品と共に諸姪が孫王に格上げされて従四位下を叙された。ここに見えない皇兄弟姉妹・諸姪はすでに没していたか、未だ叙位年齢に達していなかったと考えられるが、実は記載漏れが知られる。すなわち、和気王の薨伝（天平神護元年八月庚申朔条）によれば、天平勝宝七歳に岡真人を賜姓されていたが、この時に復籍して従四位下に叙されたことがみえるのである。

　同様に、光仁天皇の場合、十一月紀では皇兄弟姉妹の叙品並びに諸姪の叙位がみられ、男王では桑原・鴨・神の各王が従五位下から従四位下に昇叙した。これは従五位下の叙位順に記載されているが、ここには神王の先に叙された壱志濃王の名は無い。壱志濃王はこの翌年十一月に従四位下昇叙の記事が見えるので記載漏れでは無いが、このときに叙位されなかった者が存在するのである。

これらを勘案すれば、小家内親王が仮に光仁皇姉妹であった場合、これ以前に何故か叙位されることが無く、従って内親王とはされても無品のままであった場合には、記載漏れの可能性もあり得るのではなかろうか。

二　小家内親王・菅生王の処罰

前節では小家内親王が光仁皇姉妹の可能性が高いことを述べたが、明確とはなし難い。そこで以下では姦の処罰をめぐって検討することにより、状況的に光仁皇姉妹の可能性を探りたい。

皇子女の処罰の事例は、多くが政治事件に関わるものであり、そのほとんどに属籍剝奪が見られる。

詳細は省くが、皇子女の処罰には①属籍剝奪、②幽閉・移配、③廃后・廃太子、の三つの処罰が単独、あるいは複合的に用いられている。①のみの事例は不破内親王の「先朝有勅。削親王名」（神護景雲三年五月壬辰条）とされるもので、政治事件に関わった皇子女の処罰の場合は、①の単独処罰よりは②を伴い、結果的には死に至る場合が多い。その意味では皇位継承権の剝奪を主たる目的としてはいるが、付加刑罰的である。ただし、皇后・皇太子の場合、①にかえて③とする場合があり、すでに皇位継承資格者として恐れるに足りない場合は、③に止まったものとみられる（なお、皇子女の属籍剝奪には皇位継承に関わらない事例—『三代実録』貞観八年三月二日戊寅条、同仁和二年十月十三日戊午条—もあるが、これらは源朝臣の属籍剝奪の事例である）。

そもそも、属籍剝奪は皇親の特権的待遇を剝奪し、皇室という共同体から不定期間排除するもので、一種の追放刑の如くである。国家的処罰（律）が配流等の身体刑であるとすれば、属籍剝奪はそれとは次元を異にした皇室内部における処罰とみることができる。ただし、平安時代以降は属籍剝奪がほとんどみられない。これは、奈良時代に比して相対的に皇親の待遇が低下したこと、賜姓を望む者が増加したこと等により、属籍剝奪の処罰的意義が希薄となったことに一因があろう。

ところで、不破内親王が属籍剝奪の処罰に止まった点について述べておきたい。この事件の解釈については諸説あるが、私見は不破内親王首犯説に与するものである。何故に属籍剝奪のみであったかについて、塚野重雄氏[8]は「世を納得させることができるほど苛酷な処罰と考えられた」からであるとされる。しかし、皇子女が政治事件に関わって処罰された場合、属籍剝奪は付加刑罰的である。皇后でもない不破が首犯であったならば、幽閉・移配等を伴う処罰が妥当であろう。それが属籍剝奪のみであったのは、父帝・聖武の温情によるものと考えられる。すなわち、聖武が不破の過ちを皇室内部の問題に矮小化して属籍剝奪にとどめ、律令による身体的刑罰を避けることで、悔悛を促すことに主眼を置いたのではなかろうか。父親の情としては自然であろう。つまり、不破の初度の処分は聖武の温情による特例とみるべきであろう。

同様に小家内親王は国家的刑罰（律令法）による身体刑を科されることなく、属籍剝奪にとどめられている。その点に光仁天皇との近い関係を窺い得るのではなかろうか。

一方、菅生王は除名である。属籍剝奪ではなく除名であったのは、菅生王が律令官人であり、ある意味では除名それ自体が官僚社会からの追放を意味するから、処分としては同等とみなし得る（「雑律」27和姦無婦女罪名条参照―新訂増補国史大系本による。以下同じ）。

除名は「名例律」16比徒条によれば、徒三年とされる。徒三年に該当するのは、「雑律」22〜27条を勘案すれば、父祖妻及び妻前夫之女とみられる（なお、28監臨主守姦条は養老律令編纂者により削除された可能性がある）[9]。菅生王の系譜は不明であり、このいずれに該当するか明らかではないが、直系尊属の女性との姦の可能性が注目される。

ところで、菅生王は年齢も不詳だが、従五位下直叙は天平宝字二年である。壱志濃王は三五歳、神王は三一歳で従五位下を直叙されたことが知られるので、従五位下直叙の年齢を三〇歳前後とすれば、菅生王は宝亀三年時には四五歳前後であったかと思われる。

とすれば、小家内親王が直系尊属の女性に該当するならば、小家内親王はそれ以上の年齢であろうから、その点でも小家内親王が光仁皇姉妹とみることに矛盾しない。

ついで菅生王は翌四年四月に本位従五位上に復する。「名例律」14叙法条によれば除名は「六載之後聴叙」とあるが、菅生王の場合はわずかに半年に過ぎず、菅生王の処罰がかなり緩やかであったことが知られる。すなわち、小家内親王と菅生王の姦罪は決して重罪ではなかったことが明らかであり、いずれも一種の追放刑的処罰、それも付加刑的処罰によって処分されたにすぎない。

さて、明確に姦とみられる事例は多くないが、安貴王と因幡八上采女、中臣宅守と狭野弟上娘子、石上乙麻呂と久米若売の事例が知られる。これらに関しては主として法解釈をめぐって論が展開されており、吉田一彦氏[10]は他妻姦を日本固有の慣習法に根ざした追放刑であったとされた。これに対して、関口裕子氏[11]が上記の事例がいずれも姦采女であることを論じている。とすれば他妻姦の事例はほとんど記録に残っていないことになる。

『万葉集』には奔放な男女関係を多くみることが出来るが、そもそも、日本は姦に対して寛容であったようである[12]。日本律は唐律に比して姦罪の規定が緩やかであり、ことに親属相姦が重視されていなかったという[13]。姦の事例が極端に少ないのも、こうした日本の姦に対する特有の意識の表れであろうか。とすれば、小家内親王の処罰は極めて特異といえるが、では、何故に小家内親王が処罰を蒙ったのであろうか。

それは、社会通念の変化ということもあろうが、道鏡を寵愛した称徳女帝崩後であることが注目される。天智系という重荷を背負って即位した光仁天皇にとって、称徳色は払拭したい思いがあったに相違ない。ことに、男女関係において称徳とは異なる清新さを打ち出すことに意義があったであろう。そうした宝亀初年における事件であったため、ことさらに姦罪として処罰されることになったのではなかろうか。

従って、それは律の規定に准じているが、概して軽い処分にとどまったのである。また、その処罰が一種の追放刑とみなし得る属籍剥奪と除名であったところに、吉田一彦氏がいわれる、日本固有の慣習法に根ざした刑罰慣行としての追放刑の痕跡を窺うことも可能かと思われる。

おわりに

ところで、『紹運録』にみえる皇子女のうち、『続日本紀』の時代に薨去した可能性のある者で、『続日本紀』に薨去記事が確認出来ないのは、天智皇女の御名部皇女、天武皇女の紀皇女の二人である[14]。

このうち、御名部内親王は長屋王の母とみられるが、『万葉集』に歌を残し（巻一—七七）、慶雲元年正月に益封の記事がみえる。その没年がみえないことについて八木充氏は、「長屋王の変から意図的に忌避されたのであろうか」と述べられているが[15]、首肯し得る見解である。

一方、紀皇女は『万葉集』にその歌がみえる（巻三—三九〇他）。没年に関して、八木充氏は和銅四年とするが（註(12)論文掲載の表5。ただし、根拠とされる万葉巻十二は巻三の誤り）、『万葉集』巻一二—三〇九八左註の「昔聞紀皇女」をめぐって見解が分かれる。吉永登氏[16]はこれを「多紀皇女」とみなし、紀皇女は藤原京時代の没であろうと推定されたが妥当と思われる。

とすれば、『紹運録』にみえる皇子女で『続日本紀』の時代に没した者は、ほとんど全てが『続日本紀』にその薨去記事を確認出来る。もちろん、『紹運録』にみえる皇子女が全てでないことは小家内親王の存在で明らかだが、『続日本紀』は知られる皇子女の薨去記事をかなり厳密に記載しているのである。

それにも関わらず小家内親王の薨去記事がみえないのは、御名部皇女同様に属籍剥奪のことが関係していよう。『続日本紀』を完成させた桓武天皇が小家内親王の甥にあたるとすれば、それは意図的に削除すべき動機となり得たのではなかろうか。なお、小家内親王の復籍がみえないのは、菅生王復位以前に没したためと推測されるが、他に全く痕跡をとどめない点については不明というほかない。

以上、小家内親王について多くの臆測をめぐらし、粗雑な考証に終始した。このように考えることも可能ではないかという試案と了解していただければ幸いである。大方の御批判・御叱正をお願いしたい。

註

(1)『大日本史』・『続日本紀考証』・『日本古代人名辞典』第二巻・『完訳注釈続日本紀』第五分冊・東洋文庫『続日本紀』四。

(2)『延喜式』正親司には、「凡給季禄男女王。同世之中有同名者。速令申換載帳進之。但新名下注本名。」とある。これがいつ頃まで遡るかは不明ながら、「給季禄」とあるので、季禄支給に関わらない限り同名が問題とされなかった可能性を示唆する。

(3) 新日本古典文学大系『続日本紀』三補注22—二〇参照。

(4)『小右記』寛仁三年三月五日条。

(5) 聖武天皇には他に藤原武智麻呂女、房前女、橘古那可智が夫人であったことが知られる。しかし、藤原の二夫人は名が伝えられていないことから、所生子の無かった可能性が高い。古那可智は天平宝字元年の奈良麻呂の変により広岡朝臣を賜姓されており、所生子があれば何等か処置がみられるはずであるが、一切記録にみえない。従って、光明子・広刀自以外に所生子があったとは思われない。

（6） 新日本古典文学大系『続日本紀』一、一七七頁脚注参照。

（7） 淳仁天皇の系譜にも皇姉妹の記載が無い。そもそも、原資料には例外はあったにしろ、孫王以下の記載は無かったと考えられる。

（8） 塚野重雄「不破内親王の直叙と天平十四年塩焼王事件（下）」（『古代文化』第三五巻第八号所収、一九八三年）参照。

（9） 伊藤勇人「雑律姦罪諸条の復原的考察」（国学院大学日本文化研究所編『日本律復原の研究』所収、国書刊行会、一九八四年）。

（10） 吉田一彦「石上乙麻呂と久米若売の配流について」（『続日本紀研究』第二七一号所収、一九九〇年）。

（11） 関口裕子「八世紀における采女の姦の復元」（『日本歴史』第五三五号所収、一九九二年）。

（12） 例えば、奈良時代以前ではあるが、但馬皇女と穂積皇子の関係に姦の疑いがある（『万葉集』巻二―一一六）が問題とされた形跡は無い。

（13） 前掲註(9)伊藤氏論文。

（14） 八木充「「長屋王家木簡」と皇親家令所」（『日本史研究』第三五三号所収、一九九二年）。但し、紀皇女は『紹運録』に「多紀皇女」とある。別に「託基皇女」があり、もとは「紀皇女」であった可能性がある。なお、没年不詳の天武皇子・磯城は、『新撰姓氏録』左京皇別三国真人条に「浄広壱磯城親王」とみえ、恐らくは『続日本紀』の時代以前の没と思われる。

（15） 前掲註(14)八木氏論文。

（16） 吉永登「紀皇女と多紀皇女」（『万葉』創刊号所収、一九五一年）。新日本古典文学大系『続日本紀』一補注6―二、同二、五七頁脚注が同様の見解を取る。但し、この左註は昔語であり、多紀皇女と高安王に「被嘖」れた事実があったにしても、具体的処罰があったとは思われない。多紀皇女は唯一内親王で一品に至っており、事件の影響は窺えない。一方、高安王の伊予守が、養老三年の按察使任命と同一ならば左降とはいえない。尾山篤二郎氏は高安王の前官を摂津大夫とする（「紀皇女に就いて」、『万葉』第三号所収、一九五二年）が、天平二年に分類する『万葉集年表』が妥当であろう。そもそも、按察使は元正天皇が「朕之股肱。民之父母。独在按察」と詔（養老五年六月乙酉条）するほど、当時の政府の期待は大きく、左降人事が対象となるべき官ではあり得ない。左降とするのは巻十二編纂当時の認識であるに過ぎない。

（後記） 本章初出成稿後、西山良平氏が「王朝都市の王権と《色好み》」（『日本史研究』第三六四号所収、一九九二年）を発表された。その第一節の註(7)において、小家内親王が「光仁の女もしくは姉妹か」との指摘がある。また、渡辺正気氏「宗形王について」（田村圓澄先生古稀記念会編『東アジアと日本』歴史編所収、吉川弘文館、一九八七年）において、小宅内親王は「光仁天皇の皇女の筈である」（一八六頁）とし、『紹運録』の小宅女王は間違い記事の公算大であるとの指摘があることを知った。ただし、『紹運録』の記載を間違いとする積極的根拠は示されていない。両氏の指摘は本稿の結論に同じではあるが、本稿には異なる視点も含まれており、私見を披瀝する意義はあると考える。両氏の研究成果を取り込むことが出来なかったことについては、お詫びするとともに、ご寛恕を願いたい。

第二章　『権記』にみえる親王参詣記事

はじめに

藤原行成の日記である『権記』には少なからず親王に関する記事がみられる。しかし、記事に名をあらわす親王には偏りがあり、そこに藤原行成の親王との繋がり、あるいは関心の相違をみることが出来るであろう。では、藤原行成は当時在世の親王にどのような関心を払い、どのような関係を結んでいたのであろうか。摂関政治期の親王と宮廷貴族との関わりの一端を『権記』を通して検討する。

一　参詣記事にみえる親王

表補論―2―1は年別に集計した『権記』記載の親王記事数である。『権記』の記述は正暦二年（九九一）九月から寛弘八年（一〇一一）十二月にわたり残存する（ほかに逸文がある）が、親王の記述が多くみられるようになるのは長徳四年（九九八）以降なので、同三年以前は割愛した。なお、東院・石井・鴨院はいずれも為尊親王（冷泉上皇第三子）室（故藤原伊尹第九女）の御在所であり、親王ではないが、弾正宮（為尊親王）との関係で記載している。

さて、この表からも明かなように、藤原行成がもっとも多く参詣したのは弾正宮（為尊親王）であり、ついでその室、具平親王（村上天皇第七皇子）、そして一宮（敦康親王。一条天皇第一皇子）と続く。一方、参詣以外の記事（通過儀礼や儀式関係など）で多く名が記載されているのは一宮、ついで女一宮（脩子内親王。一条天皇第一内親王）、弾正宮、帥宮（敦道親王。冷泉上皇第四子）と続く。参詣記事の多さは藤原行成が足繁く通った親王を意味し、それ以外の記事の多さは藤原行成が関心を寄せていた親王を意味する。ただし、一宮の場合は長保三年（一〇〇一）から藤原行成が親王家別当を勤めているので、一宮に関わる儀式次第等には当然のことながら関わっているであろうから、参詣との区別はつけにくいかも知れない。

表補論-2-1　『権記』にみえる年別親王記事数

親王／年	弾正宮		帥宮		中務宮（六条宮）		東院（石井・鴨院）		女一宮		一宮		女二宮		若宮		三宮		華山院六条宮		五宮		為平親王		一品宮		斎院	
長徳 4	2						1			⑥																		
長保元	3		1	①	3		2				誕生	①													1			
長保 2	15	⑥		④	7		4			①	宣下	②														①		
長保 3	40	②			9		6				5	④		①									1					
長保 4	18	⑦		②	3	②	9	③		①	5	⑨		③												②		
長保 5	1	①			4			②			6	③													4		1	
長保 6	2	①		②	7		4	①			2	⑥												①				
寛弘 2					7		2	②		④	1	⑫																
寛弘 3			2		3		11	①		①		⑤																
寛弘 4			薨	②	8		11			④		⑨															1	
寛弘 5					5		5			①	7	④	薨	④	誕生	②			1	①		③						
寛弘 6					7	①	4			⑥	7	⑪			1	②	誕生	①	1	①		②			1	①	1	
寛弘 7					薨		6		1	④	9	⑥			1	③		④					入道薨	②				
寛弘 8										②	10	⑤				①		①	1	③		③						
総　計	81	17	2	12	63	3	65	9	1	30	52	77	0	8	2	8	0	6	3	5	0	8	1	3	6	4	3	0

（註）1　左欄は行成の参詣記事数
2　右欄（○数字）はそれ以外の関係記事数
3　長保３年に一宮別当となり，小児を弾正宮が養育する
4　弾正宮薨去は長保４年

ところで、『権記』にみえる親王名は当時在世の親王のほとんどすべてにわたる。当時（長徳四年～寛弘八年）在世の親王は前述の親王のほかに、一品式部卿為平親王（村上天皇第四皇子。寛弘七年薨去）、禅師公（致平親王。天元四年［九八一］出家、長久二年［一〇四一］薨去）、一品宮資子内親王（長和四年［一〇一五］薨去）、斎院選子内親王（長元八年［一〇三五］薨去）、五宮（花山院皇子昭登親王。長元八年薨去）、六宮（花山院皇子清仁親王。長元三年薨去）、そして一条天皇の女二宮である媄子内親王が寛弘五年まで在世する[1]。表には、すでに出家していた致平親王を除いた各親王について掲載しているが、そこから藤原行成の各親王に対する関心の違いを読みとることが出来よう。

まず、参詣以外の記事が格段に多い一宮、女一宮は、皇后藤原定子所生であるが、寛弘五年（一〇〇八）以降にみえる若宮（敦成親王。一条天皇第二皇子。生母中宮藤原彰子）、三宮（敦良親王。一条天皇第三皇子。生母同若宮）同様に一条天皇皇子女であり、藤原行成の一条天皇諸皇子にたいする忠勤を示すとともに、寛弘五年以降は藤原道長外孫に対する忠勤のあらわれでもある。藤原定子の中関白家没落後も、藤原行成は義理固く忠勤を尽くしたことは、つとに指摘されるところであるが、一条天皇の藤原行成に対する深い信頼をも背景として、彼はつねに一宮、女一宮に深い関心を寄せていたことがわかる。なお、女二宮（生母藤原定子）は九歳で薨去したため、通過儀礼・儀式等も少なく、それゆえに記事数も相対的に少ない。そもそも、私日記は儀式次第等を過たずに子孫に伝える目的を持って、ある意味では公的な側面を有する記録でもあるから、当代親王の通過儀礼、儀式への参加や

役割、それへの臣下の奉仕等は出来るだけ詳細に記録されているのは当然である（もっとも藤原行成は別記に詳細を記したようで、『権記』には簡略な記事しか見えない場合が多い）。また、一条天皇の側近として当代親王のことに関して多く参与することがあったことも日記に多くを記載した理由の一つでもある。弾正宮（為尊親王）や帥宮（敦道親王）なども儀式に関する中で記載されていることが多く、有職故実家としての藤原行成の関心のあらわれといえる。従って、こうした記述からだけでは、藤原行成の親王個人にたいする関心をみることは困難であろう。ただ、花山院皇子（清仁・昭登親王）についての記述は、寛弘八年八月の加冠[2]以前においては故花山院御諷誦料などについてのもの[3]であり、加冠前の親王が儀式に関わることも無いためか、あまり藤原行成の記述の対象とはならなかったようである。このことは、外戚でもない幼稚親王は宮廷貴族にとってあまり関心の対象とはならない存在であったことを示している。また、式部卿宮為平親王や一品宮資子内親王、斎院選子内親王にしても、当代儀式に関わることが少ない以上、藤原行成の日記の記述の対象にはあまりならなかったようである。

二　一宮参詣記事について

以下では参詣記事について具体的にみていく。

まず、一宮（敦康親王）への参詣について。藤原行成は長保三年二月に親王家別当とされているのだが[4]、一宮への参詣はその後も決して頻繁というわけではない。長保三年には別当に任じた当日[5]に「申悚由」しに参じた以外は、十一月に一度、その翌日には内裏焼亡により参じている。また、十二月、閏十二月に各一度の参詣は親王家御読経によるもの。長保四年には、正月の戴餅儀に始まり、御修法や御読経を記すほか、参詣は四月に三度あり、そのうち二十五日は一条天皇渡御による。また、二十八日には天皇より、「一宮事能可二奉仕一之由」を仰せられたことを記す。別当にしては参詣が少ないようにもみえるが、藤原行成が一宮家のことを把握していたことは、同年五月に道長から一宮家女房の食料が宛行われていないことを指摘されたのに対して、同三年八月の政所始め以来、親王家の赤字が三百石余に及ぶ財政難であることを説明していることから知られよう[6]。別当であるからといって、必ずしも頻繁に宮家を参詣する必要は無かったようである[7]。翌五年には九月以降に四度参詣しており、年の前半にはほとんど参詣していない。翌六年（寛弘元年）には九月に二度、ついで寛弘二年には一度しか参詣の記載が無く、同三・四年に至っては皆無となる。しかしこの間、御修法や御対面儀など種々の儀礼を記載しており、こうした折りに宮家に参詣奉仕していたことはありうる[8]。寛弘五年以降は再び参詣記事も多くなるが、五年は五月に媄子内親王が薨去したこと[9]に関わるのか、翌月に七度参詣している。寛弘六年は十月に内裏焼亡があり[10]、恐らくこのことに関わって、この月に五度参詣している。同七年には二月に三度、閏二月に二度の参詣を記している。この年、一宮元服[11]のことがあり、翌八年には一条天皇が一宮に譲位の意向を示すが、藤原行成はその否なることを奏上し、ついで一宮は年官年爵を賜い准三宮を蒙っている。[12]この年は度々参じているが、元服後の一宮家を何かと気にかけた様子が窺われる。[13]

煩雑もかえりみず、一宮への参詣記事をみてきたが、参詣回数は多いものの、かなり偏った参詣のしかたとみられ、その他の儀式関係などの記事ともあわせて、別当としての参詣奉仕が中心であったようである。もちろん、参詣理由の不明な記事も少なくないので、個人的な参詣もあったかもしれないが、藤原行成の一宮に対する忠勤のあらわれとみるべきであろう。なお、黒板伸夫氏はこうした藤原行成に律儀さ誠実さを認め、そこから、一条天皇と藤原行成の深い信頼関係を読みとっておられる。[14]

三　弾正宮参詣記事について

一方、弾正宮（為尊親王）や中務宮（具平親王）への参詣は回数もさることながら、もっと親密な様子がみられる。弾正宮は和泉式部との恋愛によって知られるが、[15]生母は藤原兼家女超子で、その正室は藤原行成の叔母であった関係から、親王室への参詣を含めて度々の参詣が記事に残っている。親王は長保四年六月に二十六歳で薨じている[16]から、長徳四年には二二歳である。参詣が頻繁となるのは長保二年から薨ずるまでの三年間であるが、ほとんど毎月の参詣である。[17]参詣理由が明かな場合は多くないが、馬を奉る（長保元年十二月、同三年二月）などの奉仕のほか、氏爵の事を申したり（長保元年十二月）、あるいは道長の命による（長保四年三月）など、公務の場合もあったようである。長保三年十月には弾正宮が藤原行成息良経を養育することになり、藤原行成は「小児衾料白張綿五帖。次志乳母絹十疋」を奉っている。[18]従って、これ以後の弾正宮あるいは東院（為尊親王室）への参詣には、小児良経の様子をみるためのものも少なくないであろう。

ところで、弾正宮への参詣と東院（為尊親王室）への参詣の違いは何であろうか。東院は『古今著聞集』[19]に「同院（花山院）、東院にわたらせ給ける比、弾正宮のうへ、おなじくすみたまひけり」とみえるものの、日本古典文学大系本頭注は東院を「未審」としている。しかし、黒板伸夫氏が『国史大辞典』巻第三の「花山院」の項で述べられ[20]るように、「花山院は東一条殿・東院（ひがしのいん）などとよばれ、小一条第の一部のようにも考えられ（中略）のち伊尹女（九の御方）が住み、そこに花山上皇が通った。その関係で上皇の御所となり、花山院とよばれるようになったのであろう」と理解したい。すなわち、東院＝花山院で左京一条四坊三町にあったとみられる。一方、弾正宮がどこに住まいしたのか明確でなく、弾正宮と東院が同所にあったか否は明かではないが、『権記』長保四年正月七日癸卯条に「入夜（藤原）成房中将示来。自弾正宮有召。即同車参東院。帰家」とみえ、弾正宮に召されて東院に参じているので、少なくとも弾正宮が東院に居ることもあったことが知られる。『権記』がわざわざ弾正宮と東院を書き分けていることから弾正宮＝東院ではなかろうが、東院に詣でることによって結果として弾正宮為尊親王に参じることもありえたので

はなかろうか。(21)

　弾正宮への参詣の具体的様子を、例えば四〇度の多きにわたって参詣した長保三年(22)を例にとってみれば、正月には三日と五日に参詣している。三日は藤原道長に参じたのち、弾正宮に参じ、ついで参内。そして右大将藤原道綱に随伴して再び弾正宮に詣でている。五日には権中将源成房とともに藤原道長に参じてのち、弾正宮に詣でており、弾正宮が参院し、非時並びに酒饌を調進したことを記す。二月には馬を奉り、その翌日にも参じ、都合三度参詣している。三月にも三度。四月には一度。五月には東院のみで弾正宮参詣はみえない。ついで六月には三度参詣しているが、そのうちの一度は召しによるものであった。(23)七月に参詣は無く、八月に三度。このうちの一度は任参議の奏慶に赴いたもの。(24)九月、十月も各三度参詣している。十月には従三位の奏慶のためと先述の良経養育のため、小児衾料などを奉っている。十一月にも三度の参詣記事があり、十二月には五度参詣したほか、二度は清水寺御修法にまいった弾正宮を訪問している。(25)閏十二月には六度の参詣である。

　このように、参詣の無い月もあるが、十月以前は概ね月三回ほどは参詣しており、参詣理由の明かな場合もあるが、多くはその理由が明かではない。十月以降回数が多くなるのは、長保四年六月の薨伝に「去年冬十月受レ病之後。数月懊悩」とみえるように、病気見舞いでの参詣が多かった理由の一つであろう。また、良経養育に関わる参詣も少なからずあったかもしれない。これら度重なる参詣の合間に東院にも度々参詣しており、弾正宮夫妻への藤原行成の親密ぶりがうかがわれる。

　この年は藤原行成にとって多忙な一年であった。二月に一宮家別当に任じて一宮への参詣も行い、同月世尊寺供養を為し、八月に参議に昇任して議政に参画することになった。十一月には一宮着袴儀の数日後に内裏が焼亡、閏十二月には東三条院詮子が危篤となり、道長の命により藤原行成の三条第を御所として、そこで薨ずるのである。(26)こうした中での頻繁な弾正宮参詣は、単に正室が叔母であるという外戚関係に止まらず、年若い弾正宮（当時、二十五歳。藤原行成は三十歳）との間に個人的な深い繋がりを認めることが出来るのではなかろうか。

なお、弾正宮へは、『権記』からでも、少将（藤原成房）と同車したり、藤原道長と藤原道綱が参じたりしたことが知られ、藤原行成のみが参詣していたわけではない。特に藤原道長との関係が良好であったことは、先の『御堂関白記』にもみえ、藤原行成の親王参詣もこうした人的関係の中で行われていたことは念頭におかねばならないであろう。

　なお、弾正宮への数多い参詣からは、藤原行成が経済的扶助を成したような記事はほとんどみえない。これは弾正宮室に対しても同様であり、有品親王家である弾正宮に外戚としての藤原行成が経済援助を担う立場にはなかったことを示している。同じく、一宮家別当としての行成は、無品親王家である一宮に対しても経済的扶助をおこなった記事はみえない。一宮家の財政状態を把握していたことは前述したが、赤字を別当自らが補塡するようなことはしていない。(27)

四　中務宮参詣記事について

次に参詣の多い中務宮についてみよう。

中務宮具平親王の参詣以外での関連記事は三例に過ぎないが、参詣は総計五七回にも及んでいる。このうち、具平親王への参詣の理由が明かなのは二二例、約四割である。儀礼的参詣[28]や親王家行事への参列[29]、あるいは、「依左金吾（藤原公任）」による場合[30]といった公的とみられる参詣（ほかに、何らかの事由を申すための参詣[31]）のほか、見舞いや弔問[32]、内容は不明ながら「有召」によって参詣した場合[33]などに加えて、長保二年十一月二十五日には「奉書御仏色紙形」っており、また書物を返却した参詣[34]なども知られる。具平親王は藤原行成の母と同じく醍醐皇子代明親王の孫にあたり、「後中書王」といわれた学識豊かな親王であった。薨年[35]から逆算すれば、藤原行成が頻繁に参詣していた時期は、親王四〇歳前後であり、藤原行成とは八歳の違いである。藤原行成の具平親王参詣は、公的事由を別とすれば、比較的近い血縁関係にあったことや、年齢的にもそれほど離れていないことなども理由の一半ではあろうが、親王との文化的交流に注目したい。

親王は漢詩や書の才に恵まれ、大江匡房の『続本朝往生伝』において一条朝には「親王則後中書王」といい、「天下之一物」の一人にあげられている[36]。藤原行成が書物を借り出しているように、親王は多くの書物を有していたようであり、こうした点に接点があったのではなかろうか。また、親王のもとには藤原行成のみならず、少将（藤原成房）、左右源中将（経房・頼定）、右衛門督（藤原公任）（以上、長保三年二月六日戊申条。同五月七日にも藤原公任は藤原行成と参詣し、同四年九月十日にも源頼定と参詣した藤原行成と会して昨日の「菊酒事」を論じている。また、源頼定は寛弘元年七月十六日にも宮家で藤原行成と会している）、左兵衛督（藤原懐平。実資同母兄）、右大将（藤原実資）、修理大夫（平親信）（以上、寛弘五年七月三十日戊子条弔問）などの訪問が『権記』から知られるが、源経頼は敦実親王曽孫で、代々有職故実に明るい宇多源氏で、『西宮記』に多くの勘物を記したことでも知られる[37]。藤原公任は代明親王女厳子女王を母とする関係で藤原行成とも近いが、『北山抄』を著したことでも知られるように、小野宮流故実に詳しい多才有能な人物であった。源頼定は為平親王男、その姉妹は具平親王室である。『続本朝往生伝』において一条朝の「雲客」に名を連ね「天下之一物」と評された一人である。もちろん、具平親王を訪れた者は以上に限らないであろうが、血縁・姻戚関係もさることながら、有職故実に秀でた人物が親王家で藤原行成と会していることは、具平親王家がそうした情報交換（文芸のみならず、あるいは故実のサロン）の場であった可能性を示しているのではなかろうか。藤原行成の具平親王家への頻繁な参詣は、有職故実の知識や書画詩文を介しての文化的交流に中心があったとみたい。弾正宮参詣にはうかがわれないが、藤原行成が親王を参詣する理由の一つに、こうした親王と宮廷貴族の文化的交流を読みとることができないだろうか。もっとも、中務宮との関係は弾正宮ほどに個人的親愛感情は認められない。それは、具平

親王の薨去記事が『権記』にはみえないことにも表れているのではなかろうか。(38)

五　その他の親王参詣記事

次に帥宮（敦道親王）と藤原行成の関係に言及しよう。

帥宮は弾正宮弟で、兄宮没後に和泉式部を寵愛し、冷泉院南院に引き取っている。藤原行成は儀式等で親王の名を『権記』に留めてはいるものの、参詣記事は長保元年に一例、寛弘三年に二例みられるにすぎない。長保元年（長保元年十月七日条）には、「昨自二帥宮一給レ書有レ召」ったといい、「入レ夜詣二帥宮一」っている。これは「有二作文事一」るによってであった。帥宮がしばしば作文会を催したことは後藤昭雄氏の研究に詳しいが(39)、藤原行成との関係でみれば、帥宮文芸サロンとでもいうべき場には、それほど深い関わりはなかったもののごとくである。しかし、病気見舞いに足を運ぶこともあったようで（寛弘三年五月二十四日乙丑条の参詣に「悩給也」とある）、それなりに敬意を表してはいたのであろう。帥宮（冷泉院皇子）は当時、数少ない有品親王で唯一人の四品親王であったから宮廷儀式には重要な存在であったことが、故実に関心を有する藤原行成の記録に値したものであろうが、同じ冷泉院皇子とはいえ、姻戚関係になかったことが、弾正宮とは異なる所以であろう。

このほか、冷泉院皇子没後に『権記』に多く名を留めた親王に花山院皇子がある。花山院五宮・六宮（花山院出家後の誕生であるため、祖父冷泉院擬子として処遇）が寛弘五年以降にしばしば儀式次第の中で記録されている。六宮については、年に一度ほど参詣しているが(40)、これは寛弘五年二月八日（『日本紀略』）に花山院が四十一歳で崩御したことによるものと思われる。藤原行成はその外戚（花山院生母は藤原伊尹女、女御懐子。行成の伯母）として、翌日から頻繁に参院して葬儀・法事等に関わっており、未だ元服前（両親王加冠は寛弘八年八月二十三日）の残された皇子達をも気にかけていたものと思われる。五宮への参詣がみえないのが不審であるが、元服前であれば両親王同処であった可能性もあろう。ほかに村上皇子女である為平親王や資子内親王、斎院選子内親王のもとへも数度参詣したことがみえ、また、儀式等に関わって名を留めている。しかし、いずれも公務的要素が強く、個人的参詣とは言い難い。

おわりに

以上、『権記』にみえる親王参詣記事を中心に、藤原行成と当時在世の親王との関わりをみてきたが、藤原行成にとっての親王は儀式的関心から、その動向を記録する必要のある存在ではあるが、個人的には外戚関係に無い親王に特別の関心は薄かったようである。そうした中で、一条天皇が寵愛した定子所生の皇子女であっても、親王家別当を勤めた一宮を除けば、それほど繋がりがあった様子はみえない。一方、藤原道長を後見とする彰子所生の皇子は一条朝には未だ幼いこともあって、藤原行成との関わりは多くみられない。しかし、弾正宮以外では具平親王との関係は藤原行成にとって特別な関係であり、それは文化的交友関係とでもよぶべきものであったと思われる。

藤原行成はかなり律儀な人柄であったようでもあり、一条天皇との関係や藤原道長との関係、あるいは外戚としての立場など、行成特有の事情によって『権記』にみえる親王への参詣記事も偏りを示していることは念頭におかなければならないであろう。しかしながら、当時の親王と宮廷貴族の関わりが、公務や外戚関係のみであったわけではなく、そこには文化的交友関係を含めて、より深い繋がりをみることも出来るのではなかろうか。この点については『権記』のみならず、当時の日記をはじめ幅広い検証を必要とするが、今後の課題としたい。

註

（1）このほか、寛弘八年十月に三条諸皇子がみえ、敦明親王は三品式部卿となったことがみえるが、この年には藤原行成との関係はみられないので割愛した。

（2）寛弘八年八月二十三日甲子条。

（3）寛弘五年三月二十二日癸未条、同六年二月八日条。

（4）伴瀬明美「摂関期親王家の国家的給付に関する基礎的考察」注（九）では、これを政所別当とし、長保四年はじめごろに勅別当となったとみておられる（大阪大学文学部日本史研究室創立五〇周年記念論文集上巻『古代中世の社会と国家』所収、清文堂出版、一九九八年）。

（5）長保三年二月二十八日庚午条。

（6）長保四年五月四日己亥条。この史料は山中裕氏、伴瀬明美氏らが取り上げておられ、親王家と別当の関係を知るうえでも貴重な資料である。

（7）なお、一宮は亡き定子に代り、彰子を母親代りとして、同年八月に中宮藤原彰子の上御局に渡る。その後、内裏焼亡により、一宮は中宮彰子とともに上東門第に移っている（『日本紀略』長保三年十一月十八日乙酉条）。また、寛弘元年より同三年ころまでは中宮彰子とともに土御門第にいることが多かったようである（山中裕「敦康親王」、『平安人物志』所収、東京大学出版会、一九七四年）。

（8）藤原行成の敦康親王につくす様は、前掲註（7）山中裕氏論文に詳しい。

（9）寛弘五年五月二十五日甲申条。

（10）寛弘六年十月四日乙酉条。

（11）元服のことは『御堂関白記』寛弘七年七月十七日甲午条に詳しい。

（12）寛弘八年五月二十七日庚子条、六月二日甲辰条。

（13）寛弘八年八月には左丞相（藤原道長）が一宮に二条第を奉っているので、以後の参詣はこちらであろう。

（14）人物叢書『藤原行成』（吉川弘文館、一九九四年）。

（15）もっとも山中裕氏は人物叢書『和泉式部』（吉川弘文館、一九八四年）において、藤岡忠美氏の「もし親王が和泉式部のもとにかよったとするならば、長保二年から三年十月までにかけての、せいぜい一年間のうちのことではなかったか」（「和泉式部伝の修正―為尊親王をめぐって―」、『文学』第四四―一一所収、一九七六年）という見解を引用して為尊親王と式部との恋愛関係を重くはみておられない。

（16）長保四年六月十五日己卯条。

（17）参詣が頻繁となる時期が和泉式部のもとに通ったとされる時期と

重なるのは偶然であろうか。あるいは、親王室への配慮もあって、度々の参詣となった可能性もあるのではなかろうか。

(18) 長保三年十月十二日条。

(19) 巻第五和歌一四六「花山院橘の御歌の事幷びに弾正宮の上の祝歌の事」。

(20) 同書二五六頁（吉川弘文館、一九八三年）。

(21) たとえば、『御堂関白記』長保元年閏三月五日戊子条には、為尊親王が弓の負態を行ったことがみえ、ついで「依二弾正宮御消息一、参二東院一。同車参レ宮。公卿等同候」とみえ、道長らが弾正宮を東院に参詣したことがみえる。

(22) 藤岡忠美氏は前掲註(15)論文において、『権記』にみえる「詣弾正宮」の頻出に注目され、長保三年の親王訪問回数を四十三回と数えておられる。その理由を「役職柄というわけではなく、縁故としてのつながりによるものであったらしい」とされている。

(23) 長保三年六月四日甲辰条。

(24) 長保三年八月二十六日乙丑条。

(25) 長保三年十二月十九日丙辰条。

(26) 行成の動向については前掲註(14)黒板伸夫氏書に詳しい。なお、詮子に関する記事は長保三年閏十二月十六日癸未条、同二十二日己丑条など参照。

(27) 前掲註(4)伴瀬明美氏論文は、摂関期親王家が国家的給付によって支えられていたことを明かにした労作である。本文はそうした指摘とも合致するもので、旧来の封物衰退によって外戚扶助が比重を増したとする見解は、伴瀬氏の指摘の如く再考を要するであろう。ただし、敦康親王は少なくとも敦成親王誕生までは藤原道長の庇護下にあり、馨子内親王も摂関家を後見とすることから、封物確保が容易であったことが考えられる。後見の弱い親王も同様であったかは、個々の事例を検討する必要があろうし、外戚の奉仕が経済基盤の一端としての意味を有さなかったわけではなく、特に無位源氏はその重要性を否定できないと考える。

(28) 長保二年十月二十二日乙丑条、奏慶叙正四位下。同三年八月二十六日乙丑条、任参議慶賀。寛弘四年正月四日壬寅条、参賀。

(29) 長保二年十一月三十日癸卯条、親王家御読経結願。寛弘元年閏九月十八日己巳条、「有作文」。

(30) 長保六年四月十八日辛未条、寛弘元年七月十六日戊戌条、同年閏九月六日丁巳条。

(31) 長保元年十二月六日乙卯条。

(32) 長保二年二月二十八日丙子条。同三年二月六日戊申条、親王家出産。同四年五月五日庚子条、親王王女卒去。寛弘五年七月三十日戊子条、母女御荘子女王入滅。

(33) 長保二年二月六日甲寅条、同五月十日丙戌条、長保三年四月二十五日丙寅条。

(34) 長保三年三月二日甲戌条「荘子等奉返」、寛弘六年四月七日壬辰条「玉篇返奉」。

(35) 『日本紀略』寛弘六年七月二十八日辛巳条「今日丑刻。二品行中務卿具平親王薨。(年卌六)」

(36) 親王が博識能文であったこと、また、多くの貴重な書物を有していたことなどは、大曽根章介「具平親王考」及び「具平親王の生涯」（上・下）に詳しい（『日本漢文学論集』第二巻所収、汲古書院、一九九八年）。

(37) 所功『平安時代儀式書成立史の研究』一八五頁（国書刊行会、一九八五年）。

(38) ただし、中務宮が薨じた寛弘六年七月は『権記』の記事が極めて少ない。その理由は明かではないが、ともかく、中務宮薨伝をみることは出来ない。

(39) 後藤昭雄「敦道親王」(『平安朝漢文学論考』所収、桜楓社、一九八一年)。

(40) 寛弘五年六月十一日庚子、同六年正月四日庚申参賀か、同八年十月十日己酉「同車詣六宮。々々向八省習礼給」。

おわりに――親王と文化事業――

序章で述べたように、第一部では親王の処遇について、勅授帯剣や任官の分析を通して検討した。親王の処遇は経済待遇ばかりでなく、礼遇や叙品・任官においても示されるのであり、そうした事例にどのような意味があるのかを明らかにした。第二部では賜姓や婚姻といった事例を検討することで、皇位継承問題や内親王降嫁の意味を明らかにした。第三部では国史にみえる親王序列記載を検討し、本来の出生順を推定した。内親王については、『本朝皇胤紹運録』に負うところが大きいが、概ね、妥当な結論を得たものと信じる。補論第一章では、小家内親王が光仁皇姉妹の可能性が高いことを述べた。また、第二章では、当時の親王と宮廷貴族の関わりが、公務や外戚関係に限らず、文化的交友関係を認めることが出来ることを指摘した。付載にあげた古代貴族婚姻系図は「稿」ではあるが、貴族の婚姻について考えるうえで有益と考える。それに基づいた考察は第二部でも活用したが、より詳細な検討は今後の課題である。

本書では親王の処遇、婚姻、記載序列について明らかにしてきたが、親王をめぐる課題は少なくない。その点は序章でも指摘したが、なにぶん史料が少なく、研究に広がりが生まれにくいのもまた事実である。そうしたなかで、補論第二章で示したように、親王と貴族は文化的交友関係を築いていたものも少なくない。この点から、親王の文芸に果たした役割を考察することは重要であり、歴史学の立場からは未だ十分な考察がなされていないのではなかろうか。

皇親と文芸については古く竹島寛『王朝時代皇室史の研究』(一九三六年。名著普及会、一九六六年復刻)において「王朝時代の皇親と文芸」の一章を割いて論じている。漢詩文、和歌、音楽、書画、遊芸等々における親王の活躍を述べているのだが、その後、歴史学の立場から論じた研究をほとんどみない。

さかのぼれば聖徳太子が蘇我氏とともに仏教文化を導入し、いちはやくその教義を理解したし、天武天皇の皇子大津は漢詩文に秀でており、「詩賦の興、大津より始まれり」(原漢文、『懐風藻』)といわれたように、先進の文化に接しやすい立場にあったこと、優れた文化の伝達者が近くに存在しやすいこと、など皇子女が文化の受容伝播にもっとも近い存在であった。

平安時代に入って、嵯峨朝で源氏賜姓が行われ、それは以後歴代に継承されるものとなった。彼ら一世源氏（血統上は皇子である源氏）は仁明朝から清和朝において廟堂の上層に地位を占めるものの、藤原氏と敵対するような勢力とはなりえなかった。そもそも一世源氏が藤原氏を代表とする貴族層に対立的に存在するために創出されたとは考えていないので、こうした対藤原史観はとらないが[1]、一世源氏が政治的には藤原氏に一歩を譲ったことは確かであろう。

しかし、その存在意義は政治に限定されない。一世源氏には文化的素養に恵まれた者が多く、貴公子然としていたことが指摘されている[2]が、これは一世源氏が藤原氏に対して精神的に脆弱であったということを意味しない。むしろ、藤原氏が政権担当責任氏族としての役割を果たすことによって、一世源氏は嵯峨朝以来の皇室の文化的雰囲気のなかで、むしろ文化的役割を担った存在であったとみることができるのではなかろうか。少し具体的にみるならば、例えば、源朝臣定はその性穏やかにして音楽を愛好し、家庭には常に鼓鐘を置いたと伝え[3]、また、源朝臣信は図画に巧みであったといい、また、嵯峨太上天皇自ら笛鼓琴箏琵琶などを教え、その微旨を極めたと伝える[4]。嵯峨天皇が自らも文化的に優れた資質の持ち主であったことは、三筆の一人に数えられ、また、勅撰漢詩集にも作品が採録されるなどから明らかであり、こうした天皇が保持する優れた文化技能が源氏に伝えられ、それがさらに貴族層に伝播するという流れがあったのではなかろうか。文化的技能に秀でていたのは源氏ばかりではない。嵯峨皇女である有智子内親王が漢詩に秀でていたというように[5]、皇子女が質の高い文化を創出するうえで果たした役割を認めなければならない。桓武皇子の仲野親王は奏寿宣命の道に秀でており、その音儀詞語は模範とするに足るとして、藤原基経と大江音人が教習を命じられたと伝えるが[6]、こうした関係は笛・琵琶などの楽器や儀礼、漢詩文あるいは和歌などの分野においてもみられるであろう。

権力者に先進の文化が集中し、それを囲い込む一方、身近な者に伝えられ、さらに下位へ伝播されるという文化形成の流れを考えるとき、九世紀においては、嵯峨天皇が保有した優れた文化が（一世源氏も含めて）皇子女に受け継がれたことは自然の流れであり、さらに貴族層へと文化が拡散するという流れもあったのではなかろうか。それは、補論第二章でも述べたように、藤原行成と具平親王との交流などのように、書籍の貸し借りのみならず、有職故実についての情報交換なども行っていたようであり、親王から貴族へと伝播する文化の流れは広くみられたものと思う。

その場合、藤原氏が政権を独占していく過程で、皇子女、ことに（一世源氏も含めて）皇子が政治的に疎外されることは、皇子の活動が文化的に流れる一因ともなり、我が国の文化に貢献する場が与えられることになったといえる。もちろん、藤原氏をはじめとする貴族層も漢詩なり和歌の発展には大きな役割を果たしているのだが、秘伝なり秘蔵に接しうるうえで、皇子女の文化に果たした役割は無視できないものがあろう。そうした政治的に阻害された者と文化の関わりとしては、例えば、九世紀に活躍した在原業平がいる。在原業平は平城皇子の阿保親王と桓武皇女の伊登（都、豆）内親王との間に生まれており、兄行平とともに政治的に疎外されることにより、文化的活動に名を残すことになる。彼の資質もさることながら、その生育した環境にも目を向ける必要がある。[7]

ところで、九世紀における儀式書の編纂などの事業は、のちに有職[8]故実へと繋がっていくが、醍醐皇子の源朝臣高明は『西宮記』を著している。彼の失脚（安和の変＝九六九年）はその後のことであるが、有職故実についての知識をもっとも修得し得る環境にあったとみてよい。その後、有職故実は藤原公任の『北山抄』や藤原実資の『小野宮年中行事』など、藤原氏の手になっていくのだが、それは、摂関家が天皇外祖父として、天皇家のミウチ化を果たすからに他ならない。

皇親の文化伝播に果たした役割は、個々の活動のみに限るものではない。九世紀に形成される院や後院の経済基盤を背景として、皇子女や近臣に行われた賜田等、また、皇親自ら経営する膨大な庄園群からの[10]収入によって文化的パトロンの役割を果たしたものと考えられる。なかでも斎院や斎宮の文化サロンとしての役割は大きく、後世では「大斎院」といわれた村上皇女の選子内親王などが国文学の立場から多く研究されている。古くは先の有智子内親王の「春日山荘」[11]などにみられるが、自らが優れた文化人であると同時に、文化サロンを開くことによってそこに参集する貴族たちの文化活動を支える側面も有していたのである。古くは、奈良時代の宰相長屋王が佐保サロンを営んでいたことが、長屋王邸跡発掘によってより明確になったが、こうした皇親の文化サロン形成は天皇に専有された先進文化の伝達の場ともなり得たのである。[12]

おわりに

文化については平安時代前期の密教を中心とする仏教文化や工芸・芸能など幅広い視点が必要であることは言をまたない。嵯峨天皇と空海の交わり、その影響下での皇親と仏教との関係といった問題もあろう。また、芸能に関しては、清和皇子の貞保親王が衆芸に秀で、『體源抄』十一に「管絃名人」として名を連ねており、多くの逸話が伝えられている。こうした皇親と芸能についても論ずべきことは少なくないであろう。そして、それが平安時代の政治の中でどのように意味付けられるかは十分に検討する余地があると思われる。

目崎徳衛氏は「平安京という都市的要素を開放された空間、貴族・庶民という、異質対立の存在を想定するよりも、内裏の内と外、ひいては平安京全体を一つにした都市文化として考えるべき」ことを述べている。[13]その例として、祇園祭の源となった貞観五年（八六三）の御霊会や賀茂祭勅使の行列見物などを紹介している。この開放された空間としての平安京という視点は、政治と文化との関わりを考えるうえでも重要であり、そこに皇親がどのように存在したかについては、今後いっそうの考察を深めていかなければならない問題である。もちろん、奈良時代以前から国風文化に至る長い歴史の変遷の中で、その政治と文化の関わりを皇親の立場から論ずる必要があることはいうまでもない。

以上、親王研究において、ほとんど触れられてこなかった文化的考察であるが、歴史学の立場からでは所京子『斎王和歌文学の史的研究』（国書刊行会、一九八九年）をあげておきたい。一方、国文学においてはそれなりに研究がなされてきた。例えば、大曽根章介「兼明親王の生涯と文学」「具平親王考」「具平親王の生涯（上）（下）」（以上、『日本漢文学論集』第二巻所収、汲古書院、一九九八年）や後藤昭雄「漢文学史上の親王」（『平安朝漢文学論考 補訂版』所収、勉誠社、二〇〇五年）などがあり、こうした国文学の研究成果をも取り込んで、新たな視点から親王研究を進めることは可能ではなかろうか。

註

（1）拙稿「平安時代の「皇親勢力」」（『平安時代皇親の研究』所収、吉川弘文館、一九九八年）。
（2）主に笹山晴生『平安の朝廷―その光と影―』（吉川弘文館、一九九三年）を参照している。
（3）『日本三代実録』貞観五年正月三日丙寅条。
（4）『日本三代実録』貞観十年閏十二月二十八日丁巳条。
（5）『続日本後紀』承和十四年十月戊午条。
（6）『日本三代実録』貞観九年正月十七日戊午条。
（7）目崎徳衛「在原業平の歌人的形成」（『平安文化史論』所収、桜楓社、一九六八年）。
（8）宮廷政務の儀式化が進むにつれて故実研究が重要になり、藤原師輔の九条流、源高明の西宮流、藤原実頼の小野宮流、藤原道長の御堂流など流儀を生んだ。九条流は師輔と源高明の関係や師輔が醍醐皇女である勤子内親王や康子内親王らを娶ったこととも関係するのであろう。
（9）左大臣源高明が大宰権帥に左遷された事件。高明の娘婿為平親王が皇位継承の有力候補であったところから、為平親王擁立を企んだとして密告されたもので、藤原氏による陰謀とみなされる。
（10）例えば、桓武皇女の布勢内親王は「墾田七百七十二町」を東西寺に施入し、遺命して「直銭一万貫」を修理諸寺料に宛てているなど。
（11）『続日本後紀』承和十四年十月戊午条。
（12）桜木潤氏は、伊予親王もサロンを形成し、学芸に秀でて優れた人々が集っていたことを明らかにしている（「伊予親王事件の背景―親王の子女と文学を手がかりに―」、『古代文化』第五六巻第三号所収、二〇〇四年）。
（13）上山春平『日本文明史1 受容と創造の軌跡』（角川書店、一九九〇年）における上山氏との対談。

付載　古代貴族婚姻系図稿

凡　例

一、「古代貴族婚姻系図稿」（以下、本系図）は古代貴族の婚姻関係を知ることを目的として作成した。

一、本系図は、第一部皇親、第二部源氏一〜三からなる。

一、範囲は、原則として天智・天武皇子女から、後朱雀院皇子女までとする。

一、本系図は上記目的から、婚姻関係、親子関係が明らかな女性を中心に掲載し、系譜の明らかな女子も掲載に努めた。従って、婚姻関係が不明の者、母子関係が不明の者は原則として掲載しなかった。

一、男性は原則として関係部分以外は省略した。但し、天皇及び議政官となった者、系譜を知る上で必要な者は参考のため記載した。

一、系図記載の順序は必ずしも出生順とはなっていない。

一、諸書において異同がある場合、筆者の判断で掲載したが、その旨註記した。判断が困難な場合は併記した。

一、━━線は系譜関係を、═══線は婚姻関係を示す。……は相聞関係、もしくは推定を示す。……▶は参考すべき系図部を示す。

一、参考として以下の文献を参照した。

『大日本史料』（東京大学史料編纂所）、『史料綜覧』（東京大学史料編纂所）、加納重文編『索引史料綜覧（平安時代）』（和泉書院、一九八五年）、各種索引類、竹内理三他編『日本古代人名辞典』（吉川弘文館、一九七九―一九八一年）、古代学協会・古代学研究所編『平安時代史事典』本編上・下、資料・索引編（角川書店、一九九四年）、佐伯有清『新撰姓氏録の研究』考証篇（吉川弘文館、一九八一―一九八三年）、高島正人『奈良時代諸氏族の研究』（吉川弘文館、一九八三年）、坂本太郎・平野邦雄監修『日本古代氏族人名辞典』（吉川弘文館、一九九〇年）、本多伊平編『平安時代補任及び女人綜覧』（笠間書院、一九九二年）、槙野廣造編『平安人名辞典—長保二年—』（高科書店、一九九三年）、近藤敏喬編『古代豪族系図集覧』（東京堂出版、一九九三年）、大日本古記録・史料纂集等付載系図など。

一、使用した史料及び略称は以下のとおり。

『本朝皇胤紹運録』（群書類従）：『紹運録』
『続日本紀』（新訂増補国史大系）：『続紀』
『続日本紀』（新日本古典文学大系）：岩波『続紀』
『日本後紀』（新訂増補国史大系）：『後紀』
「日本後紀逸文」（佐伯有義校訂標注『増補六国史巻六　日本後紀巻下』）
『続日本後紀』（新訂増補国史大系）：『続後紀』
『日本文徳天皇実録』（同右）：『文実』
『日本三代実録』（同右）：『三実』
『日本紀略』（同右）：『紀略』
『帝王編年記』（同右）：『編年記』
『百錬抄』（同右）
『公卿補任』（同右）：『補任』
『尊卑分脉』（同右）：『分脉』
『一代要記』（改定史籍集覧）：『要記』
『扶桑略記』（同右）：『略記』
『大和物語』（柿本奨『大和物語の注釈と研究』武蔵野書院、一九八一年）
『大鏡』（日本古典文学全集）
『大鏡』裏書（日本古典文学大系）
『栄花物語』上・下（日本古典文学大系）：『栄花』（「36-455」は「巻三十六の四五五頁」を示す）
『今鏡』（日本古典全書）
『今昔物語集』（角川文庫）：『今昔』

『宝物集』（新日本古典文学大系）
『群書類従』・『続群書類従』（続群書類従完成会）
『貞信公記』・『九暦』・『小右記』・『御堂関白記』・『中右記』・『殿暦』（大
日本古記録）
『吏部王記』・『権記』（史料纂集）
『為房卿記』（歴代残闕日記第七冊〔巻一八〜二〇〕・一九八九年）
『永昌記』・『水左記』・『長秋記』（増補史料大成）
『村上天皇御記』（所功編『三代御記逸文集成』国書刊行会、一九八二
年）：『村上御記』
『御産部類記』（続群書類従）
『古今和歌集』（岩波文庫、佐伯梅友校注、第十四刷）
『後撰和歌集』（同右、松田武夫校訂、第四刷）
『拾遺和歌集』（同右、武田祐吉校訂、第五刷）
『後拾遺和歌集』（同右、西下経一校訂、第四刷）
『後拾遺和歌集』（新日本古典文学大系）巻末付載人名索引：『後拾遺
人名索引
『八代集全註』第三巻「勅撰作者部類」「二十一代集才子伝」（山岸徳平
編、有精堂出版、一九七九年）：「勅撰作者部類」・「才子伝」
『菅家文草』（日本古典文学大系）
『紫式部日記』（日本古典文学全集）
『たまきはる』（小原幹雄・錦織周一・吉川隆美・稲村榮一『たまきはる
全注釈』笠間書院、一九八三年）
『平安時代史事典』：『事典』
『宮廷公家系図集覧』（近藤敏喬編、東京堂出版、一九九四年）：『公家系
図』
『平安人名辞典―長保二年―』（槇野廣造編、髙科書店、一九九三年）：『辞
典』
『日本女性人名辞典』（芳賀登他監修、日本図書センター、一九九三年）
木簡番号　→次項八木充論文
その他類推されたい。

一、参考とした論著は以下のとおり。系図中では著者・タイトルのみを示し
た。

秋山　虔『伊勢』（筑摩書房、一九九四年）
雨海博洋「一条の君」（雨海博洋他『大和物語の人々』笠間書院、一九
七九年）
「大和物語に見える監命婦」（早稲田大学平安朝文学研究会編
『岡一男博士頌寿記念論集平安朝文学研究』有精堂出版、一九七一年）
今井源衛「としこ（大和物語評釈一四）」（『国文学』八ノ四、一九六三年）
今江広道「八世紀における女王と臣下との婚姻に関する覚書」国学院大
学文学部史学科編『坂本太郎博士頌寿記念日本史学論集』上巻所
収、吉川弘文館、一九八三年）
請田正幸「舎人親王の子と孫」（『続日本紀研究』二一二、一九八〇年）
遠藤和彦「蜻蛉日記にみえる町の小路の女の素性について」（『平安文学
研究』第四二輯、一九六九年）
大山誠一「所謂「長屋王家木簡」の再検討」（『木簡研究』一一、一九九
二年）
柿本　奨『大和物語の注釈と研究』（武蔵野書院、一九八一年）
川崎庸之「大和物語の俊子について」（『日本古典文学大系月報』六（日
本古典文学大系第九巻附録）、一九五七年）
工藤重矩『後撰和歌集』（和泉書院、一九九二年、和泉古典叢書３）
澤田　浩「『薬師寺縁起』所引天武系皇親系図について」（『国史学』一
四二、一九九二年）
杉崎重遠「具平親王室」（『国文学研究』二〇、一九五九年九月）
鈴木佳與「右近」（雨海博洋他『大和物語の人々』笠間書院、一九七九年）

「としこ」（同右）

角田文衛「桂宮」（『王朝の残映』東京堂、一九九二年）

「関白師実の母」（『王朝の映像』東京堂、一九七〇年）

「後一条天皇の乳母たち」（『王朝の明暗』東京堂、一九七七年）

「皇太孫尊仁親王」（古代学協会編『後期摂関時代史の研究』吉川弘文館、一九九〇年）

『承香殿の女御』（中央公論社、一九六三年）〈中公新書〉

「白河天皇の乳母」（『王朝の明暗』東京堂、一九七七年）

「菅原の君」（『角田文衛著作集6　平安人物志　下』法蔵館、一九八五年）

『待賢門院璋子の生涯』（朝日新聞社、一九八五年）

「大納言道綱の妻」（『王朝の映像』東京堂、一九七〇年）

「大輔の命婦」（『角田文衛著作集6　平安人物志　下』法蔵館、一九八五年）

「竹野女王」（『角田文衛著作集5　平安人物志　上』、法蔵館、一九八四年）

「為光の娘たち」（『角田文衛著作集6　平安人物志　下』法蔵館、一九八五年）

「藤三位繁子」（『王朝の残映』東京堂、一九九二年）

「中務典侍」（『角田文衛著作集6　平安人物志　下』法蔵館、一九八五年）

『日本の後宮』（学燈社、一九七三年）

「晩年の清少納言」（『王朝の映像』東京堂、一九七〇年）

「氷上陽侯」（『角田文衛著作集5　平安人物志　上』法蔵館、一九八四年）

「藤原高子の生涯」（『王朝の映像』東京堂、一九七〇年）

「藤原基経の室家」（『角田文衛著作集5　平安人物志　上』法蔵館、一九八四年）

「藤原行成の妻」（『角田文衛著作集6　平安人物志　下』法蔵館、一九八五年）

「不比等の娘たち」（『角田文衛著作集5　平安人物志　上』法蔵館、一九八四年）

「道綱の母の身辺」（『王朝の映像』東京堂、一九七〇年）

「源澄子」（『王朝の映像』東京堂、一九七〇年）

「恬子内親王」（『角田文衛著作集6　平安人物志　上』法蔵館、一九八四年）

「夕顔の死」（『若紫抄』至文堂、一九六八年）

東野治之「藤原夫人願経の「内親郡主」」（『書の古代史』岩波書店、一九九四年）

所　京子『斎王和歌文学の史的研究』（国書刊行会、一九八九年）

迫　徹朗『王朝文学の考証的研究』（風間書房、一九七三年）

保立道久『平安王朝』（岩波書店、一九九六年）〈岩波新書〉

八木　充「「長屋王家木簡」と皇親家令所」（『日本史研究』三五三、一九九二年）

＊木簡番号　右論文「はじめに」註(2)（左記のとおり）による。『平城京木簡概報』(二十一)(二十三) 排列順に便宜上仮りの通し番号を付け、(1)～(417)(二十一)、(418)～(574)(二十三)とする。ただし(86)と(538)、(196)と(493)、(255)と(502)は重出という。(下略)

安田政彦「小家内親王」（本書所収）

山崎正伸「『大和物語』作者試論」（雨海博洋他『大和物語の人々』笠間書院、一九七九年）

横田健一「聖武天皇をめぐる女性たち」（『古代王権と女性たち』吉川弘文館、一九九四年）

吉永　登「紀皇女と多紀皇女」（『万葉』創刊号、一九五一年）

第一部　皇　親

凡　例

一、第一部は皇親の婚姻関係を中心に掲載するが、天皇の皇妃、内親王、系譜不明の女王は原則として掲載しない。但し、皇親（原則として源氏を除く）にして天皇の皇妃となった者、婚姻関係の明らかな内親王はこれを掲載した。

一、源氏は第二部に譲り、原則として掲載しなかった。但し、系譜が簡略に終わるものについては適宜掲載した場合がある（平氏・在原氏等も同様）。

一、第一部の底本は『本朝皇胤紹運録』（続群書類従完成会『群書類従』第五輯所収）とし、適宜、他史料で補った。参考にした史料・文献は（　）内に示した。

一、婚姻関係・親子関係が明らかでも、皇親系譜が明確でない者、天智以前の系譜に係るものについては記載を省いた。

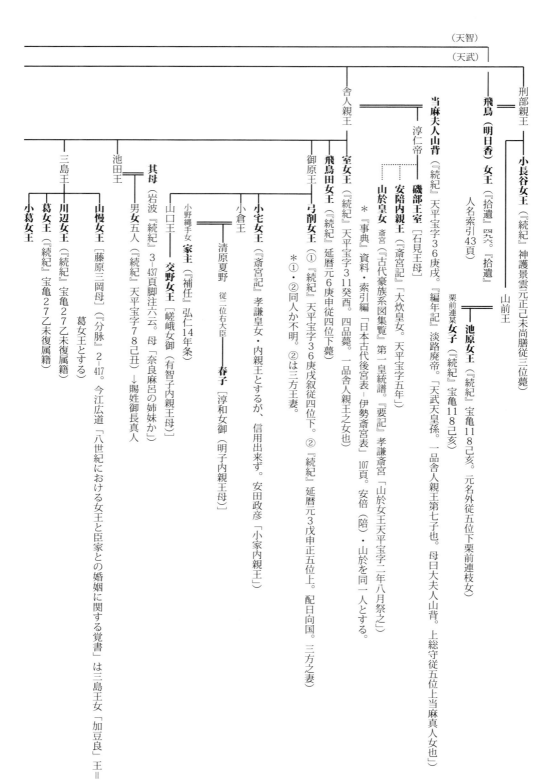

（天智）

（天武）

刑部親王

小長谷女王（『続紀』神護景雲元正己未尚膳従三位薨）

山前王

池原女王（『続紀』宝亀11 8己亥。元名外従五位下栗前連枝女）

栗前連某**女子**（『続紀』宝亀11 8己亥）

飛鳥（明日香）女王（『拾遺』四九六。『拾遺』人名索引43頁）

当麻夫人山背（『続紀』天平宝字3 6庚戌。『編年記』淡路廃帝。「天武天皇孫。一品舎人親王第七子也。母曰大夫人山背。上総守従五位上当麻真人女也」）

舎人親王

淳仁帝

磯部王室［石見王母］

安陪内親王（『斎宮記』「大炊皇女。天平宝字五年」）

山於皇女 斎宮（『古代豪族系図集覧』第一皇統譜。『要記』孝謙斎宮「山於女王天平宝字二年八月祭之」）

＊『事典』資料・索引編「日本古代後宮表－伊勢斎宮表」107頁。安倍（陪）・山於を同一人とする。

室女王（『続紀』天平宝字3 11癸酉。四品薨。一品舎人親王之女也）

飛鳥田女王（『続紀』延暦元6庚申従四位下薨）

御原王

弓削女王（①『続紀』天平宝字3 6庚戌叙従四位下。②『続紀』延暦元3戊申正五位上。配日向国。三方之妻）

＊①・②同人か不明。②は三方王妻。

小宅女王（『斎宮記』孝謙皇女・内親王とするが、信用出来ず。安田政彦「小家内親王」）

小倉王

清原夏野　従二位右大臣

春子［淳和女御（明子内親王母）］

小野縄手女　**家主**（『補任』弘仁14年条）

山口王

交野女王［嵯峨女御（有智子内親王母）］

池田王

其母（岩波『続紀』3-437頁脚注六云。母「奈良麻呂の姉妹か」）

男**女**五人（『続紀』天平宝字7 8己丑）↓賜姓御長真人

三島王

山僈女王［藤原三岡母］（『分脉』2-417。今江広道「八世紀における女王と臣家との婚姻に関する覚書」は三島王女「加豆良」王＝葛女王とする）

川辺女王（『続紀』宝亀2 7乙未復属籍）

葛女王（『続紀』宝亀2 7乙未復属籍）

小葛女王

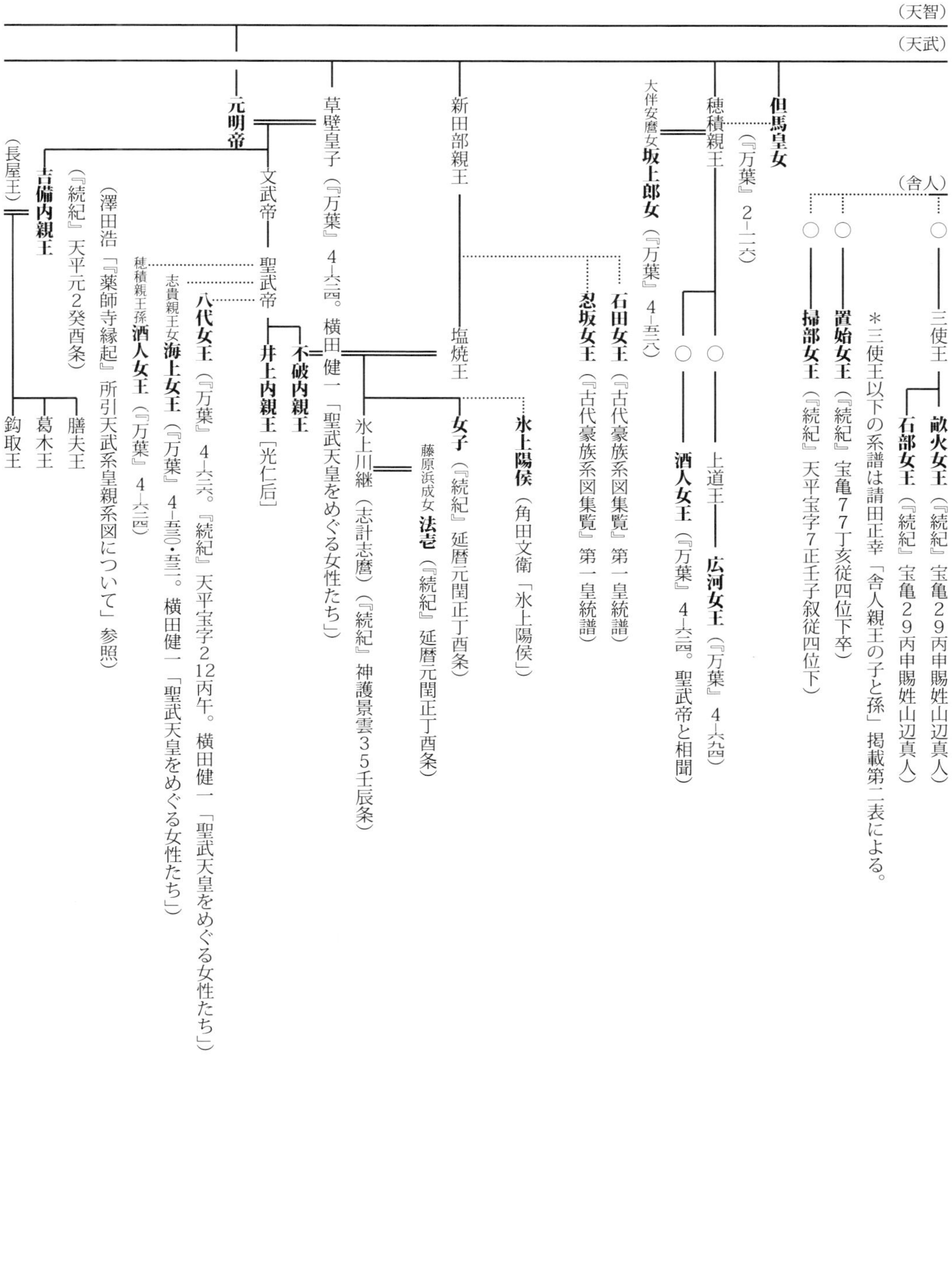

（天智）
（天武）
但馬皇女（『万葉』2—一一六）
（舎人）
○
三使王
畝火女王（『続紀』宝亀29丙申賜姓山辺真人）
石部女王（『続紀』宝亀29丙申賜姓山辺真人）
○
置始女王（『続紀』宝亀77丁亥従四位下卒）
○
掃部女王（『続紀』天平宝字7正壬子叙従四位下）
＊三使王以下の系譜は請田正幸「舎人親王の子と孫」掲載第二表による。
穂積親王
○
上道王
広河女王（『万葉』4—六九四）
○
酒人女王（『万葉』4—六二四。聖武帝と相聞）
大伴安麿女 坂上郎女（『万葉』4—五二八）
新田部親王
石田女王（『古代豪族系図集覧』第一皇統譜）
忍坂女王（『古代豪族系図集覧』第一皇統譜）
塩焼王
氷上陽侯（角田文衛「氷上陽侯」）
女子（『続紀』延暦元閏正丁酉条）
藤原浜成女 法壱（『続紀』延暦元閏正丁酉条）
氷上川継（志計志麿）（『続紀』神護景雲35壬辰条）
草壁皇子（『万葉』4—六二四。横田健一「聖武天皇をめぐる女性たち」）
元明帝
文武帝
聖武帝
不破内親王
井上内親王［光仁后］
八代女王（『万葉』4—六二六。『続紀』天平宝字212丙午。横田健一「聖武天皇をめぐる女性たち」）
志貴親王女 海上女王（『万葉』4—五三〇・五三一。横田健一「聖武天皇をめぐる女性たち」）
穂積親王孫 酒人女王（『万葉』4—六二四）
（澤田浩「『薬師寺縁起』所引天武系皇親系図について」参照）
吉備内親王（『続紀』天平元2癸酉条）
（長屋王）
膳夫王
葛木王
鈎取王

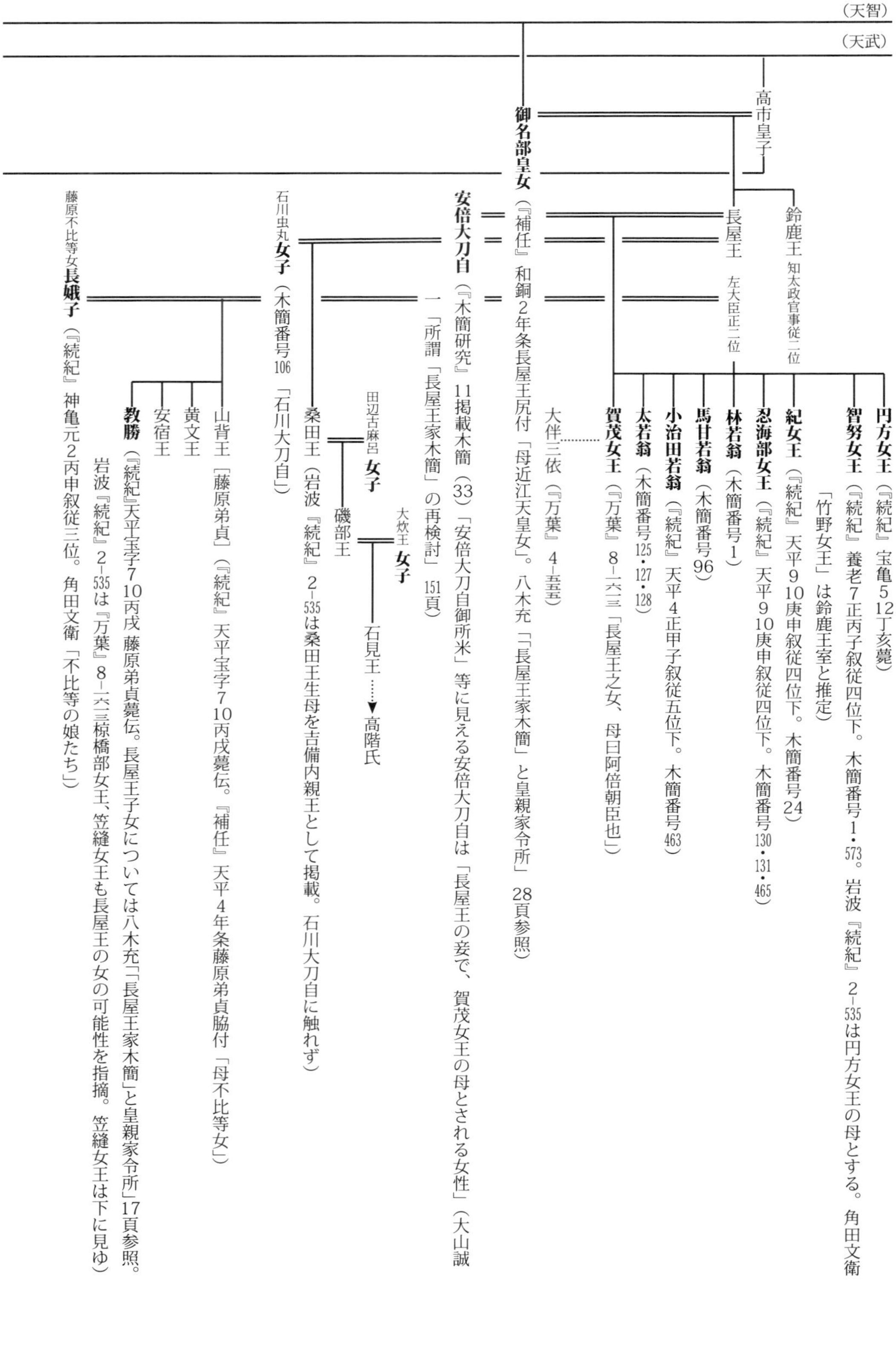
（天智）
（天武）
高市皇子
鈴鹿王　知太政官事従二位
長屋王　左大臣正二位
円方女王（『続紀』宝亀5 12丁亥薨）
智努女王（『続紀』養老7正丙子叙従四位下。木簡番号1・573。岩波『続紀』2-535は円方女王の母とする。角田文衛「竹野女王」は鈴鹿王室と推定）
紀女王（『続紀』天平9 10庚申叙従四位下。木簡番号24）
忍海部女王（『続紀』天平9 10庚申叙従四位下。木簡番号130・131・465）
林若翁（木簡番号1）
馬甘若翁（木簡番号96）
小治田若翁（『続紀』天平4正甲子叙従五位下。木簡番号463）
太若翁（木簡番号125・127・128）
賀茂女王（『万葉』8-一六一三「長屋王之女、母曰阿倍朝臣也」）
大伴三依（『万葉』4-五五五）
御名部皇女（『補任』和銅2年条長屋王尻付「母近江天皇女」。八木充「「長屋王家木簡」と皇親家令所」28頁参照）
安倍大刀自（『木簡研究』11掲載木簡（33）「安倍大刀自御所米」等に見える安倍大刀自は「長屋王の妾で、賀茂女王の母とされる女性」（大山誠一「所謂「長屋王家木簡」の再検討」151頁）
田辺古麻呂 女子
磯部王
大炊王 女子
石見王……▶高階氏
石川虫丸 女子（木簡番号106「石川大刀自」）
桑田王（岩波『続紀』2-535は桑田王生母を吉備内親王として掲載。石川大刀自に触れず）
藤原不比等女 長娥子（『続紀』神亀元2丙申叙従三位。角田文衛「不比等の娘たち」）
山背王［藤原弟貞］（『続紀』天平宝字7 10丙戌薨伝。『補任』天平4年条藤原弟貞脇付「母不比等女」）
黄文王
安宿王
教勝（『続紀』天平宝字7 10丙戌 藤原弟貞薨伝。長屋王子女については八木充「「長屋王家木簡」と皇親家令所」17頁参照。岩波『続紀』2-535は『万葉』8-一六一三椋橋部女王、笠縫女王も長屋王の女の可能性を指摘。笠縫女王は下に見ゆ）

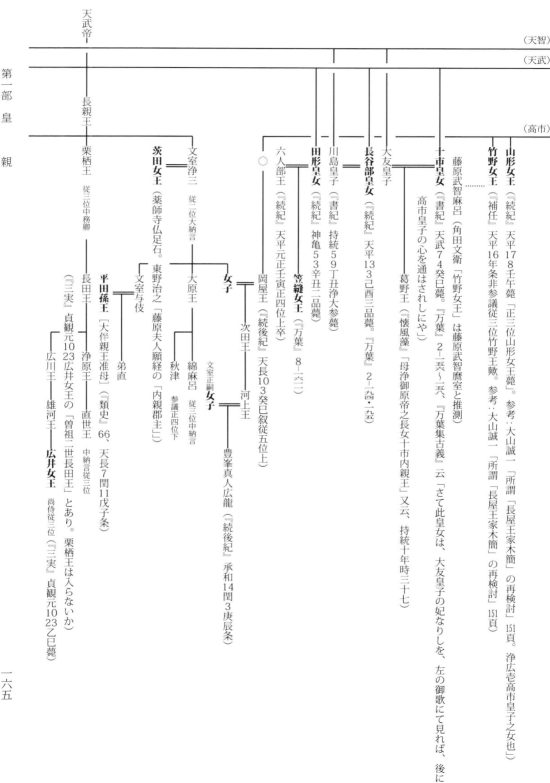

（天智）

（天武）

（高市）

山形女王（『続紀』天平17 8壬午薨「正三位山形女王薨」。参考：大山誠一「所謂「長屋王家木簡」の再検討」151頁。浄広壱高市皇子之女也」）

竹野女王（『補任』天平16年条非参議従三位竹野王歟。参考：大山誠一「所謂「長屋王家木簡」の再検討」151頁）

藤原武智麻呂（角田文衛「竹野女王」は藤原武智麿室と推測）

十市皇女（『書紀』天武7 4癸巳薨。『万葉』2－一五六～一五八、『万葉集古義』云「さて此皇女は、大友皇子の妃なりしを、左の御歌にて見れば、後に高市皇子の心を通はされしにや」）

大友皇子

葛野王（『懐風藻』「母浄御原帝之長女十市内親王」又云、持統十年時三十七）

長谷部皇女（『続紀』天平13 3己酉三品薨。『万葉』2－一九四・一九五）

川島皇子（『書紀』持統5 9丁丑浄大参薨）

田形皇女（『続紀』神亀5 3辛丑二品薨）

笠縫女王（『万葉』8－一六一一）

六人部王（『続紀』天平元正壬寅正四位上卒）

○

岡屋王（『続後紀』天長10 3癸巳叙従五位上）

次田王

河上王

女子

文室正嗣**女子**

豊峯真人広龍（『続後紀』承和14閏3庚辰条）

天武帝

長親王

文室浄三　従二位大納言

茨田女王（薬師寺仏足石。東野治之「藤原夫人願経の「内親郡主」」）

大原王

綿麻呂　従三位中納言

秋津　参議正四位下

文室与伎

平田孫王［大伴親王准母］（『類史』66、天長7閏11戊子条）

弟直

栗栖王　従三位中務卿

長田王

浄原王

直世王　中納言従三位

（『三実』貞観元10 23広井女王の「曽祖二世長田王」とあり。栗栖王は入らないか）

広川王

雄河王

広井女王　尚侍従三位（『三実』貞観元10 23乙巳薨）

天智帝

（天武）

紀皇女（八木充「「長屋王家木簡」と皇親家令所」26頁表5「朱鳥元年～和銅四年没」とする。吉永登「紀皇女と多紀皇女」は藤原京時代没とし、多紀皇女と見ゆ。岩波『続紀』1-424同じ）

（長）川内王　従三位 ― 高安王 ＝ **紀皇女**

高安王 ― **高田女王**（『万葉』8-一四四四に「高安之女也」）……大原真人今城（『万葉』4-五一五～五一二）

広瀬女王（『続紀』天平神護元10庚辰「是日。従三位広瀬女王薨。二品那我親王之女也」）

智努女王（『古代豪族系図集覧』第一皇統譜。誤りか）

文室大市　正二位大納言 ― 久賀麻呂 ― **文子**［嵯峨女御（斉子内親王母）］

文室大市 ＝ **坂合部内親王**（『続日本紀』宝亀5 11甲辰条）

施基皇子 ＝ **多紀皇女**

因幡八上采女（『万葉』4-五三四・五三五）＝ 安貴王

春日王 ― 安貴王 ― 市原王

紀鹿人女**小鹿**（『万葉』4-六四三）＝ 安貴王

海上女王（『万葉』4-五三二）

小家内親王（安田政彦「小家内親王」参照）……菅生王（『続紀』宝亀3 10壬子「姦」）

市原王 ＝ **能登内親王**（『続紀』天応元2丙午条。薨時年卌九）

五百井女王　尚侍従二位（『紀略』弘仁8 10丙寅薨）

春原五百枝　参議正三位（『補任』弘仁3年条春原五百枝脇付「母能登内親王」。天長6 12乙丑薨年七十）

弥努摩内親王（『要記』弘仁元2薨）

榎井親王 ― 神王　右大臣従二位 ＝ **弥努摩内親王**

浄庭女王（『続紀』延暦10 4丁巳「車駕幸弾正尹神王第宴飲。授其女浄庭王従五位下」。『事典』上六七三）

聖武皇女**井上内親王** ＝ 光仁帝

酒人内親王［桓武妃］（『東大寺要録』10「酒人内親王事」）

他戸親王　廃太子

湯原親王 ― 壱志濃王　大納言正三位

湯原親王 ― **尾張女王** ＝ 光仁帝

薭田親王（『続紀』天応元12辛丑薨時年卅一）

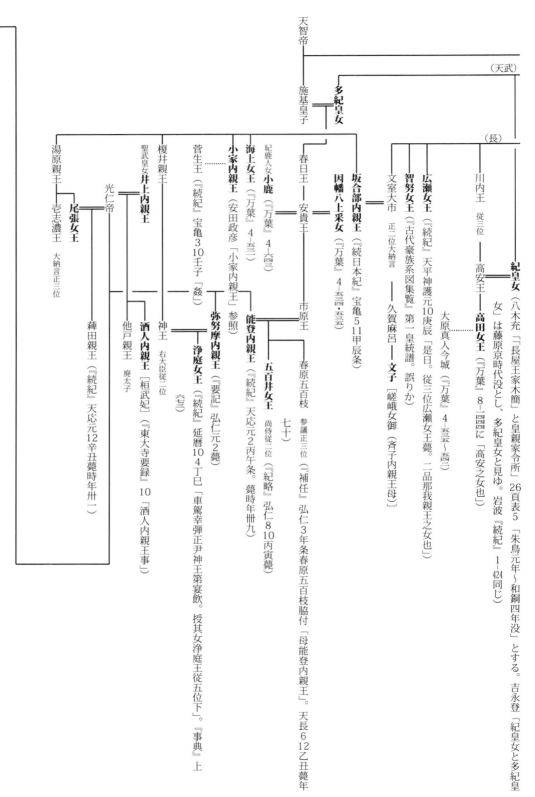

（光仁）
桓武帝

菅野氏 **女子**（『紀略』天長5 2壬子条）
宣子女王 斎宮（『紀略』天長5 2壬子。中務卿四品仲野親王乃女宣子女王乎云々）

仲野親王（『三実』貞観9 正17薨伝云。「薨時年七十六。有男十四人。女十五人。」）……▶桓武平氏
実世王―**女子**（『三実』元慶6 6 25「従四位下行摂津守実世王男景行。秋雪。申如。廉往等賜姓平朝臣。但女子者。帯王号。後産即入平氏。実世。仲野親王之子也」）
輔世王―**藤原利仁室**［公統・叙用母］（『分脉』2-305）
十世王―**宇多女御**（徳姫女王）［孚子内親王母］（寛平4 12 15諸官符宣旨案［『壬生家文書』7、図書寮叢刊］三世徳姫女王。角田文衛「桂宮」259頁）
基世王―**因幡**（『古今和歌集目録』）
班子女王 洞院太后［光孝后］（昌泰3 4 1崩年六八。『紀略』作卌八。『伏見宮御記録』［『大史料』1-2 11頁］作中宮六十［或四十］）

当麻氏 **女子**（『紀略』仁和3 閏11甲寅条）
大宅内親王（『紀略』弘仁3 5癸未辞妃）

平城帝
中臣氏 **女子**（『補任』貞観6年条大枝音人脇付。但し『事典』上二四一川口久雄説によれば、音人は平城天皇を曽祖父とし、本主の子とする）
高丘親王―男**女**↓賜姓在原朝臣（『三実』貞観17 2 2在原善淵卒伝）
阿保親王……▶大江氏
女子（『在原氏系図』、『群書類従』巻174所収）
源弘室［悦母］（『補任』延喜19年条源悦脇付）
在原行平 正三位中納言（『紀略』寛平5 7乙酉薨年七十六）
友于 参議正四位下
清和帝女御 四条后［貞数親王等母］

伊登内親王（『三実』貞観3 9 19薨）
朝原内親王（『紀略』弘仁8 4甲寅薨年卅九）
酒人内親王 母同桓武（按『東大寺要録』吉野皇后。天長六八丁卯薨時年七十六）

（在原業平）
染殿内侍（『事典』上二四九雨海博洋執筆「藤原因香女、藤原良相女の二説があるが、根拠に乏しい」。長良の一女有子と推定する。『大和』160。『事典』下二四九佐々木恵介執筆「藤原因香または藤原良相女。」）
弁の御息所（『大和』165）
紀有常 **女子**（『分脉』4-205）
藤原保則室［清貫母］（『分脉』2-415。『補任』延喜10年条）
（棟梁）
おほつぶね（『事典』上二六三、雨海博洋説「時平室の妹か」。工藤重矩『後撰和歌集』作者詞書人名索引）

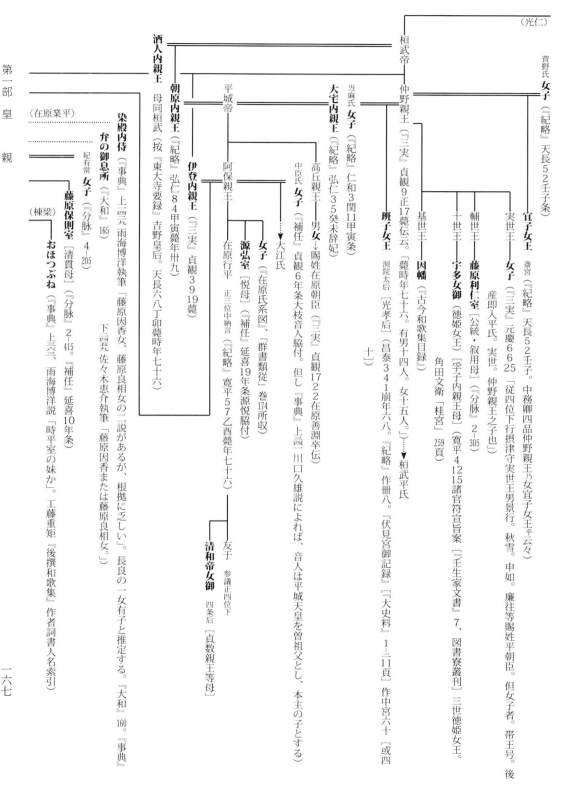

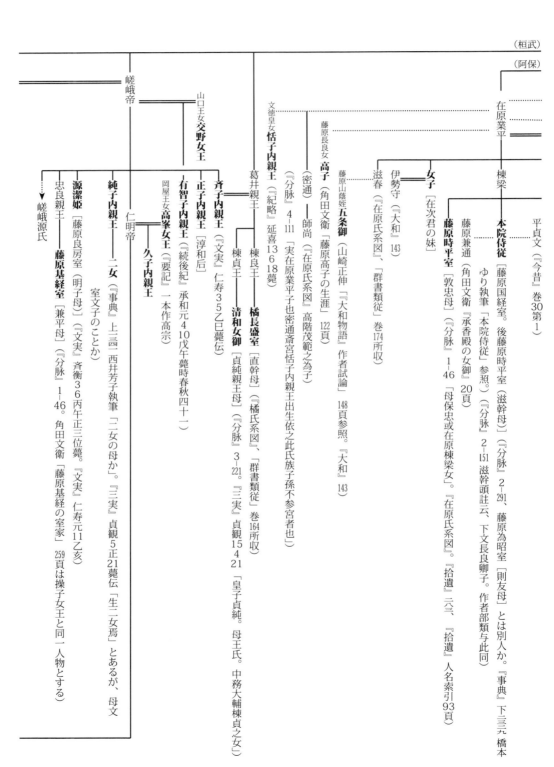

（桓武）

（阿保）

在原業平

棟梁

平貞文（『今昔』巻30第1）

本院侍従［藤原国経室。後藤原時平室（滋幹母）］（『分脉』2−291、藤原為昭室［則友母］とは別人か。『事典』下三元 橋本ゆり執筆「本院侍従」参照。）（『分脉』2−151 滋幹頭註云、下文長良卿子。作者部類与此同）

藤原兼通（角田文衛『承香殿の女御』20頁）

藤原時平室［敦忠母］（『分脉』1−46「母保忠或在原棟梁女」。『在原氏系図』。『拾遺』二八三、『拾遺』人名索引93頁）

女子［在次君の妹］

伊勢守（『大和』143）

滋春（『在原氏系図』、「群書類従」巻174所収）

藤原山蔭姪**五条御**（山崎正伸「『大和物語』作者試論」148頁参照。『大和』143）

藤原長良女 **高子**（角田文衛「藤原高子の生涯」122頁）

（密通）師尚（『在原氏系図』高階茂範之為子（『分脉』4−111「実在原業平子也密通斎宮恬子内親王出生依之此氏族子孫不参宮者也」）

文徳皇女**恬子内親王**（『紀略』延喜13 6 18薨）

葛井親王

棟良王

橘長盛室［直幹母］（『橘氏系図』、「群書類従」巻164所収）

棟貞王

清和女御［貞純親王母］（『分脉』3−221。『三実』貞観15 4 21「皇子貞純。母王氏。中務大輔棟貞之女」）

斉子内親王（『文実』仁寿3 5乙巳薨伝）

嵯峨帝

山口王女**交野女王**

正子内親王［淳和后］

有智子内親王（『続後紀』承和元4 10戊午薨時春秋四十一）

岡屋王女**高峯女王**（『要記』一本作高宗）

仁明帝

久子内親王

純子内親王

二女（『事典』上三四一 西井芳子執筆「二女の母か」。『三実』貞観5正21薨伝「生二女焉」とあるが、母文室文子のことか）

源潔姫［藤原良房室（明子母）］（『文実』斉衡3 6丙午正三位薨。『文実』仁寿元11乙亥）

忠良親王

藤原基経室［兼平母］（『分脉』1−46。角田文衛「藤原基経の室家」259頁は操子女王と同一人物とする）

→嵯峨源氏

（桓武）

（嵯峨）

高津内親王 廃妃（『続後紀』承和8 4丁巳薨）
業良親王

葛原親王……▶桓武平氏

高志内親王（『紀略』大同4 5壬子薨年廿一。贈皇后）
恒世親王——**藤原衛室**［後実母］（『分脉』1-39）

淳和帝
氏子・有子・貞子各内親王
恒統・基貞各親王
藤原愛発**女子**（『恒貞親王伝』）
嵯峨皇女**正子内親王**（『三実』元慶3 3 23崩時春秋七十）
恒貞（『紀略』天長4 5甲戌誕生）
藤原是雄**女子**（『恒貞親王伝』）
両男
緒継女王（『続後紀』承和10 4 11己巳。尚蔵従二位薨。時年六十一）

万多親王
……▶桓武平氏
雄風王——**藤原忠行室**［維綱母］（『分脉』2-440。抛頭註）
正躬王 参議正四位下——正如王女**桂心**（「三木正如王」不審。正躬王歟。『事典』資料・索引編「日本古代後宮表」一三七頁 善宗女王を正躬王娘と同一人かとする）
正行王——**藤原清夏室**［維幾母］（『分脉』2-497）

明日香親王——男**女**王四人→久賀朝臣賜姓（『紀略』弘仁9 8甲戌）

良峯安世
宗貞［遍照］
妻
妻（『大和物語』168「妻は三人なむありけるを」）
親族なりける人の**むすめ**（『大和』168）
妻（『大和』168「子どもなどある妻」）
由性（『大和』168「太郎は左近の将監」。柿本奨『大和物語の注釈と研究』466頁参照）
監の命婦（『大和』21。迫徹朗『王朝文学の考証的研究』参照。『事典』下二六六 蔵中スミ執筆「良峯義方」項によれば、義方説。兄弟二重像説がある）
晨直
丹治氏**女子**（『大鏡』裏書6-15）
衆樹
仲連
義方——**女子**（『拾遺』一二八二）
寛子（『事典』下二六五「良岑氏」項掲載系図）
親子（『事典』下二六五「良岑氏」項掲載系図）
意子（『事典』下二六五「良岑氏」項掲載系図）

（仁明）

（仁明）

- 人康親王
  - **操子女王**［藤原基経室（時平等母）］（『分脉』1-45。『紀略』寛平9 12戊午詔贈外祖母故従二位操子女王正一位。『補任』寛平2年条藤原時平脇付。角田文衛「藤原基経の室家」261-263頁は兼平・温子母、忠良親王女とする。時平等母は厳子女王〔『三実』仁和2正戊子叙従四位下〕かとする）
  - **平惟範室**［時望・伊望母］（『補任』延長5年条平伊望脇付・同8年条平時望脇付）
  - 源興基　参議正四位下
    - 敏相
      - **女子**［醍醐更衣（源允明母）］（『皇胤系図』。『古代豪族系図集覧』第一皇統譜、「左兵衛佐局」と記す）
    - **宜子**［清和女御］（『事典』資料・索引編「日本古代後宮表」125頁）
- 本康親王 ＝ 蜷淵氏**女子**（『西宮記』正月女叙位所引九記天慶7 10 9条）
  - **廉子女王**［藤原時平室（保忠母）］（『分脉』1-46。『紀略』承平5 2某「故本院左大臣室家卒」。『補任』寛平2年条藤原保忠脇付）
  - **元子女王**　斎宮（『紀略』寛平元2戊寅条）
  - 源由道 ＝ 藤原忠文**女子**（『分脉』3-26）
    - 輔忠
      - **女子**（『分脉』3-27）
    - 輔成
  - 雅望王 ＝ 藤原山蔭**女子**（『補任』天暦2年条平随時脇付）
    - 平随時　参議正四位下
- 文徳帝 ＝ **東子女王**（『要記』女御無位）
  - ＝ **兼覧王母**（『分脉』4-206、但し『中古歌仙三十六人伝』は国康親王妻とする）
    - 兼覧王
      - **女子**（『後撰』巻一春上）
  - 惟喬親王
    - **小若君**（角田文衛「恬子内親王」218頁。『倭歌作者部類』第三。『後撰』九五）
    - **三国町**（『分脉』3-31。頭註云。「按古今和歌集目録作者部類紀名虎女仁明天皇更衣」）
  - 惟彦親王
    - **直子女王**　斎院（『紀略』寛平元2己丑条。『紀略』寛平4 12辛未薨）
    - **藤原有声室**［忠邦母］（『分脉』2-438）
    - 惟世王……▶文徳平氏
  - **恬子内親王**　斎宮［在原業平密通（師尚母）］
  - 源定有
    - **藤原恒佐室**［有相等母］（『分脉』2-146・3-33）

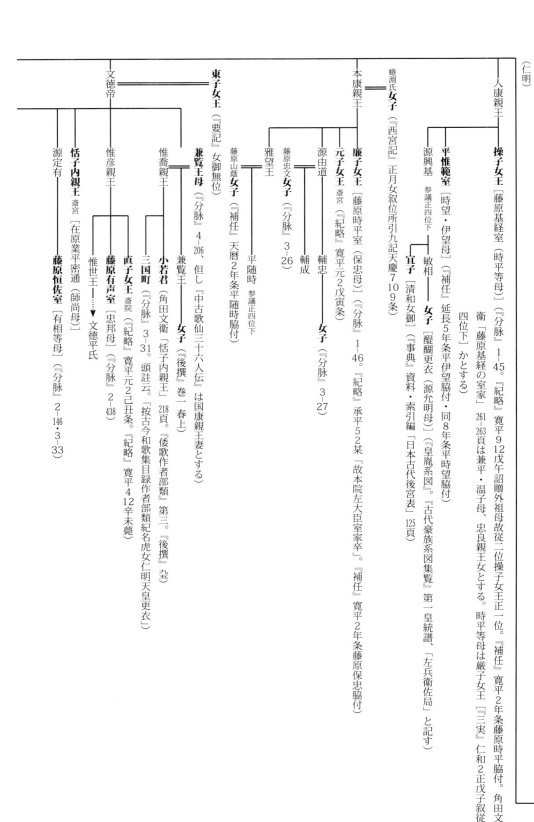

（仁明）

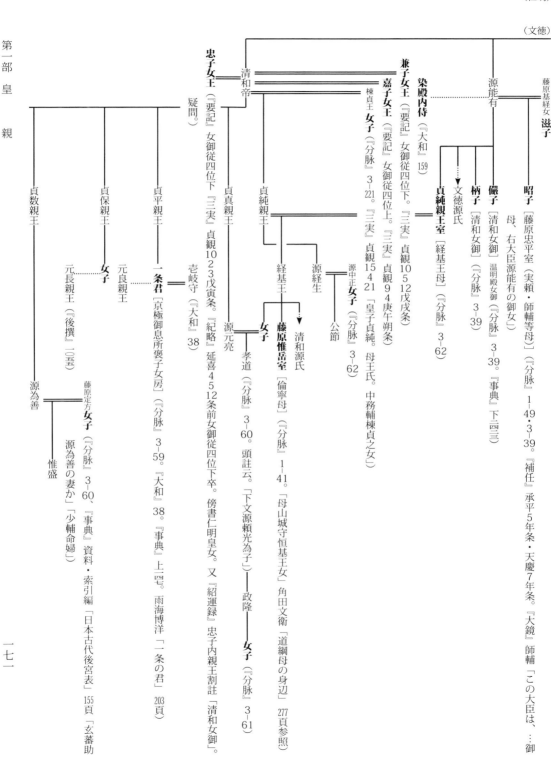

（文徳）

藤原基経女 **滋子**

昭子［藤原忠平室（実頼・師輔等母）］（『分脉』1‐49・3‐39。『補任』承平5年条・天慶7年条。『大鏡』師輔「この大臣は、…御母、右大臣源能有の御女」）

源能有

儼子［清和女御］温明殿女御（『分脉』3‐39。『事典』下二四三）

柄子［清和女御］（『分脉』3‐39）

文徳源氏

染殿内侍（『大和』159）

貞純親王室［経基王母］（『分脉』3‐62）

兼子女王（『要記』女御従四位下。『三実』貞観10 5 12戊戌条）

嘉子女王（『要記』女御従四位上。『三実』貞観9 4庚午朔条）

棟貞王 **女子**（『分脉』3‐221。『三実』貞観15 4 21「皇子貞純。母王氏。中務輔棟貞之女」）

源中正 **女子**（『分脉』3‐62）

源経生

公節

貞純親王

経基王

清和源氏

藤原惟岳室［倫寧母］（『分脉』1‐41。「母山城守恒基王女」角田文衛「道綱母の身辺」277頁参照）

女子

孝道（『分脉』3‐60。頭註云。「下文源頼光為子」）―政降―**女子**（『分脉』3‐61）

清和帝

貞真親王

源元亮

忠子女王（『要記』女御従四位下『三実』貞観10 2 3戊寅条。『紀略』延喜4 5 12条前女御従四位下卒。傍書仁明皇女。又『紹運録』忠子内親王割註「清和女御」。疑問。）

壱岐守（『大和』38）

貞平親王

一条君［京極御息所褒子女房］（『分脉』3‐59。『大和』38。『事典』上一四七。雨海博洋「一条の君」203頁）

元良親王

貞保親王

女子

元長親王（『後撰』一〇五五）

貞数親王

源為善

藤原定方 **女子**（『分脉』3‐60、『事典』資料・索引編「日本古代後宮表」155頁「玄蕃助源為善の妻か」「少輔命婦」）

惟盛

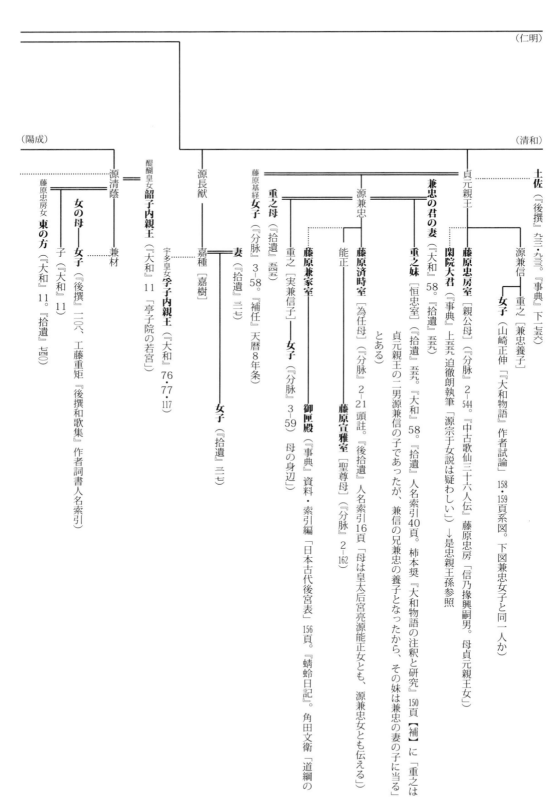

（仁明）

（清和）

土佐（『後撰』九三一・九三二。『事典』下一七五六）

貞元親王

源兼信

重之［兼忠養子］

女子（山崎正伸「『大和物語』作者試論」158・159頁系図。下図兼忠女子と同一人か）

藤原忠房室［親公母］（『分脈』2-544。『中古歌仙三十六人伝』藤原忠房「信乃掾興嗣男。母貞元親王女」）

閑院大君（『事典』上五五九 迫徹朗執筆「源宗于女説は疑わしい」）→是忠親王孫参照

兼忠の君の妻（『大和』58。『拾遺』五五九）

重之妹［恒忠室］（『拾遺』五五九。『大和』58。『拾遺』人名索引40頁。柿本奨『大和物語の注釈と研究』150頁【補】に「重之は貞元親王の二男源兼信の子であったが、兼信の兄兼忠の養子となったから、その妹は兼忠の妻の子に当る」とある）

源兼忠

藤原済時室［為任母］（『分脈』2-21頭註。『後拾遺』人名索引16頁「母は皇太后宮亮源能正女とも、源兼忠女とも伝える」）

能正

藤原宣雅室［聖尊母］（『分脈』2-162）

藤原兼家室

御匣殿（『事典』資料・索引編「日本古代後宮表」156頁。『蜻蛉日記』。角田文衛「道綱の母の身辺」）

重之［実兼信子］

女子（『分脈』3-59）

重之母（『拾遺』五四五）

藤原基経**女子**（『分脈』3-58。『補任』天暦8年条）

源長猷

嘉種［嘉樹］

妻（『拾遺』三一七）

女子（『拾遺』三一七）

宇多皇女**孚子内親王**（『大和』76・77・117）

醍醐皇女**韶子内親王**（『大和』11「亭子院の若宮」）

（陽成）

源清蔭

兼材

女の母

女子（『後撰』一二〇八、工藤重矩『後撰和歌集』作者詞書人名索引）

子（『大和』11）

藤原忠房女**東の方**（『大和』11。『拾遺』七四〇）

（仁明）

（清和）

（陽成）

（源清蔭）

としこ（今井源衛「としこ」。川崎庸之「大和物語の俊子について」。但し、鈴木佳與子「としこ」は関係を否定）

監の命婦（『大和』78・79）

元平親王

昭子女王［藤原兼通室（顕光母）］（『補任』天延3年条。『権記』長保2７４「叙正三位。后母也」。『大鏡』中 兼通「式部卿の宮元平の親王の御女の御腹の姫君」。『大鏡』裏書3-44・47、中宮媓子「忠義公女。母式部卿元平親王女。或云兵部卿有明親王女云々」、堀河左大臣顕光公「忠義公一男。母式部卿元平親王女」とある。『事典』上一五関口力説、「三品兵部卿有明親王女。（中略）元平親王女とする説もあるが誤りであろう」。所京子『斎王和歌文学の史的研究』568頁註（8・10）も角田文衛説［朝光母は有明親王女能子女王、媓子母は元平親王女昭子女王］（『承香殿の女御』21頁）を否定。『中右記』大治5年2月21日条により、媓子は朝光同母で有明親王女とする）

藤原後蔭**女子**（『大和』23。『後撰』九八六）

女子（『分脉』3-360頭註云、或下文是忠親王女同人）

藤原兼通（『後撰』七八四）

女五のみこ［宇多皇女依子内親王］（『大和』23）

貞平親王女**一条君**（『事典』上一四七。雨海博洋「一条の君」203頁）

藤原兼茂女**兵衛**（『事典』下二〇〇三。『後撰』一〇二・一〇三）

藤原千兼女**としこ**（『大和』137）

宇多皇女**誨子内親王**（『分脉』3-359。『系図纂要』陽成源氏）

源佐藝・佐親・佐平

光孝皇女**綏子内親王**釣殿宮［配陽成院］（『紀略』延長3４甲子入道三品薨。「釣殿宮」『要記』簡子内親王尻付にあり）

光孝皇女**簡子内親王**［『要記』配陽成院］（『紀略』延喜14４丙子無品薨）

陽成帝

元良親王

明子女王（『天祚礼祀職掌録』。『古代豪族系図集覧』第一皇統譜）

町小路之女（遠藤和彦「蜻蛉日記にみえる町の小路の女の素性について」）

藤原兼家（角田文衛「道綱母の身辺」）

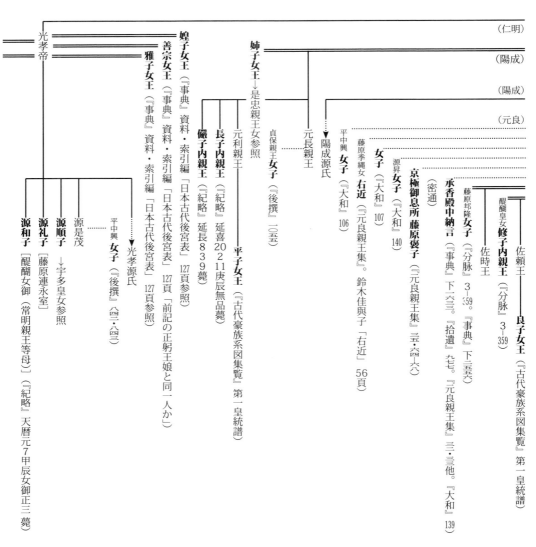

（仁明）
（陽成）
（陽成）
（元良）

佐頼王━**良子女王**（『古代豪族系図集覧』第一皇統譜）
醍醐皇女**修子内親王**（『分脉』3-359）
佐時王
藤原邦隆**女子**（『分脉』3-359。『事典』下三五六）
承香殿中納言（『事典』下一六三。『拾遺』九七。『元良親王集』三・三他。『大和』139）
（密通）
京極御息所 藤原褒子（『元良親王集』三五・六四－六八）
源昇**女子**（『大和』140）
女子（『大和』107）
藤原季縄女**右近**（『元良親王集』。鈴木佳與子「右近」56頁）
平中興**女子**（『大和』106）
陽成源氏
元長親王
貞保親王**女子**（『後撰』一〇五五）
姉子女王→是忠親王女参照
平子女王（『古代豪族系図集覧』第一皇統譜）
元利親王
長子内親王（『紀略』延喜20 2 11庚辰無品薨）
儼子内親王（『紀略』延長8 3 9薨）
媓子女王（『事典』資料・索引編「日本古代後宮表」127頁参照）
善宗女王（『事典』資料・索引編「日本古代後宮表」127頁「前記の正躬王娘と同一人か」）
雅子女王（『事典』資料・索引編「日本古代後宮表」127頁参照）
光孝帝
光孝源氏
平中興**女子**（『後撰』八四二・八四三）
源是茂
源順子 →宇多皇女参照
源礼子［藤原連永室］
源和子［醍醐女御（常明親王等母）］（『紀略』天暦元7甲辰女御正三薨）

（光孝）

- **穆子内親王**（『紀略』延喜3 12 5薨。『賀茂斎院記』に醍醐天皇妃、有明親王を生むとある「『大史料』1－三412頁」が、信用出来ず）
- 正如王女**桂心**（「三木正如王」不審。正躬王歟）
- 仲野親王女**班子女王**
  - 是貞親王━**藤原定方室**［理実母］（『分脈』2－57）
  - **簡子内親王**［『要記』配陽成院］（『紀略』延喜14 4丙子無品薨。『要記』光孝皇女）
  - **綏子内親王** 釣殿宮［配陽成院］（『紀略』延長3 4甲子入道三品薨。「釣殿宮」『要記』簡子内親王尻付にあり）
  - **為子内親王**［醍醐妃（勧子内親王母）］（『紀略』昌泰2 3丁未薨）
  - **忠子内親王**（『紀略』延喜4 5 7薨）
- 是忠親王（『補任』元慶8年条源是忠脇付）
  - **女子** 清和院君（『分脈』3－366。頭註云。「或元平親王女同人」。『後撰』一〇五四）
  - **女子** 元平親王女房（『系図纂要』光孝源氏）
  - 光孝源氏
  - 光孝平氏
  - **うなゐ**（『大和』39）
  - 宗于（『分脈』3－336、『三十六人歌仙伝』。但し、是忠親王男を疑問とする説がある。『事典』下一六三参照）
    - **閑院大君**（柿本奨『大和物語の注釈と研究』108段釈参照。『事典』上五九迫徹朗説「閑院親王貞元の一女か」）
      - ……藤原良尚男真興（『大和』118）
      - ……藤原実頼（『拾遺』九八六）
    - **南院今君**（『事典』下一六三水谷隆執筆云。宗于を是忠親王の子とみず、南院［是忠親王］の女房とする説、親王の養女とする説がある）
      - ……藤原師尹（『後撰』七三六。『大和』108）
      - ……敦固親王男源宗成（『大和』109）
      - ……人（『大和』110）
  - **人のむすめ**（『大和物語』63）
  - **監の命婦**（『大和』31。雨海博洋「大和物語に見える監の命婦」は平安直女とする）
  - **姉子女王**［陽成妃（元長等母）］（『編年記』陽成皇子元長「母女王従三位好子」。『延喜御記』『西宮記』姣子。『分脈』姉子。『事典』資料・索引編「日本古代後宮表」126頁参照）

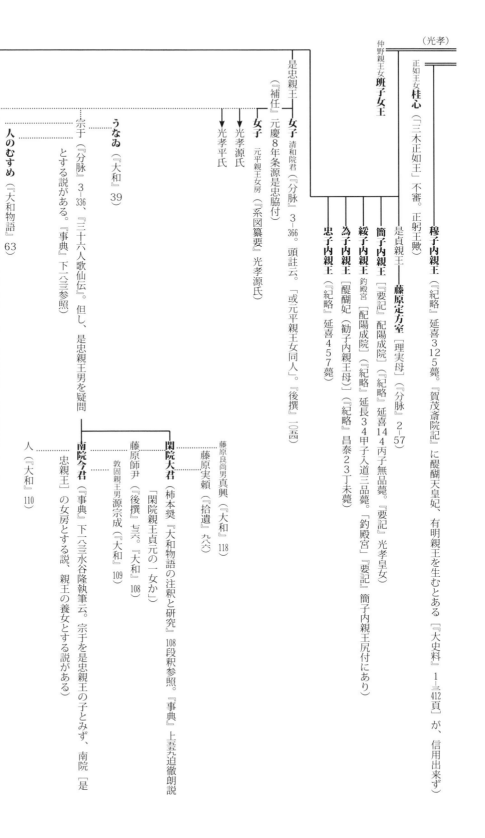

（光孝）

橘広相

- 公廉　参議正四位下（『紀略』天徳２７１参議正四位下卒。『補任』年五十八）
  - **女子**（『補任』天慶４年条源庶明脇付）
    - 源庶明　中納言従三位（『補任』天暦９５20卒。年五十三）
      - **計子**　村上女御　広幡御息所「盛子・理子内親王母」（『分脉』3-378。角田文衛『承香殿の女御』25頁）
- **義子**（『紀略』仁和４９丙寅。為更衣）

宇多帝

- 斉世親王（『紀略』延長５９10薨年卌二）
  - 菅原道真**女子**（『分脉』3-377・4-61）
    - 源英明……▶宇多源氏
- 斉中親王（『紀略』寛平３10庚寅薨年七）
- 斉邦親王（『分脉』3-379）
- **君子内親王**　斎院（『紀略』延喜２10庚辰薨）
- 十世王**女子**［徳姫女王］（寛平４1215諸官符宣旨案［『壬生家文書』7、図書寮叢刊］三世徳姫女王。角田文衛「桂宮」259頁）
- **孚子内親王**　桂宮（『紀略』天徳２４己卯薨）
  - ……敦慶親王（角田文衛「桂宮」。『大和』40）
  - ……源長猷男嘉種（『大和』76・77・117。角田文衛「桂宮」263頁参照）
  - ……人（『大和』114。角田文衛「桂宮」264頁参照）
  - ……逢うまじき人（『大和』26。『日本古典全書』は敦慶親王かとする）
- 敦固親王
  - **源宗成母**（『略記』裏書承平３５12「民部史生諸藤殺害侍従源宗城朝臣幷其母」）
    - 源宗成（『大和』109。『略記』「勅撰作者部類」宗城。『大和物語』巨城）
      - ……**南院の今君**（源宗于女。『事典』下一八三三水谷隆執筆云。宗于を是忠親王の子とみず、また本人の身分は南院［是忠親王］の女房とする説、親王の養女とする説がある）
      - ……平中興**女子**（『後撰』八〇四・八〇五）
  - ……**王女尼**（『古代豪族系図集覧』第一皇統譜）
  - 醍醐皇女**慶子内親王**（『紀略』延長元２乙卯薨「兵部卿敦固親王之室也」）

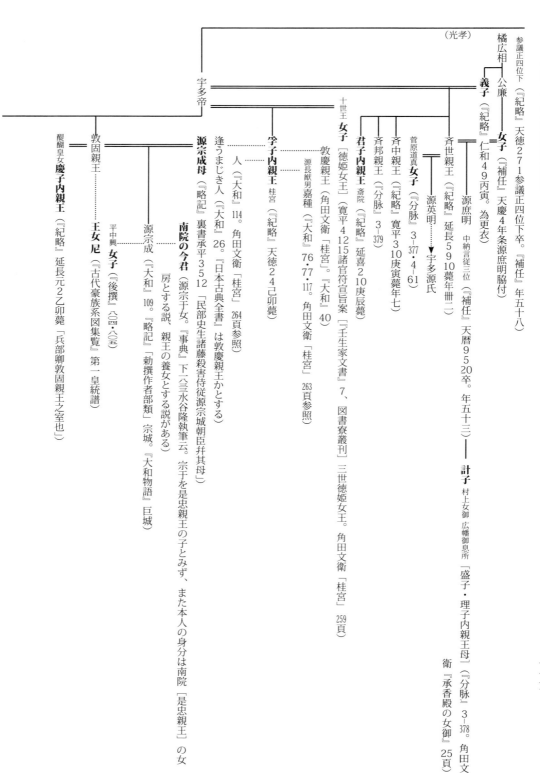

（宇多）

三条御息所（『大和』18。柿本奨『大和物語の注釈と研究』18段語釈による。藤原定方女で醍醐女御、実頼室、康保元年卒の能子とする）

敦実親王（『紀略』康保4 3 辛卯薨年七十五）

藤原時平**女子**（『補任』天暦5年条・天徳4年条。『分脉』1-47）

源雅信 左大臣従一位（『紀略』正暦4 7 壬子入道年七十四）……▶宇多源氏

源重信 左大臣正二位（『紀略』長徳元5 癸丑薨年七十四）……▶宇多源氏

源寛信（『分脉』3-380）

僧寛朝（『紀略』長徳4 6 12入滅。『僧綱補任』母時平大臣女。『仁和寺御室系譜』寂時八十三歳）

藤原総継**女子**［伊勢］［行明親王母］（『分脉』2-189・3-378。『事典』上一三。行明親王母とする説について諸説あるが、不明とすべきか［秋山虔『伊勢』112頁以下］）

平かねき（『後撰』八四六）

中務（『三十六人歌仙伝』中務卿敦慶親王女。母伊勢云云）——**女子**（『拾遺』一三二。『拾遺』人名索引42頁）

源頼**女子**（『後撰』五四八）

源信明（角田文衛「藤三位繁子」365頁。小学館・新編『大鏡』384頁頭註2）

ゐとの［藤原伊尹室（光昭母）］（『拾遺』三六）

敦慶親王（『紀略』延長8 2 28薨年卌四）

三条御息所藤原定方女**能子**（『大和』18『事典』上四九原国人執筆「敦慶親王」項）→敦実親王参照

宇多皇女**孚子内親王**（角田文衛「桂宮」262頁。『大和』40。『後撰』五三九）

均子内親王（『紀略』延喜10 2 25薨。敦慶親王室。年廿一）

行明親王［醍醐帝為子］

藤原顕忠**女子**（『分脉』3-453）

源重光室［長経・則理母］（『分脉』3-448）→第二部二

源重熙

誨子内親王［陽成皇子元良親王室］（大日本古記録『九暦』九暦逸文天暦6 12 15「誨子内親王昨薨」）

季子内親王

数児（『本朝世紀』天慶5 6 30「季子内親王忽然畏縮。与数児共乗一車。馳移於左大臣家」）

元平親王（『大和』23）

依子内親王

（宇多）

源順子〔藤原忠平室（実頼母）〕（『紀略』延長3 4丙寅条「左大臣室家源氏卒」。『補任』承平元年条「母宇多天皇第一源氏順子」。『古事談』9-48「寛平法皇（中略）因之以第一女王於朱雀院西対有嫁娶之儀。于時貞信公大弁参議云々」。実頼母は、『補任』承平元年条は源順子とするが、『分脉』2-1は源能有女昭子とする。『貞信公記』は頎子とし、『菅原系図』は欣子、『要記』『大鏡』裏書は傾子とする。『事典』上一三三大森展美執筆「菅原類子」云「また、順子について、（中略）宇多皇女とは考えがたい。このため、光孝皇女ながら忠平に配するという意図のもと、異母兄である宇多天皇の養女となったとする見解がある」。角田文衛「菅原の君」参照。柿本奨『大和物語の注釈と研究』97段【語釈】（235頁）は、忠平北の方を昭子とし、『紀略』延長3 4丙寅条「左大臣室家源氏卒」を昭子のこととする）

醍醐帝

輔相王女**満子女王**（『貞信公記』延喜20 6 27「大輔更衣労中頓滅」。『事典』資料・索引編「日本古代後宮表」129頁参照）

修子内親王〔元長親王室〕（『要記』醍醐皇女「母満子女王民部大輔輔相王女」。『分脉』3-359。『紀略』延長7 10 14「第八内親王、為兵部卿親王設冊賀礼」。『紀略』承平3 2辛亥無品薨）

克明親王

厳子女王（『分脉』3-448。『古代豪族系図集覧』第一皇統譜、研子女王とする）

源博雅　従三位太皇大后宮大夫（『紀略』天元3 9 28薨）

藤原時平**女子**（『分脉』1-47・3-447。『補任』天延2年条。『大鏡』裏書2-26）

大輔（『事典』下一四七三福嶋昭治執筆云「保明親王の乳母子で、親王との間に子を儲けた」。小学館『大鏡』上 村上天皇「かの御乳母子に大輔の君といひける女房の」。58頁頭註云「源弼女」。『事典』下一四七三は別人とする。角田文衛氏は『日本の後宮』において藤原精子かとするが、鈴木佳與子「大輔」72頁は否定。所京子氏は藤原玄上女で式明親王室とする〔『斎王和歌文学の史的研究』脚註298参照〕）

保明親王

藤原忠平女**貴子**　東宮御息所（『分脉』1-50。『紀略』応和2 11壬寅尚侍従二位薨年五十九。『大鏡』上 時平「先坊に御息所まゐりたまふこと、（中略）中将の御息所と聞えし、後は重明の式部卿の親王の北の方にて、斎宮の女御の御母にて、そもうせたまひにき」）

熙子女王　王女御　朱雀院女御（『紀略』承平7 2壬寅「以文献彦太子女熙子女王為女御」。『栄花』月宴「熙子女王也、文彦太子一女、母左大臣時平女也」「天慶（傍書暦）四五五卒」。『要記』朱雀後宮女御「文彦太子女母左大臣時平女」。『玉葉』安元2 9 14「又天暦四年三月十五日、従三位熙子女王薨」）

慶頼王　皇太子（『紀略』延長3 6庚辰薨。年五）

藤原時平女**仁善子**（『分脉』3-448。『九条殿記』天慶8 12 20「或人云。女御熙子之母氏仁善子。此暁卒去云々」。『本朝世紀』天慶8 12辛巳「今夜正五位下藤原仁善子卒。仁善子者。故贈太政大臣第一女。先々坊御息所。王女御母也」）

藤原玄上**女子**（『分脉』2-437。延喜前坊妾）

（醍醐）

代明親王

- **厳子女王**［藤原頼忠室（公任・遵子等母）］（『補任』正暦3年条。『紀略』天元5 10戊寅「正三位厳子女王。太政大臣室。皇后母也」。『中右記』大治5 2 21「関白頼忠女、母厳子女王、代明親王第三女也」。『小記目録』長和3 7 16「太皇太后尊堂逝去事」。『要記』円融院後宮皇后藤遵子尻付「太政大臣頼忠一女母中務卿代明親王三女従三位厳子女王也」。『要記』花山院後宮女御無位藤禔子尻付「太政大臣頼忠四女母中務卿代明親王三女」。『大鏡』裏書2-44）
- **恵子女王**［藤原伊尹室（義賢・懐子等母）］（『分脉』1-379。『補任』永観2年条。『紀略』永観2正21「恵子者。故太政大臣謙徳公之室也」。『小記目録』正暦3 9 27「故一条摂政北方恵子女王逝去事」。『大鏡』裏書3-35・1-39）
- **荘子女王** 麗景殿女御［村上女御。具平親王母］（『権記』寛弘5 7 16入滅。天暦女御荘子女王。年七十九。『要記』中務卿代明親王女。母右大臣定方女。天暦四年十月二十日為女御）

＝藤原定方**女子**（『分脉』3-448。『紀略』承平6 3 18薨。『補任』康保元年条・安和3年条。『大鏡』裏書3-27）

- 源重光　大納言正三位（『補任』康保元年条。『紀略』長徳4 7丙寅薨年七十五。『補任』七十六）
  - ＝**女子**（『栄花』4-133「かの大納言殿の姫君、いみじう美しき若君生み給へれば、祖母北の方・摂政殿など」。行明親王女子同一人か不明）
    - **藤原伊周室**［道雅母］（『分脉』1-308。『大鏡』中　道隆「源大納言重光の卿の御女の腹に、女男二人・男君一人おはせしが…男君は、…春宮亮道雅の君とて」）
    - **藤原道長室**［長信母］（『分脉』1-62。『大鏡』中　道隆）
    - **大納言**（『栄花』）
  - ＝行明親王**女子**（『分脉』3-448）→第二部二
    - 長経（『分脉』3-448）……▼醍醐源氏
    - 則理（『分脉』3-448）
      - ＝源時通女**大納言の君**（『栄花』8-263。補注388「源扶義女」とする）
      - ＝源時通女**中の君**（『栄花』8-241「中の君、帥殿の北の方の御はらからの則理に婿取り給へりしかども、いと思はずにて絶えにしかば」）
      - ＝源憲定**女子**（『事典』下二四〇。『栄花』24-172「姉君」、34-404「宣旨には故兵衛督の女、但馬守則理の朝臣の妻」）
        - **藤原師実室**［仁源等母］（『分脉』1-60）
        - **敦平親王室**［敬子女王母］（『栄花』36-439）
- 源保光　従二位中納言（『補任』安和3年条。『紀略』長徳元5癸丑薨年七十二）
  - **藤原義孝室**［行成母］（『分脉』1-380。『補任』長保3年条。『大鏡』中　伊尹「その義孝の少将、桃園の源中納言保光卿の女の御腹にうませたまへりし君ぞかし、今の侍従大納言行成卿」。『大鏡』裏書3-28）
  - **藤原懐平室**［資平・経通母］（『分脉』2-5。『補任』寛仁元年条。『権記』正暦4 2 29）
  - **女子**（『辞典』614頁。『御堂関白記』寛弘2 11 5）

（醍醐）

（代明）

藤原敦忠女子（『栄花』2-91「枇杷の大納言のぶみつの北の方は、故敦忠権中納言の（御）女なり」。後、藤原朝光室。同2-91参照。『大鏡』裏書2-29。『拾遺』人名索引16頁）

源延光　権大納言従三位（『紀略』貞元元6 17薨年五十）──藤原済時室［通任・相任母］（『分脈』2-21。『補任』寛弘8年条。『栄花』1-63「御おぢの済時の君、（中略）この宰相は枇杷の大納言延光の女にぞ住み給ひける」。『大鏡』裏書2-50）

藤原師輔女　登子　従二位尚侍（『分脈』1-58。史料纂集『吏部王記』149頁天暦2 11 22「夜詣右丞相坊門家。娶公中女」。『紀略』天延3 3辛丑尚侍従二位薨。『要記』冷泉後宮尚侍藤登子尻付「初適重明親王重明親王薨後入掖庭寵幸」。『栄花』1-36「九条殿の后の御はらからの中のきみは、重明の式部卿のみやの北の方にぞおはしける。女君二人生みてかしづき給ひけり」）

重明親王

姚子女王［藤原朝光室（朝経・姫子母）］（『分脈』1-52。『大鏡』中　兼通「北の方には、貞観殿のないしのかみの御はらの、重明の式部卿の宮の御なかひめ君ぞおはせしかし」。『大鏡』中　兼通「閑院の大将殿は、のちにはこの君達のはゝをばさりて」。『要記』花山院。女御無位藤原姫子。大納言朝光一女母式部卿重明親王五女。『栄花』2-91。『大鏡』裏書3-51）

祐子女王［源助理室、後尾張守正佐室］（『事典』上三六。角田文衛「大輔の命婦」参照。『枕草子』にみえる大輔乳母とも）

麗子女王（『天祚礼祀職掌録』登壇即位事村上天皇「褰帳左麗子女王重明親王女」。『即位部類記』所引外記日記天慶9 4 28「褰帳命婦二人。東麗子女王。西馨子女王」）

旅子女王　本名悦子　斎宮（『紀略』天暦元2壬午「以悦子女王定伊勢斎王。年六」。『貞信公記抄』天暦元2 26「卜定伊勢斎宮。中務卿親王女也」。『二所太神宮例文』「旅子内親王 本名悦子内親王。重明親王女。在任七年。天暦元年」。『要記』村上斎宮「旧名悦子醍醐孫重明親王女」）

徽子女王　斎宮女御［承香殿女御］従四位上（『紀略』承平6 9戊戌「弾正尹重明親王女徽子女王卜食。年八」。史料纂集『吏部王記』150頁天暦2 12 30「徽子女王入内」。『大鏡』裏書6-13女御徽子女王事　式部卿重明親王女母貞信公女「寛和元年月日卒。年五十七」）

源邦正（『今昔』28-21）

小大君（上畳本三十六歌仙切。雨海博洋「一条の君」193頁所引参照。『栄花』4-153「春宮の女蔵人小大君」。『拾遺』一二四七「東宮女蔵人左近」）

藤原忠平女　寛子（史料纂集『吏部王記』128頁天慶8 11 8「室正五位下藤原寛子卒。年四十。太政大臣第二女也」。『分脈』1-50・3-450。『紀略』天慶8正乙卯「中務卿重明親王室家藤原氏卒。伊勢斎王母也」）

藤原忠平女貴子（『大鏡』上　時平）→保明親王御息所

常明親王──王女［適一条君］（『古代豪族系図集覧』第一皇統譜）

藤原恒佐女子（『分脈』3-450）

源茂親

（醍醐）

式明親王

＝藤原玄上女子（『分脉』2-437。後配藤敦忠卿。所京子『斎王和歌文学の史的研究』237頁、註21「大輔」のこととする）

　源親頼

有明親王

　旅子女王［藤原公季室（実成・義子等母）］（『分脉』1-120。『補任』寛弘5年条。『要記』一条院。女御従二位藤義子。内大臣公季一女母兵部卿有明親王女旅子女王。『大鏡』裏書3-64）

　能子女王［藤原兼通室（媓子・朝光等母）］（『分脉』1-52。『補任』天延2年条。『小記目録』正暦5 7 7大納言朝光母逝去事。『要記』円融院後宮皇后藤媓子尻付「太政大臣道兼一女母兵部卿有明親王女」。『権記』長保2 4 7「無位昭子女王叙正三位。后母也」。『中右記』大治5 2 21「天禄四年七月一日、立藤媓子為中宮。廿七。関白兼通一女。母有明親王二女」。『大鏡』中 兼通「この殿の御女、式部卿の宮元平の親王の御腹の姫君、円融院の御時にまゐりたまひて、堀河の中宮と申しき」「堀川の摂政殿の御二郎、兵部卿有明の御娘のはらの君、中宮の御ひとつ腹におはせし」。『事典』上一五関口力執筆「能子女王とも記される。（中略）元平親王（陽成天皇皇子）女とする説（『大鏡』三）もあるが誤りであろう」）

　馨子女王（史料纂集『吏部王記』134頁天慶9 4 28「右即有明親王之女」校訂註馨子。『天祚礼祀職掌録』登壇即位事村上天皇「褰帳右馨子女王有明親王女」。『即位部類記』所引「外記日記」天慶9 4 28褰帳命婦二人。東麗子女王。西馨子女王）

＝藤原仲平女暁子（『分脉』1-47・3-450。『紀略』寛和2 3壬午「従三位藤原暁子於浄土寺為尼。右衛門督源忠清母。故左大臣長女也」。『紀略』天慶7 12 2「七親王北方賀父左大臣七十算」。『紹運録』作時子。『紀略』作暁子。『事典』下二四三山下克明執筆「源忠清」、母「藤原仲平女の時子」）

　源忠清 参議正三位（『補任』天禄4年条。『紀略』永延2 2戊申薨。五十六）

　源守清

　　＝藤原清正女子（『分脉』3-451）

　　　高雅……▶醍醐源氏

　源正清

　　＝藤原雅材女子

　　　頼節（『分脉』3-451）

　　　頼貞（『分脉』3-451）

　源泰清 従三位左京大夫（『補任』永延2年条。『紀略』長保元4癸亥薨。年六十四）

　　藤原行成室［実経母］（『分脉』1-381。『補任』永延2年条。『栄花』16-37）

　　藤原行成室［行経母］（角田文衛「藤原行成の妻」271頁）

　明救 僧正（『編年記』後一条院天台座主「兵部卿有明親王息。母枇杷大臣女」）

（醍醐）

藤原敦敏**女子**（角田文衛「為光の娘たち」117頁系図9）

　源尊光（『権記』長保4 3 13）

章明親王

　平致光（密通）（『本朝世紀』寛和2 6 19「被差瀧口平致光。密斎女王突せりと云々」。『編年記』華山院斎王「寛和二年六月十九日於野宮与瀧口平致光密通云々」）

　済子女王 斎宮（『紀略』寛和元9癸酉「伊勢斎王済子女王自中河家禊東河。入左兵衛府」。『紀略』永観2 11庚戌「卜定伊勢斎王。弾正尹章明親王女済子女王卜食」。『要記』花山斎宮「斉子女王。弾正尹章明親王女」）

　隆子女王 斎宮（『紀略』天延2閏10辛酉「伊勢斎王隆子女王卒于斎宮」。安和2 11己未「卜定伊勢斎王。弾正尹三品章明親王之一女也」）

　慶子女王（『古代豪族系図集覧』第一皇統譜）

行明親王

　源重光室（『分脉』3-448）

盛明親王……源高明女**明子**［猶子］（『栄花』1-59「源氏の大臣のあるが中のおとゝのおんなぎみの、いつゝ六つばかりにおはするは、大臣の御はらからの十五のみやの、御女もおはせざりければ、迎へとり奉り給て、姫宮とてかしづき奉り給ひて養ひ奉り給」）

菅原在躬**女子**（『分脉』3-454）

　源則忠……▶醍醐源氏

兼明親王

源衆望**女子**（『補任』貞元2年条）

　源伊陟 中納言正三位（『紀略』長徳元5丁卯薨年五十八）――**陟子** 上東門院宣旨 大宮宣旨（『御堂関白記』長和元閏10 27「乗車女方皇大后宮宣旨。伊陟女子」。『事典』下二四三加納重文執筆「外祖父高明女が藤原道長室明子である縁」は誤り）

慶子内親王［敦固親王室］（『紀略』延長元2乙卯無品薨。兵部卿敦固親王之室也）

勤子内親王［藤原師輔室］（『紀略』天慶元11 5四品薨。先帝第四皇女。中納言師輔室）

雅子内親王 西四条斎宮 六条斎宮［藤原師輔室（為光・高光母）］（『分脉』1-57。『補任』安和3年条・天禄元年条。『要記』天暦8 8 29薨年四十五。『類聚符宣抄』四皇子賜姓延喜21 2 5太政官符「源朝臣雅子年七」）

普子内親王［源清平室。後藤原俊連室］（『紀略』天暦元7甲午無品薨。年卅八）

靖子内親王［藤原師氏室］（『要記』天暦4 10 13薨年三十六。配大納言藤原師氏卿。生一女。母源氏。『西宮記』12裏「九記云、天暦四十廿四靖子内親王薨」）

韶子内親王 斎院［源清蔭室。後、橘惟風室］（『紀略』天元3正其日前斎院薨）

康子内親王 一品准宮［藤原師輔室（公季母）］（『分脉』1-58・119。『補任』天元4年条。『紀略』天徳元6 6一品薨）

藤原実頼**女子**（『紀略』天暦元7 8。『栄花』上補注21参照。『拾遺』六五四）

（源高明）

藤原師輔三**女**（『事典』下二四三〇。『補任』正暦6年条）

　中の君［藤原正光室（土御門御匣殿光子母）］（『大鏡』中 兼通「堀川殿御子大蔵卿正光ときこえしが御むすめ、源帥の御なかの君の御腹ぞかし、今の皇太后宮のみくしげ殿とて候給」）

　俊賢 権大納言正二位……▶醍醐源氏

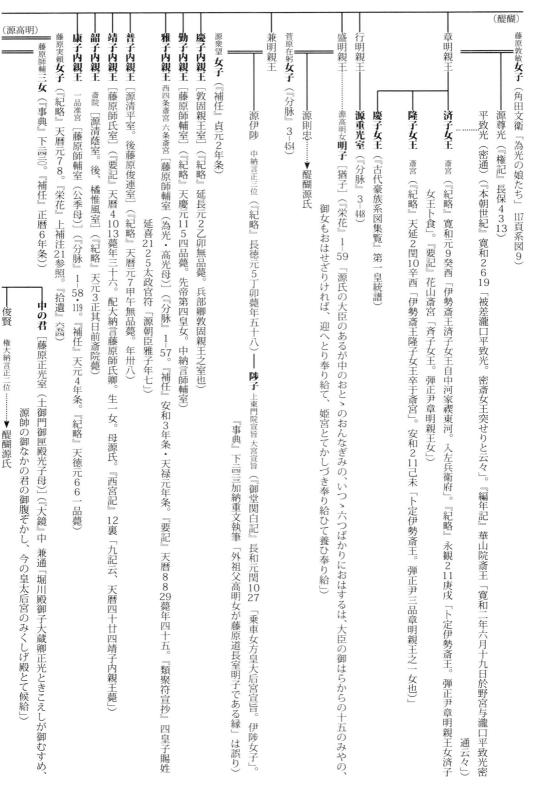

（醍醐）

源高明　左大臣正二位

- 忠賢……▶醍醐源氏
- 惟賢（『事典』下二四三「源俊賢母」項）
- **俊賢姉** 五君（『小右記』寛仁元7 19「源大納言俊賢姉逝去、号五君」）
- **為平親王室**［源憲定・婉子女王等母］（『分脉』3-480。『事典』下二四二。『大鏡』裏書3-8）
- **藤原正光室**［土御門御匣殿母］（『後拾遺』人名索引40頁）
- **源重信室**［信方母］（『分脉』3-381）
- **具平親王室**［隆姫女王母］（『事典』下一五四）
- **明子女王** 高松殿［盛明親王猶子・藤原道長室］（『大鏡』下 道長上「高松殿の上と申すも、源氏にておはします。延喜の皇子高明の親王を左大臣になしたてまつらせたまへりしに、（中略）その御女におはします」。『大鏡』下 道長上「御舅の十五の宮と申したるも、（中略）この君をとりたてまつりて、養ひかしづきたてまつりて」）

藤原師輔女 **愛宮**（『事典』下二四〇。『補任』寛弘2年条「故左大臣高明公四男。母右大臣正二位師輔公五女」）

源泉 **女子**（『分脉』3-7）

経房 権中納言正二位（『栄花』28-283「故帥源中納言の女数多あるを、一人一人召すに」）

藤原懐平 **女子**（『栄花』下補注10）

藤原懐平女 **宰相妹**（『小右記』寛仁元7 13「源中納言［経房］室［宰相妹也］、欲命過云々、不幾有逝去之告、無常之世也」）

室家（『権記』長保4 5 17亡去。『辞典』606頁。藤原有国女か）

- 定良
  - 藤原師基（『分脉』1-319）
  - **女子** 白河天皇乳母（角田文衛「白河天皇の乳母」）
- 良宗
  - **女子** 近衛姫君（『分脉』3-477。頭註云。作者部類作兵衛姫君。拠脇本前本閣本附載）
- 源済政 **女子**（『小右記』万寿元10 26婚）
- 実基
  - 藤原公信 **女子**（『分脉』1-395）
  - **因幡**（『栄花』36-446「実基の中将、今は尾張の守といふが女」。頭註云「その女は因幡」）
  - **女子**（『栄花』37-476）
- **藤原良頼室**［良基母］（『分脉』1-310。『栄花』28-283「故帥源中納言の女数多」あるとみえるが他は不見）

朱雀帝

保明親王女 **熙子女王**

- **昌子内親王**［冷泉后］（『紀略』長保元12庚戌「太皇大后宮昌子内親王崩。年五十五」）

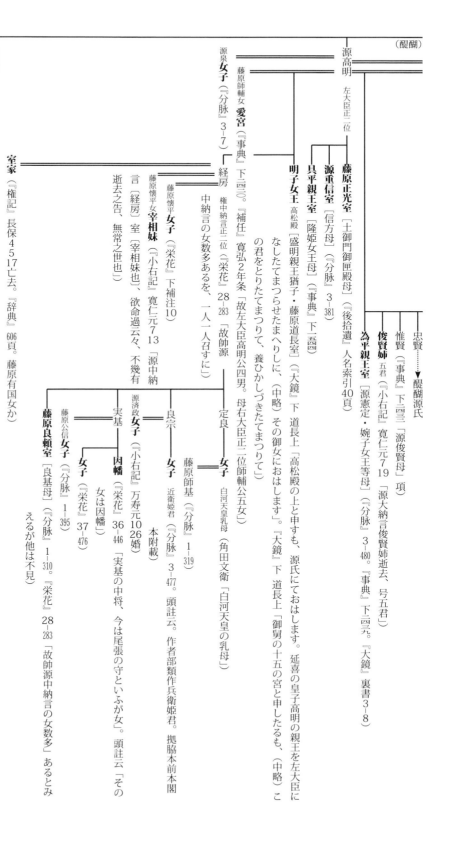

（醍醐）

為平親王女 **中姫君**（『補任』治安4年条。『栄花』8-280「六条の中つかさの宮と聞えさするは、故村上の先帝の御七宮におはします。（中略）北の方はやがて村上の四の宮為平の式部卿の宮の御中姫君なり」）

女王 夭折（杉崎重遠「具平親王室」）

源師房［藤原頼通為子］右大臣従一位（『補任』承保4 2 17薨年七十。『百練抄』承暦元2 18条参照）……▼村上源氏

敦康親王室 南院の上（『御堂』長和2 10 20「帥宮御方。故中務卿宮女子参」、長和5 7 19。角田文衛「皇太弟尊仁親王」は祇子女王とする。『紀略』長和5 2甲午。『栄花』12-376）

嫥子女王 斎宮 二条上御方［資子内親王養子。藤原教通室］（『小右記』逸文寛仁2 8 8「故中務卿具平親王三女也。名嫥子」。『要記』後一条斎宮「中務卿具平親王女」。『紀略』長和5 2甲午「卜定伊勢斎王。中務卿具平親王女嫥子女王卜食」。『栄花』12-376「あるが中のおと宮は、三条院の入道の一品宮の御子にし奉らせ給し、まだ十ばかりやおはすらん、こたみの斎宮にゐさせ給ぬ。その御扱ひも、たゞこの大将殿よろづさせ給」。『左経記』長和5 2 19「故中務卿具平親王三女」）

代明親王女 **荘子女王**

具平親王

源祇子［藤原頼通室（寛子・師実・定綱母）］（『略記』永承5 12癸卯「関白左大臣藤原朝臣頼通息女寛子、初入内裡、母中務卿具平親王女、贈従二位源朝臣祇子也」。『事典』下二〇九五「兄弟である因幡守源頼成（藤原伊祐の養子となり、藤原姓に改める）女と称した」ことから従二位藤原祇子とする。『略記』永承5 12癸卯。『古事談』2-190。『系図集覧』。『栄花』下補注367参照）

隆姫女王 高倉北政所［藤原頼通室］（『分脉』1-60。寛子「母具平親王女」、頭註云「按中右記栄花要記今鏡母同師実（因幡守種成女祇子）、編年記与此同」。『略記』長暦元正甲辰「関白左大臣藤原朝臣頼通取式部卿敦康親王女嫄子女王為養子令参内。母中務卿具平親王女也」。『本朝世紀』寛治元11 22「今日従一位隆姫子女王薨逝。宇治大相国室」。『中右記』寛治元11 22「宇治殿北政所薨給了。九十三」。杉崎重遠「具平親王室」母為平親王二女とする）

源高明 **女子**（『事典』下一五四。『小右記』長和4 11 15「大将妻母尼」）

頼成［藤原伊祐養子］——**祇子**（『栄花』36-447「中務宮の御子の因幡守の女とて候はせ給けれど」。『栄花』下補注367参照）（『事典』上三四八。角田文衛「関白師実の母」。史料大成『権記』二、寛弘8正□「藤原頼成為蔵人所雑色〔阿波守伊祐朝臣男、実故中書王御落胤〕」）

藤原惟憲 **女子**（『栄花』26-217）

雑仕女 大顔（角田文衛「夕顔の死」）

楽子内親王 斎宮（『紀略』長徳4 9 16前斎宮楽子内親王薨。年四十七。村上第六女）

重明親王女 **徽子女王**

規子内親王 斎宮（『紀略』寛和2 5 15薨年三十八。『栄花』1-33「式部卿の宮の女御、女四宮ぞうみたてまつりたまへり」）

源庶明女 **計子**［広幡御息所］（『栄花』1-30「広幡の中納言庶明の御むすめ、広幡の御息所とておはす。（中略）広幡御息所、女五宮生れ給へり」）

（村上）

理子内親王（『紀略』天徳4 4 21薨年十三）

盛子内親王［藤原顕光室（元子・延子・重家等母）］（『要記』配左大臣顕光生女御元子。長徳四年七月廿日薨。『紀略』長徳2 10戊戌。以藤原元子為女御。右大臣顕光一女。母盛子内親王）

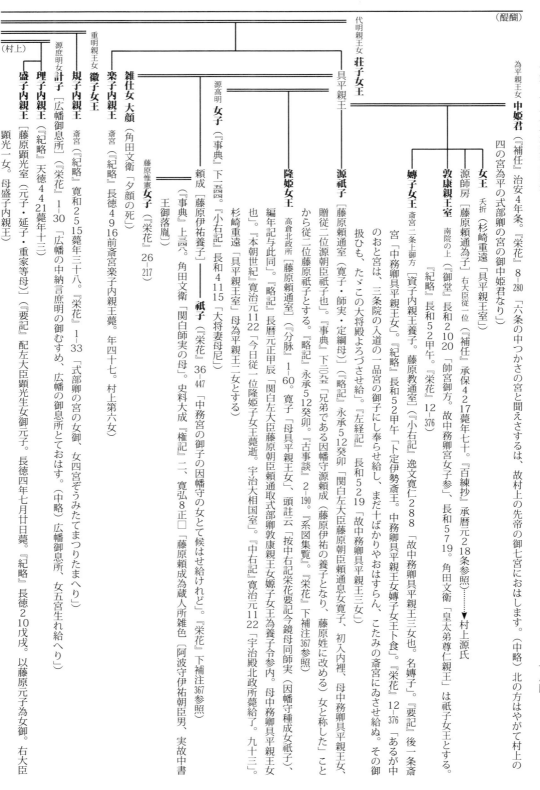

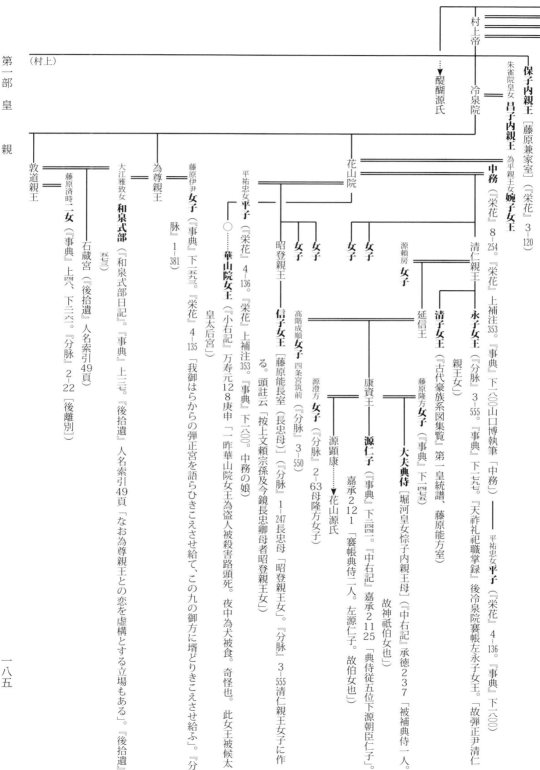

（村上）

村上帝

保子内親王［藤原兼家室］（『栄花』3-120）

朱雀院皇女 昌子内親王

……▶醍醐源氏

冷泉院

為平親王女 婉子女王

花山院

中務（『栄花』8-254。『栄花』上補注353。『事典』下一六〇〇山口博執筆「中務」）——平祐忠女平子（『栄花』4-136。『事典』下一六〇〇）

清仁親王

永子女王（『分脉』3-555。『事典』下一七七。『天祚礼祀職掌録』後冷泉院褰帳左永子女王。「故弾正尹清仁親王女」）

清子女王（『古代豪族系図集覧』第一皇統譜、藤原能方室）

源頼房 女子

延信王

藤原隆方女子（『事典』下一四五）

大夫典侍［堀河皇女悰子内親王母］（『中右記』承徳2 3 7「被補典侍一人。故神祇伯女也」）

康資王

源仁子（『事典』下二四一。『中右記』嘉承2 11 25「典侍従五位下源朝臣仁子」。嘉承2 12 1「褰帳典侍二人。左源仁子。故伯女也」）

源澄方 女子（『分脉』2-63母隆方女子）

源顕康……▶花山源氏

高階成順女子 四条宮筑前（『分脉』3-550）

女子

女子

女子

女子

昭登親王

信子女王［藤原能長室（長忠母）］（『分脉』1-247長忠母「昭登親王女」。『分脉』3-555清仁親王女子に作る。頭註云「按上文頼宗孫及今鏡長忠卿母者昭登親王女」）

平祐忠女平子（『栄花』4-136。『栄花』上補注353。『事典』下一六〇〇。中務の娘）

○……華山院女王（『小右記』万寿元12 8庚申「一昨華山院女王為盗人被殺害路頭死。夜中為犬被食。奇怪也。此女王被候太皇太后宮」）

藤原伊尹女子（『事典』下一五三。『栄花』4-135「我御はらからの弾正宮を語らひきこえさせ給て、この九の御方に聟どりきこえさせ給ふ」。『分脉』1-381）

為尊親王

大江雅致女 和泉式部（『和泉式部日記』。『事典』上一二七。『後拾遺』人名索引49頁「なお為尊親王との恋を虚構とする立場もある」。『後拾遺』五七三）

石蔵宮（『後拾遺』人名索引49頁）

藤原済時二女（『事典』上四八、下二六一。『分脉』2-22［後離別］）

敦道親王

（村上）

（冷泉）

（敦道）

藤原道隆三女（『大鏡』中 道隆「三の御方は、冷泉院の四の皇子、帥の宮と申ししこそは、父殿婿どりたてまつらせたまへりしも、後には、やがて御中絶にしかば」）

尊子内親王 斎院［後入円融院］承香殿女御（『紀略』寛和元5乙巳前斎院二品薨。年廿。『中右記』寛和元52「此暁二品尊子内親王薨。冷泉院二宮」）

三条院

藤原頼宗女子（『栄花』巻32-371「春宮大夫殿ゝ姫君の御腹にも、おとこ・女数多おはします」。『補任』寛徳3年条）

嘉子内親王 斎宮［故三条院猶子］（『帝王系図』母同敦賢。『栄花』下補注551）

敦賢親王［故三条院猶子］（『水左記』承暦元717薨年卅九）――居子女王（『分脉』3-558）

淳子女王 斎宮 式部卿宮（『分脉』3-558。『要記』白河斎宮「式部卿淳賢女」。『十三代要略』延久5216「卜定伊勢斎王淳子女王。式部卿敦賢親王女」。『編年記』白河斎王淳子女王「式部卿敦賢親王女」）

源親方女子（『栄花』39-510「斎宮には、小一条院の式部卿の宮、故侍従宰相の皇太后宮の女房に生ませ給ける、居させ給ぬ」。同書下補注565「伊勢斎宮部類によれば安芸守隆国女」とある）

源基平 参議従三位（『補任』寛徳3年条「三条院御孫。小一条院男。母頼宗卿女」）――源俊房室［師時母］（『分脉』3-489）……▶三条源氏

基子 梅壺女御［後三条女御（実仁親王等母）］（『分脉』3-565。『要記』後三条後宮「故参議基平卿第三女」。『中右記』長承374「或人云。一昨日前女御源基子薨。年八十八。准后人。後三条院女御。侍従宰相基平女也。故東宮并三宮母。当時右大臣祖母也。大僧正姉也」）

季宗 非参議従三位（『分脉』3-563）……▶三条源氏

行宗 非参議従三位（『補任』保延5年条「小一条院孫。故参議従三位基平卿男。母故権納言良頼卿女」）……▶三条源氏

行尊 大僧正（『事典』下二四六「源行宗」項。『僧綱補任』）

藤原良頼女子（『栄花』38-486「母北方も良頼の中納言の女にものし給へば」）

藤原道長女寛子（『栄花』32-371「高松殿の御腹は若宮はうせ給ひて、女宮一所ぞおはしますは」）

敦元親王（『紀略』長元5714薨年十）

儇子内親王 冷泉宮［藤原信家室。故三条院猶子］（『帝王系図』母同敦元。『中右記』承徳元12戊申「今朝冷泉院宮薨給。…冷泉院宮諱儇子。故小一条院女也。母法成寺入道殿御女寛子也。而三条院為内親王。…其後配故山井大納言信家卿。…依無実子。養大殿師実北政所麗子為子…」。『栄花』下554頁勘物巻第三十二-7）

（敦明）

藤原顕光女延子（『小右記』長和310己未「去夜式部卿宮北方産男子。右大臣女」。『栄花』32-371「小一条院には、故左大臣殿のゝ女御の御腹に、男二人・女一ところを」）

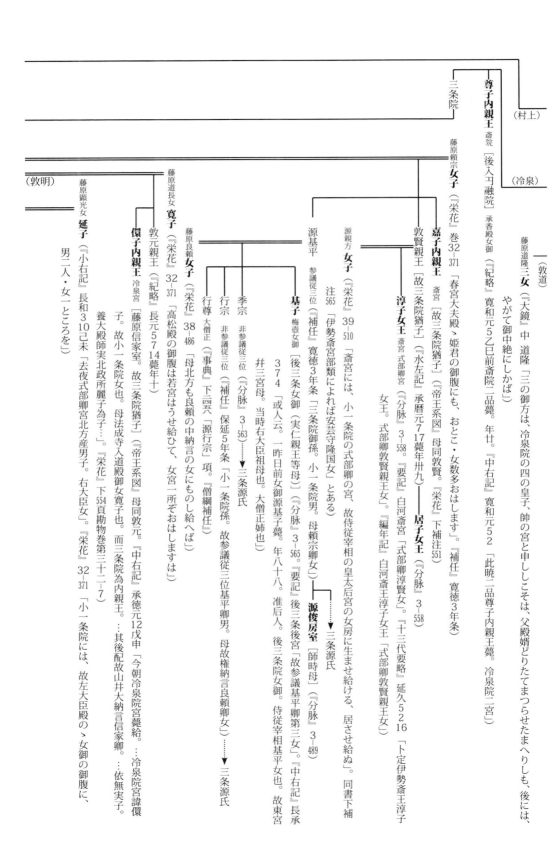

（村上）

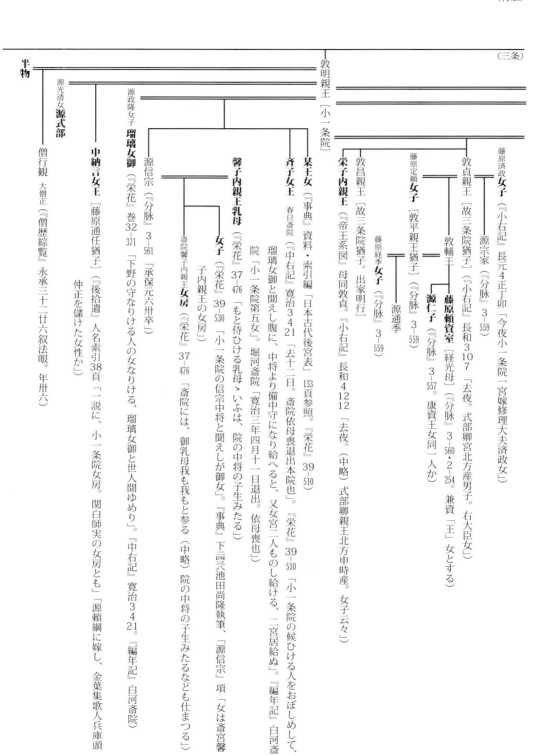

（三条）

藤原済政女子（『小右記』長元4正丁卯「今夜小一条院一宮嫁修理大夫済政女」）

源宗家（『分脈』3-559）

敦貞親王［故三条院猶子］（『小右記』長和3 10 7「去夜。式部卿宮北方産男子。右大臣女」）

敦輔王

藤原頼資室［経光母］（『分脈』3-560・2-254。兼資「王」女とする）

源仁子（『分脈』3-557。康資王女同一人か）

藤原定頼女子［敦平親王猶子］（『分脈』3-559）

藤原経季女子（『分脈』3-559）

源通季

敦昌親王［故三条院猶子。出家明行］

栄子内親王（『帝王系図』母同敦貞。『小右記』長和4 12 12「去夜。（中略）式部卿親王北方申時産。女子云々」）

敦明親王［小一条院］

某王女（『事典』資料・索引編「日本古代後宮表」133頁参照。『栄花』39-510）

斉子女王 春日斎院（『中右記』寛治3 4 21「去十二日。斎院依母喪退出本院也」。『栄花』39-510「小一条院の候ひける人をおぼしめして、瑠璃女御と聞えし腹に、中将より備中守になり給へると、又女宮二人ものし給ける、二宮居給ぬ」。『編年記』白河斎院「小一条院第五女」。堀河斎院「寛治三年四月十一日退出。依母喪也」）

馨子内親王乳母（『栄花』37-476「もと侍ひける乳母ゝいふは、院の中将の子生みたる」）

女子（『栄花』39-530「小一条院の信宗中将と聞えしが御女」。『事典』下二四六池田尚隆執筆、「源信宗」項「女は斎宮馨子内親王の女房」）

斎院馨子内親王女房（『栄花』37-476「斎院には、御乳母我も我もと参る（中略）院の中将の子生みたるなども仕まつる」）

源信宗（『分脈』3-561「承保元六卅卒」）

源政隆女子 瑠璃女御（『栄花』巻32-371「下野の守なりける人の女なりける、瑠璃女御と世人聞ゆめり」。『中右記』寛治3 4 21。『編年記』白河斎院）

源光清女 源式部

中納言女王［藤原通任猶子］（『後拾遺』人名索引38頁「一説に、小一条院女房。関白師実の女房とも」「源頼綱に嫁し、金葉集歌人兵庫頭仲正を儲けた女性か」）

半物

僧行観 大僧正（『僧歴綜覧』永承三十二廿六叙法眼。年卅六）

（村上）

（三条）

敦儀親王━**女子**（『栄花』34-404「中務宮の女など候ひ給」）

藤原隆家女 **太娘**（『大鏡』中 道隆「その御腹の女君二所おはせしは、三条院の御子の式部卿の宮の北の方」。『小右記』治安元2丙午「今夜式部卿宮通前帥隆家女［太娘、於大炊御門家行婚礼云々］」）

藤原兼隆 **女子**（『大鏡』中 道兼「大姫君は、三条院の三の皇子、敦平の中務の宮に、このきさらぎかとよ、婿どりたてまつりたまへる」）

敦平親王

源祇子［兄源種成養女。藤原頼通室］（『古代豪族系図集覧』第一皇統譜。『栄花』下補注367）

敦輔王（『分脉』3-557。『事典』上四六。「才子伝」敦平親王養子）

源則理 **女子**

敬子女王 斎宮（『十三代要略』永承6 10 7「卜定伊勢斎王。故式部卿敦平親王女」。『編年記』後冷泉斎王敬子女王「式部卿敦平王女」。『栄花』36-439「故式部卿の宮の姫君。但馬守則理の女の腹にものし給ける」）

藤原定頼 **女子**（『分脉』2-2）

当子内親王 斎宮（『小記目録』20治安2 9 12「前斎宮逝去事」。『要記』三条院。「右中将藤通雅卿密奸之後為尼」。『小右記』寛仁元11 30「師通朝臣云、前斎宮依病為尼。此親王、故院御存生時、為三位中将道雅被密通、（下略）」。『栄花』12-385「帥どのゝ松君の三位中将いかゞしけん、参り通ふといふ事世に聞えて、さゝめき騒げば、宮いみじくおぼし歎かせ給ふ程に、院にも聞しめしてけり」）

藤原通雅

禔子内親王［藤原教通室］（『要記』三条院。永承3正29三品薨年四十六。『紀略』万寿3 2壬子「今日。前三条院第二内親王禔子配内大臣」）

禎子内親王 陽明門院［後朱雀院后］━**篤子内親王**［後朱雀院皇女。養子］（『中右記』永久2 10 1。『中右記』寛治8正16「陽明門院崩于鴨院。是依疱瘡也。御年八十二」「諱禎子。三条院第三女。母皇太后藤妍子。入道太相国之女也」）

敦賢親王

資子内親王（『小右記』長和4 4 26「先一品宮薨。春秋六十一。邑上先朝第九女親王」）━具平親王女 **媄子女王**［養子］

右衛門内侍［督命婦］（『拾遺』一一九一）

致平親王

源致信（『辞典』612頁）

源兼資 **女子**（『事典』下二〇八「源兼資」項）

源成信［藤原道長養子］（『事典』下二三六）

永円 大僧正（『事典』下二四五）

源雅信 **女子**（『分脉』3-479。『権記』長保3 2 4。『栄花』4-142「この左の大いどのゝ外腹の女に住み奉り給て」）

藤原相尹 **四の君**━**女子**

藤原相尹 **女子**（『枕草子』86「宮の五節出ださせたまふに」）

（為平）

（村上）

為平親王

藤原有国女**女子**（『栄花』24-171「故式部卿宮の御子の右衛門督は、（中略）有国の宰相の女の腹に、女子二人生ませ給へりしを、母もうせ給ければ、父君は年頃とかくし歩き給て、それもうせ給にしかば、その女君達、今はむげに大人になり給て、いとをしげにてありと聞かせ給て、関白殿の上、「知らぬ人かは」とて、迎えさせ給て、（中略）二所ながら候はせ給程に」。『分脉』2-203有国女子「参議源頼定妾」とするが、憲定妾の誤りであろう。角田文衛『承香殿の女御』89頁）

対の君［頼通妻（通房母）］（『栄花』24-171。『栄花』下補注171。『大鏡』裏書5-9。『分脉』1-60。『左経記』万寿2正11「昨日故右兵衛督憲定二女産男子。是候関白殿之子也」）

姉の君［源則理室］（『栄花』34-404・24-171・32-373）

源憲定　従三位（『補任』長徳2年条。『紀略』寛仁元6 2薨）

源為定

源顕定……▶村上源氏

藤原顕光女**元子**（『要記』一条院。女御従二位藤元子。左大臣顕光一女…帝晏駕後通参議頼定朝臣後為尼）

女子　御匣殿別当（『事典』下二四六「源頼定」項。『栄花』12-375「承香殿の、今はさい将のかく物し給ふを口惜しう見奉り給へど、（中略）宰相の御子どもなども出で来給へれば」）

女子（角田文衛『承香殿の女御』108頁、「そのころには、もう一人の娘も生まれていたが」。『栄花』16-31「女御の御腹の姫君達」。右近小女か。『小右記』長和3 10 27。『辞典』539頁）

源頼定　参議正三位（『補任』寛弘6年条。『紀略』寛仁4 6 11薨年四十四。［密通］『大鏡』中 兼家）

頼賢　大僧正（角田文衛『承香殿の女御』86頁、推定。『分脉』3-480、源定季男。『僧綱補任』頼定男。『事典』下二〇三野口孝子執筆「頼賢大僧都の母は綏子であると思われる」）

藤原兼家女**綏子**［三条女御］

定季（『分脉』3-480）——国房——**八条院乳母**　宰相［寛雅妻］（『事典』資料・索引編「日本古代後宮表」180頁。『分脉』3-480）

平頼盛後妻　大納言（『事典』資料・索引編「日本古代後宮表」180頁）

後寛（『事典』資料・索引編「日本古代後宮表」180頁）

橘輔政**女子**（『分脉』3-480「於母家為阿波守高貞被射殺云々」）

源高明**女子**（『小右記』長和4 9庚午。「故式部卿北方、今日於醍醐可被出家由云々」）

婉子女王［花山院女御。後藤原実資室］（『紀略』長徳4 9其日「前女御無位婉子女王卒。年廿七。華山院女御。為平親王女」。『要記』花山院後宮女御無位婉子女王尻付「式部卿為平親王一女母太宰権帥源高明一女」。『大鏡』上 実頼「花山院の女御、為平の式部卿の御女。院そむかせたまひて、道信の中将も懸想しまうしたまふに、この殿まゐりたまひにけるを聞きて」）

藤原道信（『事典』下一六三。失恋）

（村上）

広平親王＝藤原朝成女**倚子** 中将御息所（『拾遺』八三八）

（為平）

恭子女王 斎宮［花山院、後右大臣実資公］（『小右記』逸文長保2 11－「来七日伊勢斎王着裳。年十七」。『紀略』寛和2 8甲辰「卜定伊勢斎王。式部卿為平親王女恭子女王。年三」。『大鏡』裏書3－8）

中姫君［具平親王室（源師房母）］（『補任』治安4年条。所京子『斎王和歌文学の史的研究』№5系図参照）

昭平親王＝藤原高光**女子**（『栄花』4－142「九宮は、九条殿の御子入道の少将多武峯の君と聞えし、童名はまちをさと聞えしが（御むすめに）住み給へりける」）

女子［藤原道兼養女。藤原公任室（定頼母）］（『分脈』2－2。『補任』寛仁4年条。『栄花』4－142、「このひめぎみ、いみじう美しうおはするを粟田殿聞しめして、この宮を迎へ奉りて、子にし奉りて」。『栄花』4－142、「故三条の大殿の権中将せちに聞え給ふ。（中略）おぼし立ちて取り奉り給ふ」。『編年記』後朱雀院「御屏風定頼卿。四条大納言公任男。母昭平親王女也」）

円融院＝冷泉院皇女**尊子内親王**

一条院

敦康親王＝具平親王**女子**

後一条院

後朱雀院

嫄子女王［藤原頼通養女。後朱雀中宮］（『小右記』寛仁4 11 26「今夕関白養女 五歳、故式部卿親王女。着袴云々」。『要記』後朱雀天皇後宮中宮藤嫄子尻付「左大臣女実一品式部卿敦康親王女母中務卿具平親王三女」。『中右記』大治5 2 21「長元十年三月一日立正四位下藤原嫄女為中宮。関白一女。母具平親王女。実式部卿敦康親王女也。生祐子。嫄子内親王等」）

媄子内親王 六条斎院（『中右記』永長正9 13「前斎院薨。諱媄子。後朱雀院第四女。母故中宮也。（中略）御年五十八」）

祐子内親王 高倉宮（『中右記』長治2 11 7「薨年六十八。内親王者後朱雀院第三女。母中宮嫄子。故宇治殿養子也。実式部卿敦康親王女也」。『栄花』34－410「中宮出でさせ給て、御修法・御読経数知らずめでたし。女宮ぞ生れさせ給へる」）

娟子内親王 狂斎院［源俊房室］（『中右記』康和5 3 12「今日未時左大臣俊房室家前斎院卒去云々。斎院名娟子。後朱雀院女。母故陽明門院也。往年成左大臣妻已送多歳。今日已卒去。年七十二云々」。『編年記』後朱雀院斎院娟子内親王「帝第二皇女寛徳二年正月退之天喜五年九月密通俊房公」）

後冷泉院＝**章子内親王** 二条女院［冷泉院后］（『中右記』長治2 9 17「二条院崩了菩提院。御年八十。諱章子。後一条院第一女。母中宮藤威子。入道殿第二女」）

後三条院＝**馨子内親王** 斎院［後三条院后］西院后（『後二条師通記』『略記』寛治7 9 4「皇后宮崩。年六十二。後一条天皇二女。後三条院后也」。）

男宮・女宮 夭亡（『栄花』37－474「春宮の斎院は、男宮・女宮生み奉らせ給しかど、皆うせさせ給にしかば」）

（後朱雀）

篤子内親王 斎院［堀河院中宮］（『中右記』永久２ 10 １「今日未刻中宮已崩給了。（中略）中宮名篤子。後三条院第四女。与太上天皇同母也。（中略）承暦三年八月准后。是依為祖母陽明門院養子。女院申請也。（中略）崩于堀河院。御年五十五」。『編年記』堀河後宮中宮篤子内親王「後三条院第四皇女。寛治七年三月廿二日立后」）

源義家 **女子**

行恵（『分脈』３-568）

藤原行宗 **女子**

怡子内親王 北小路斎院［後白河院猶子］（『事典』下二六五七。『分脈』３-568。『要記』崇徳斎院怡子内親王「輔仁親王第三女」。『編年記』崇徳斎院「輔仁親王女白河院御猶子」）

輔仁親王（『分脈』３-567。『補任』元永２年条「第三親王輔仁皇子。御母大納言正二位行中宮大夫源師忠卿女」）

藤原公実 **女子**（『事典』下二四〇六。『本朝世紀』仁平元９ 22「花園左大臣有仁室尼上逝去」）

源有仁 左大臣従一位

藤原経実女 **懿子**［養子。雅仁親王室家（二条院母后）］（『分脈』１-214。『本朝世紀』康治２ ３ 24「三品雅仁親王室家懿子夭亡。年廿八。産後煩疱瘡之故云々。左相府有仁養為子所配合親王也」）

仁操

後白河妃 **三条局**（『分脈』３-567。『事典』資料・索引編「日本古代後宮表」139頁「源某女」備考参照）

高松院女（『日本古典全書 今鏡』付載皇室系図）

御匣殿（『事典』下二三八二。『建春門院中納言日記』女房一覧「御匣殿、花園左大臣殿の御女。西の御方の妹とて、それも上西門院の人」。『日本古典全書 今鏡』付載皇室系図）

藤原師忠 **女子**（『補任』元永２年条）

守子内親王（『分脈』３-568。『要記』崇徳斎宮輔仁親王女後三条院御孫。『編年記』崇徳斎王守子内親王「輔仁親王女白川院御猶子」。『皇胤系図』保元元３ 29「前斎宮守子内親王薨四十六」。『紹運録』頭註云「『要記』保元元年三月廿九日薨。四十六」）

仁子女王 冷泉殿（『長秋記』元永２ ７ 21。『天祚礼祀職掌録』。角田文衛『待賢門院璋子の生涯』256頁）

信証 三宮僧正（『分脈』３-568）

源政長 **女子**

佳子内親王 富小路斎院（『中右記』大治５ ７ 25「前斎院佳子薨仁和寺堂。七十四。後三条院第三女子也」。『中右記』天仁元３ 25「今夜前斎宮佳子被入内。是後三条院第二女也。依為故女院養母被入内也」）……白河皇子覚念［養子］（『事典』下二六五六。『中御室御灌頂記』寛治６ ３ 19「前斎院佳子為養子」）

俊子内親王……藤原実季女 **苡子**［養子。堀河女御］（所京子『斎王和歌文学の史的研究』所載系図No.７）

白河院

第二部　源　　氏

一　嵯峨源氏〜光孝源氏

凡　例

一、第二部一は嵯峨源氏〜光孝源氏の婚姻関係を中心に掲載する。但し、第一部皇親に掲載した源氏系譜については、原則としてそれに譲る。
一、第二部の底本は『尊卑分脉』（新訂増補国史大系）とし、その篇・頁数を示した。また、適宜、他史料によって補い、その典拠を記載した。
一、参考文献・史料及びその略称等については、全体の凡例（一五八頁）を参照されたい。

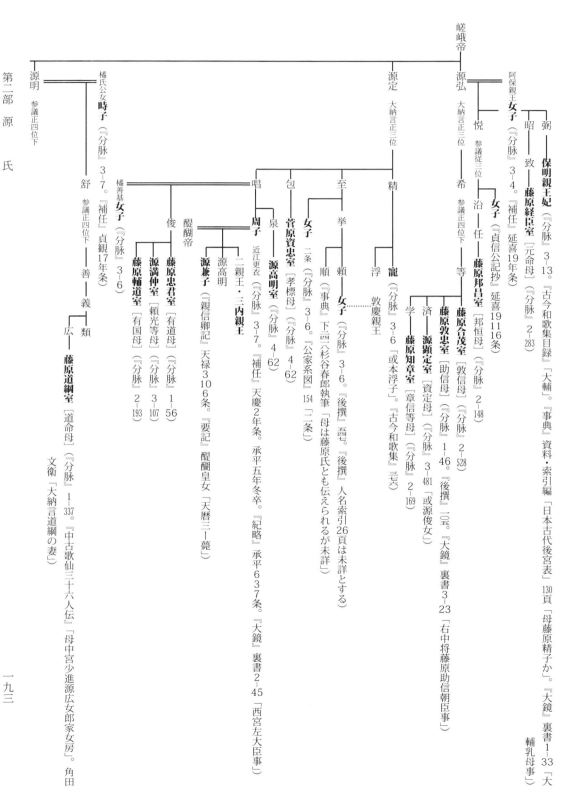

嵯峨帝

阿保親王**女子**（『分脉』3‐4。『補任』延喜19年条）

弼―**保明親王妃**（『分脉』3‐13。『古今和歌集目録』「大輔」。『事典』資料・索引編「日本古代後宮表」130頁「母藤原精子か」。『大鏡』裏書1‐33「大輔乳母事」）

昭―致―**藤原経臣室**［元命母］（『分脉』2‐283）

源弘　大納言正三位

悦　参議従三位―沿―任―**藤原邦昌室**［邦恒母］（『分脉』2‐148）

女子（『貞信公記抄』延喜19 11 16条）

希　参議正四位下―等―**藤原合茂室**［敦信母］（『分脉』2‐528）

藤原敦忠室［助信母］（『分脉』1‐46。『後撰』一〇五五。『大鏡』裏書3‐23「右中将藤原助信朝臣事」）

済―**源顕定室**［資定母］（『分脉』3‐481「或源俊女」）

学―**藤原知章室**［章信母］（『分脉』2‐169）

源定　大納言正三位

精―**寵**（『分脉』3‐6「或本浮子」。『古今和歌集』三七六）

浮

敦慶親王……**女子**

至―挙―頼―**女子**（『分脉』3‐6。『後撰』五四七。『後撰』人名索引26頁は未詳とする）

順（『事典』下二四六杉谷春郎執筆「母は藤原氏とも伝えられるが未詳」）

女子　二条（『分脉』3‐6。『公家系図』154「二条」）

包―**菅原資忠室**［孝標母］（『分脉』4‐62）

唱―泉―**源高明室**（『分脉』4‐62）

周子　近江更衣（『分脉』3‐7。『補任』天慶2年条。承平五年冬卒。『紀略』承平6 3 7条。『大鏡』裏書2‐45「西宮左大臣事」）

醍醐帝

二親王・三**内親王**

源高明

源兼子（『親信卿記』天禄3 10 6条。『要記』醍醐皇女「天暦三‐薨」）

俊―**藤原忠君室**［有道母］（『分脉』1‐56）

源満仲室［頼光等母］（『分脉』3‐107）

藤原輔道室［有国母］（『分脉』2‐193）

橘善基**女子**（『分脉』3‐6）

源明　参議正四位下

橘氏公女**時子**（『分脉』3‐7。『補任』貞観17年条）

舒　参議正四位下―善―義―類

広―**藤原道綱室**［道命母］（『分脉』1‐337。『中古歌仙三十六人伝』「母中宮少進源広女郎家女房」。角田文衛「大納言道綱の妻」）

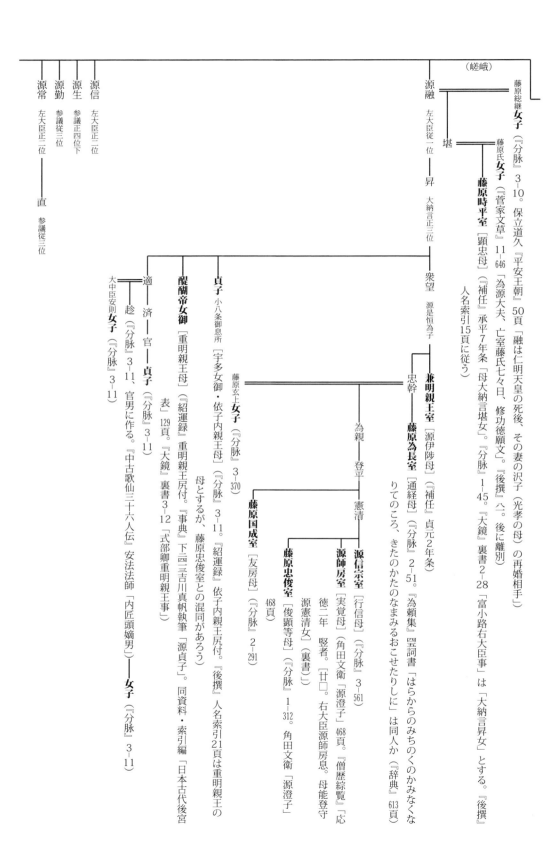

（嵯峨）

藤原総継**女子**（『分脉』3-10。保立道久『平安王朝』50頁「融は仁明天皇の死後、その妻の沢子（光孝の母）の再婚相手」）

源融　左大臣従一位

堪

藤原氏**女子**（『菅家文草』11-646「為源大夫、亡室藤氏七々日、修功徳願文」。『後撰』八一。後に離別）

藤原時平室［顕忠母］（『補任』承平7年条「母大納言堪女」。『分脉』1-45。『大鏡』裏書2-28「富小路右大臣事」は「大納言昇女」とする。『後撰』人名索引15頁に従う）

昇　大納言正三位

衆望　源是恒為子

兼明親王室［源伊陟母］（『補任』貞元2年条）

忠幹

藤原為長室［通経母］（『分脉』2-51。『為頼集』亖詞書「はらからのみちのくのかみなくなりてのころ、きたのかたのなまみるおこせたりしに」は同人か（『辞典』613頁）

藤原玄上**女子**（『分脉』3-370）

為親—登平—憲清

源信宗室［行信母］（『分脉』3-561）

源師房室［実覚母］（角田文衛「源澄子」468頁。『僧歴綜覧』「応徳二年　竪者。［廿□。右大臣源師房息。母能登守源憲清女］（裏書）」）

藤原忠俊室［俊顕等母］（『分脉』1-312。角田文衛「源澄子」468頁）

藤原国成室［友房母］（『分脉』2-291）

貞子　小八条御息所［宇多女御・依子内親王母］（『分脉』3-11。『紹運録』依子内親王尻付。『後撰』人名索引21頁は重明親王の母とするが、藤原忠俊室との混同があろう）

醍醐帝女御［重明親王母］（『紹運録』重明親王尻付。『事典』下亖三吉川真帆執筆「源貞子」。同資料・索引編「日本古代後宮表」129頁。『大鏡』裏書3-12「式部卿重明親王事」）

適—済—官—**貞子**（『分脉』3-11）

大中臣安則**女子**（『分脉』3-11）

趁（『分脉』3-11、官男に作る。『中古歌仙三十六人伝』安法法師「内匠頭嫡男」）—**女子**（『分脉』3-11）

源信　左大臣正二位

源生　参議正四位下

源勤　参議従三位

源常　左大臣正二位—直　参議従三位

（嵯峨）

源澄—治—認—**藤原倫寧室**［長能母］（『分脉』1-141）

藤原有行室［美信母］（『分脉』2-545）

蔭—益

＝**紀全子**（『三代実録』元慶7 11 10条。『後撰』五三〇・六四八）

源潔姫［藤原良房室（明子母）］

仁明帝—源多　右大臣正二位

源冷　参議従三位

源光　右大臣正二位—賢—敦＝源満仲**女子**（『分脉』3-28）

文徳帝—源能有　右大臣正三位＝藤原基経女**滋子**（『菅家文草』12-659「為源中納言家室藤原氏奉為所天太相国修善功徳願文」）

昭子［藤原忠平室（実頼・師輔等母）］（『菅家文草』12-659）

当季＝**妻**（『本朝世紀』天慶5閏3 8条）

正子　左近（『事典』資料・索引編「日本古代後宮表」151頁。『御産部類記』天暦4 5。『村上御記』応和3 2 28）

仲舒—時明—**女子**　馬内侍（『分脉』3-39。『事典』上三三中島和歌子執筆「実はその兄の子か」。同資料・索引編「日本古代後宮表」153頁「平子か」。源平子とするならば、藤原済成妻（『権記』長保2 7 7条）。『後拾遺』人名索引43頁「父は致明。叔父時明の養女となったか」）

致明—**藤原理明室**［元範母］（『分脉』2-170）

平行義室［範国母］（『分脉』4-5）

藤原伊周室［顕長母］（『分脉』1-308。『辞典』549頁「左衛門命婦」は源致明の女とする。『紀略』万寿元3 10条「犯人逃入散位顕長母尼宅」）

当年—中正＝紀有守**女子**（『分脉』3-38）

国光＝藤原経行**女子**（『分脉』3-38）

致遠＝**女子**（『権記』長保2 12 11条「致道朝臣母七々法事」［史料纂集本。史料大成本は「致通」］）

致道—**平季信室**［出羽の辨母］（『辞典』537頁「出羽弁」の項に「『後拾遺集脚注』母を源致遠女につくる」とある）

致文［書カ］—**源著信室**　上総乳母（『分脉』3-37［傍註「或国光子」］。『事典』上四六〇植村真知子執筆「致文の娘」。『後拾遺』三〇二）

源国盛室［為善母］（『後拾遺』人名索引15頁）

小辨（『後拾遺』人名索引33頁。『辞典』549頁「小弁」の母は源致書の女で、藤原懐尹室とする）

素意母（『後拾遺』人名索引36頁「母は大中臣輔親女、一説源致書女［勘物］」）

致治

→第一部参照

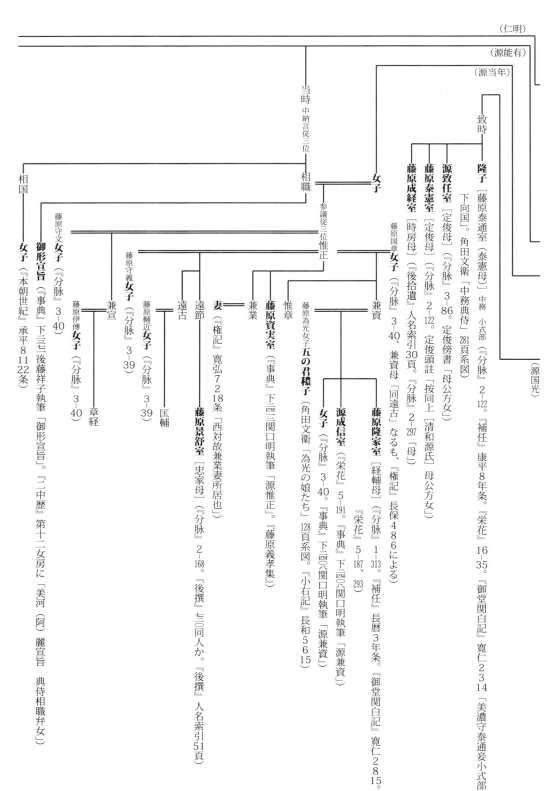

（仁明）

（源能有）

（源当年）

致時

隆子［藤原泰通室（泰憲母）］中務 小式部（『分脉』2‐122。『補任』康平8年条。『栄花』16‐35。『御堂関白記』寛仁2 3 14「美濃守泰通妾小式部下向国」。角田文衛「中務典侍」281頁系図）

源致任室［定俊母］（『分脉』3‐86。定俊傍書「母公方女」）

藤原泰憲室［定俊母］（『分脉』2‐122。定俊頭註「按同上［清和源氏］母公方女」）

藤原成経室［時房母］（『後拾遺』人名索引30頁。『分脉』2‐297「母」）

（源国光）

女子

当時 中納言従三位

相職

参議従三位惟正

藤原国章**女子**（『分脉』3‐40、兼資母「同遠古」なるも、『権記』長保4 8 6による）

兼資

藤原隆家室［経輔母］（『分脉』1‐313。『補任』長暦3年条。『御堂関白記』寛仁2 8 15。『栄花』5‐187、293）

源成信室（『栄花』5‐191。『事典』下二四八関口明執筆「源兼資」）

女子（『分脉』3‐40。『事典』下二四八関口明執筆「源兼資」）

藤原為光女子**五の君穠子**（角田文衛「為光の娘たち」128頁系図。『小右記』長和5 6 15）

惟章

藤原資実室（『事典』下二四三関口明執筆「源惟正」。『藤原義孝集』）

兼業

妻（『権記』寛弘7 2 18条「西対故兼業妻所居也」）

遠節

藤原景舒室［忠家母］（『分脉』2‐168。『後撰』七三〇同人か。『後撰』人名索引51頁）

遠古

藤原輔近**女子**（『分脉』3‐39）

匡輔

藤原守義**女子**（『分脉』3‐39）

兼宣

藤原伊傳**女子**（『分脉』3‐40）

章経

藤原守文**女子**（『分脉』3‐40）

御形宣旨（『事典』下三七一後藤祥子執筆「御形宣旨」。『二中歴』第十二女房に「美河（阿）麗宣旨　典侍相職弁女」）

相国

女子（『本朝世紀』承平8 11 22条）

（仁明）

当元—人鑒—兼遠

藤原季綱女子（『分脉』3–34）

（源能有）

儼子（『菅家文草』11–643。『三代実録』元慶3 6 26卒）→第一部参照

柄子→第一部参照

女子（『分脉』3–62）

経基王……▶第一部・第二部二（清和源氏）

清和帝—貞純親王……▶第一部

源済子（『菅家文草』12–661「為清和女御源氏修功徳願文」。外祖母が多治比氏であることが知られる［同660にも見ゆ］。『日本女性大辞典』1000）

貞数親王……▶第一部

藤原基経**女子**（第一部参照）

貞元親王……▶第一部参照

……▶第一部参照

陽成帝—元良親王……▶第一部

源清蔭　大納言正三位……▶第一部

……▶第一部

光孝帝—是忠親王—源正明—助理

……▶第一部

大江雅致女子**播磨**（『分脉』3–366）

藤原範規

為理—**藤原範基室**　斎院中務（『分脉』3–366。『後拾遺』八三一）

女子　斎院中将（『系図纂要』光孝源氏）

藤原明衡室［明業母］（『分脉』2–528明業脇付に「或本為理女」とある。ただし、「母遠江守藤原明信女」とあり、上付に「実者遠江守菅原明任男也。母散位源為保女」とある。或いは、三河守菅原「為理女」か）

忠理—**藤原親任室**［宗基母］（『分脉』1–46。『今昔』29–12「妻娘などをも」は同人か）

明理—**小兵衛**（『紫式部日記』寛弘5 9 15敦成親王五夜産養「髪あげたる女房」の一人。『辞典』547頁「十市明理とみるよりは源明理とみておく」）

方理—源為文**女子**（『紀略』寛弘6 2 5条）

重明親王女子**祐子女王**（角田文衛「大輔の命婦」（第一部参照。後、尾張正佐室）

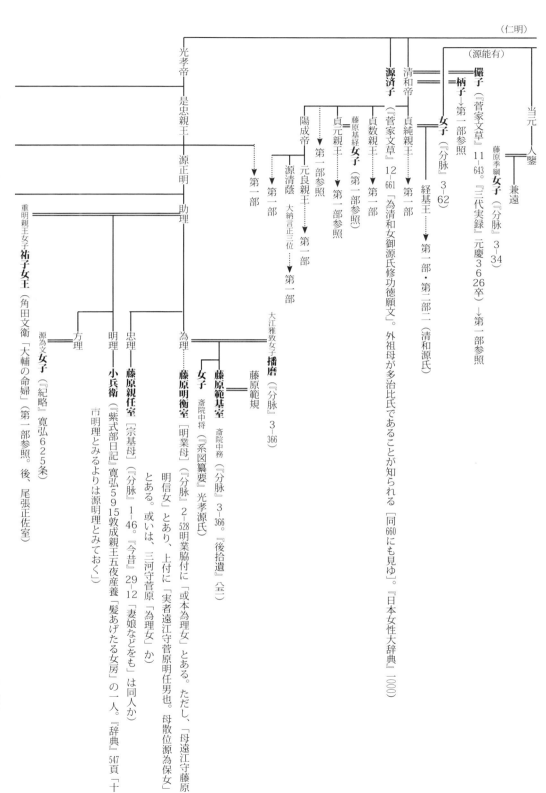

（光孝）
- 源近善—宗海
  - ＝大江玉淵**女子**（『分脉』3-367）
    - 清邦—為文—**源方理室**（『紀略』寛弘625条）
  - 清敏＝藤原義文**女子**（『分脉』3-368。奉職は清延男か清敏男か詳かならず。頭註参照。）
    - 奉職＝藤原忠幹**女子**（『分脉』2-152。『小右記』治安31216条「故奉職妻」は同人か［『辞典』616頁］）
      - **藤原朝経室**［誠任等母］（『分脉』1-52）
    - 奉職＝**宮内乳母**（『権記』寛弘8正□（前欠）。同8720。「藤原忠幹女子」同人か［角田文衛「中務典侍」393頁］）
      - 公職
      - 公隆
  - ＝伴氏**女子**（『補任』永祚2年条。ただし、『分脉』3-368「母同清邦」）
    - 清延—**女子**（『小右記』長和467条）
- 源旧鑒—**封子** 醍醐更衣（『紹運録』克明親王。『要記』醍醐皇子）
- 源貞恒 大納言正三位—仲宣＝加賀守敏成**女子**（『分脉』3-371）
  - 顕重
- 源是恒—衆望→第二部一嵯峨源氏融孫参照

（是忠）
- 源清平 参議正四位下
  - ＝宇多皇女**普子内親王**→第一部参照
  - ＝藤原道明**女子**（『分脉』3-365）
    - 是輔
      - **源頼方室**［成方母］（『分脉』3-381）→第二部二
      - **源扶義室**［経頼等母］（『補任』長元3年条。『今昔』27-4。『分脉』2-386）→第二部二
      - 相近—**女子**（『小右記』長保元1123条）
  - 師保—輔視—忠親—**藤原頼明室**［説頼母］（『分脉』2-130）

（源正明）—兼光—景明＝**景明元妻**（『拾遺』九六三。『拾遺』人名索引37頁。景明には他に、二人の女性との関係が知られる［同集五六八・八四七］）

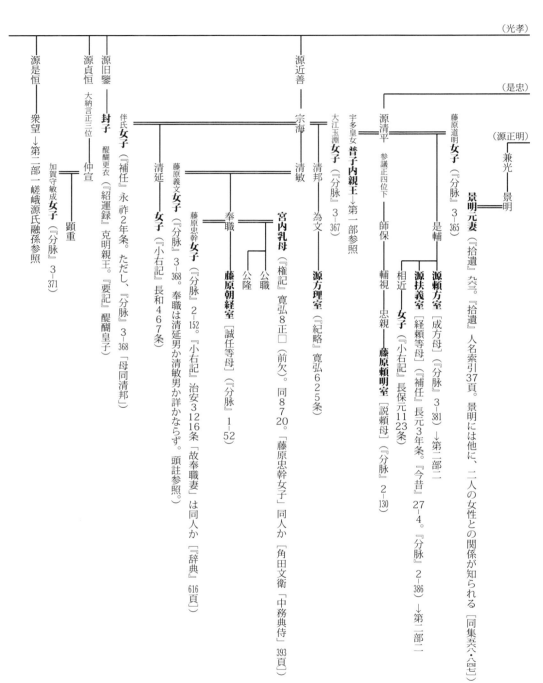

（光孝）
- 源香泉 ＝ 藤原忠文**女子**（『分脈』3-375）
  - 弘遠
- 源友貞
  - **藤原仲正室**［安親母］（『補任』寛和3年条。『分脈』2-297）
- 源国紀
  - 公忠
    - **源雅信室**［時中母］（『補任』寛和2年条）
    - 信孝
      - 兼澄 ＝ 大中臣能宣**女子**（『拾遺』人名索引20頁）
        - **源式部**（「髪あげたる女房」の一人。『辞典』544頁は「源兼澄女のことか」とする）
        - **右衛門**（『拾遺』三六。『拾遺』人名索引32頁）
      - 兼澄 ＝ 藤原相如**女子**（『分脈』3-374。『後拾遺』五五。『後拾遺』人名索引36頁）
        - **憲子**［藤原周頼室（慶増母）］命婦乳母（命婦乳母は『栄花』11-346に「俊遠が妻なり」とあるが、藤原周頼室と命婦乳母が同一人物であることは、『分脈』3-374。『御堂関白記』長和2・7・22。『後拾遺』五四〇。『後拾遺』人名索引45頁。『事典』資料・索引編「日本古代後宮表」160頁。『栄花』11-346頭注、同上補注523等を参照）
      - 兼澄 ＝ **女**（『後拾遺』六二一）
    - 信明 ＝ 橘秘樹**女子**（『分脈』3-372）
      - 通理 ＝ 主計允良実**女子**（『分脈』3-372）
        - **平親信室**［行義母］（『分脈』4-5）
        - 国挙 ＝ 藤原道明**女子**（『分脈』3-372）
          - 季範
          - **藤原隆光室**［隆方母］（『分脈』2-60）
          - **藤原兼綱室**［祐康母］（『分脈』1-355）
          - **藤原朝元室**［朝方母］（『分脈』2-20）
          - **藤原資頼室**（『小右記』寛仁元11・10条）
    - 信明 ＝ **紀三位**（『栄花』11。但し、橘三位（清子）とする説あり［『事典』下二四〇三関口明執筆「源明子」］。また、『日本女性大辞典』一〇〇三は「母は紀貫之の娘頼子」とする）
      - **明子**［藤原説孝室（頼明母）］（『御堂関白記』寛弘元11・15条）
    - 信明
      - **藤原師氏室**［保信母］（『分脈』1-50）
    - 信明 …… 橘公彦**女子** 少将の御（『後撰』一〇四〇［工藤重矩校注、人名索引397頁］。『大和』）
    - 信明 ＝ 敦慶親王女子**中務**（『分脈』3-378）
      - **ゐとの**（第一部参照。『信明集』。『拾遺』三六・七六七・七六八）

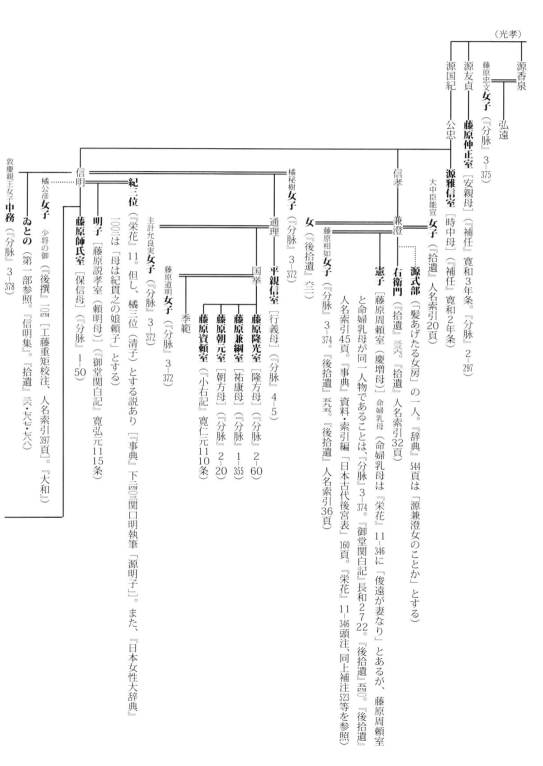

（信明）

重文 ＝ 源満政女子（『分脈』3-374）

重文 ＝ 国元女子（『分脈』3-373）

信忠 ＝ 源頼信女子（『後拾遺』人名索引29頁）

時綱

藤原資業室［実政母］（『補任』承暦4年条）

為弘 ＝ 邦通女子（『分脈』3-374）

資宗

源俊輔室［通季母］（『分脈』3-409）

国盛 ＝ 源致書女子（『後拾遺』人名索引15頁。『分脈』致文に作る）

貞亮 ＝ 源経頼女子（『分脈』3-373）

公盛

源経信室［基綱等母］土佐（『分脈』3-383。『補任』承徳2年条。『栄花』36-462）

藤原行経室［伊房母］（『分脈』1-382。『補任』延久4年条）

政職 ＝ 掌侍少将（『御堂関白記』長和4 7 23。『事典』資料・索引編「日本古代後宮表」154頁「藤原能子」）

平棟仲室［周防内侍母］（『後拾遺』人名索引31頁）

源道方室［経長・経信等母］高倉尼上（『分脈』3-373。『補任』長久4年条。『後拾遺』三四。『後拾遺』人名索引21頁）

為善 ＝ 女子 少将の乳母（『栄花』8-271（寛弘5 11 1）「左衛門佐源為善が妻」。角田文衞は「晩年の清少納言」で源為善の妻とするが、「後一条天皇の乳母たち」では『栄花』を後写と後補とし、橘為善室とみる。『辞典』541頁は大江清通女とする）

方国

道済

懐国 ＝ 小槻忠臣女子（『辞典』310。あるいは道済の子か）

親範

女子（『小右記』万寿4 6 25条）

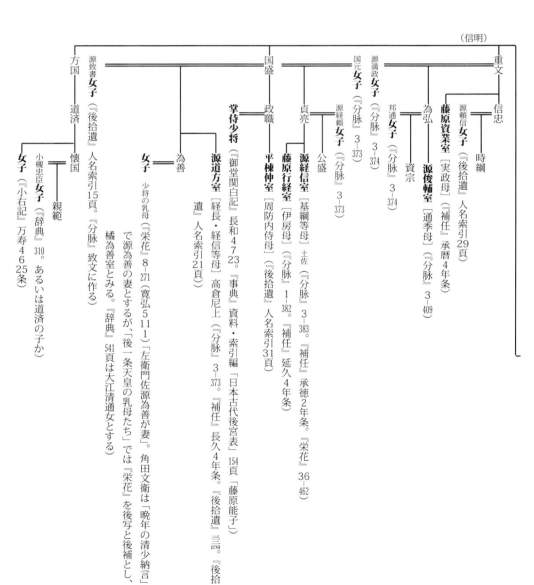

二　清和源氏・宇多源氏

凡　例

一、第二部二は清和源氏・宇多源氏の婚姻関係を中心に掲載する。但し、第一部皇親に掲載した源氏系譜については、原則としてそれに譲る。
一、第二部の底本は『尊卑分脉』（新訂増補国史大系）とし、その篇・頁数を示した。また、適宜、他史料によって補い、その典拠を記載した。
一、参考文献・史料及びその略称等については、全体の凡例（一五八頁）を参照されたい。

【清和源氏】

清和帝―貞純親王―源経生→第二部一

- 貞純親王
  - ＝藤原敏有**女子**（『分脉』3-86）
    - 満季―致公―致任
      - 致任＝源致時**女子**（『分脈』3-86「母公方女」に作るが、同2-123に「母越前守源致時女」とある。なお、3-86頭註に定俊は「按同上藤〔原〕泰憲卿為子」とある。要後考）→第二部一参照
        - 定俊（以下略）
  - ＝源能有**女子**（『分脉』3-62）→第一部参照
    - 経基王
      - **藤原惟岳室**［倫寧母］（『分脉』1-41）→第一部参照
      - **女子**（『分脉』3-60）→第一部参照
      - 経基王＝橘繁古**女子**（『分脉』3-62。但し、或藤原敦有、頭註には藤原敏有との説もある）
        - 満快―満国―為満
          - 為満＝源頼信**女子**（『分脉』3-96）
            - 為公―為扶―公家―**女子**（『本朝世紀』承平8・11・22）
        - 満実
        - 満頼
        - 満政
          - 忠重
            - **源重文室**［為弘母］（『分脉』3-374）→第二部一参照
            - **祐子**号紀伊（『分脉』3-63）
            - **駿河**（『後拾遺』人名索引32頁「母は美濃国の人と伝えられる（勘物）」）
            - **藤原兼頼室**［宗実母］（『分脉』1-245）
            - 定宗
              - 定宗＝藤原斉信**女子**（『分脉』3-62）
                - 重宗
                  - 重宗＝守忠**女子**（『分脉』3-75）
                    - 重時（以下略）
          - 忠隆
            - 忠隆＝平維叙**女子**（『分脉』3-82。「母上野介惟叙女」に作るが、頭註によった）
              - 重隆
            - 忠隆＝藤原景斉**女子**（『分脉』3-82）
              - 斉頼（以下略）

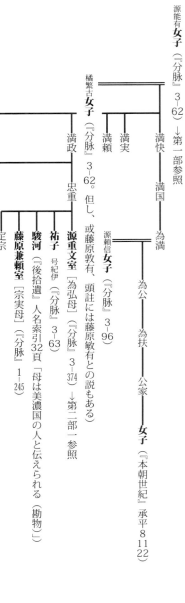

（経基王）
満仲
藤原致忠女子（『分脉』3-157・222。頭註「前田本系図母同頼光（源俊女）」。同2-423「源満仲妻」「河内守頼信母」。同3-96）

頼親
藤原宗輔女子（『分脉』1-162。頭註、定輔とする）
頼風
頼満
藤原斉信女子（『宮廷系図』47）
嬉子家女房（『後拾遺』人名索引46頁）
頼房
頼俊
女子（『後拾遺』人名索引39頁）
藤原定輔女子（『分脉』3-162「母藤原宗輔女」とあるが、頭註に従う。同2-125）
頼治
頼風
清仁親王室［源延信母］（『分脉』3-374）→第一部参照
頼成（以下略）
仲綱
大江清通女子（『分脉』3-374）

頼信
藤原文貞女子（『分脉』3-374）
源為満室［為公母］（『分脉』3-223「母大納言藤原元方卿女或陸奥守藤原致忠女」。今、『分脉』3-157に従う）
紀維貞室［公貞母］（『分脉』4-206）
高階成佐室［惟章母］（『分脉』4-115「母頼義妹」）
源信忠室［時綱母］（『後拾遺』人名索引29頁）
頼清
兼宗（以下略）
藤原斉信女子（『分脉』3-198・199・1-394）
頼義
義光
義綱
義家（以下略）
平直方女子（『分脉』3-224・4-17）
修理命婦（『分脉』3-185・223）

藤原頼親室［頼心母］（『分脉』1-309。『系図纂要』9下272「源二敦妻」）

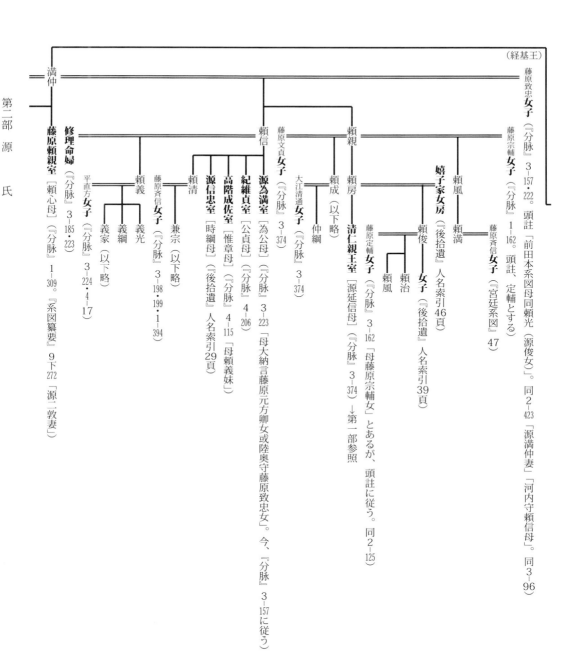

（源満仲）

- 皇后宮美濃（「勅撰作者部類」）
- 頼範
  - 敦貞親王家女房（『後拾遺』人名索引48頁）
    - 涼　号源少納言（『事典』下二四三〇森元元子執筆「陽明文庫本『後拾遺』勘物は「散位従五位下源頼範女」とするが、「作者部類」には「源散位範頼女」と記す」。『後拾遺』人名索引48頁）
  - 平惟仲女子（『分脉』3-182。頭註、実父頼光かとする〔『分脉』3-107〕）
    - 頼家

（源満仲）

- 源賢
- 頼平
  - 藤原惟風女子（『分脉』3-176・2-154）
    - 頼盛
    - 忠季
      - 藤原兼安女子（『分脉』3-178）
    - 源済政室［資通母］（『分脉』3-181・164参照。『分脉』頭註に「或与頼光女子同人」とある）
    - 源資通室（『分脉』3-181。頼光女同人か。）
    - 藤原季仲室（『分脉』3-181）
- 源俊女子（『分脉』3-176・107。源賢の母は『後拾遺』人名索引24頁による。）↓第二部一参照
- 頼光
  - 慶滋保章女子（『後拾遺』人名索引37頁）
  - 平惟仲女子（『分脉』3-107・182。『後拾遺』人名索引46頁。『事典』下二四六七犬養廉執筆「（頼家の）母は参議藤原忠信女（中納言平惟仲の養女か）」。『後拾遺』六〇八）
    - 頼家
    - 源済政室（『分脉』3-108・387。『分脉』3-108頭註「或与下文頼平女子同人」かとする）
  - 源政長室［有賢母］（『分脉』3-389。『補任』保延2年条。『分脉』頭註に「恐当拠中右記作母中納言経季卿女」とある）
  - 源資賢室（『後拾遺』人名索引28頁）
  - 藤原道綱室（『栄花』16-34「北の方」）
  - 大江公資室（『事典』上六一五参照。『系図纂要』）
  - 源資通室［師賢等母］（『分脉』3-387。『補任』長久5年条。源頼平女同人か）
  - 孝道
    - 政隆
      - 下野（『分脉』3-61）
      - 小一条院室　瑠璃女御［斎子女王母］（『分脉』3-61）↓第一部参照

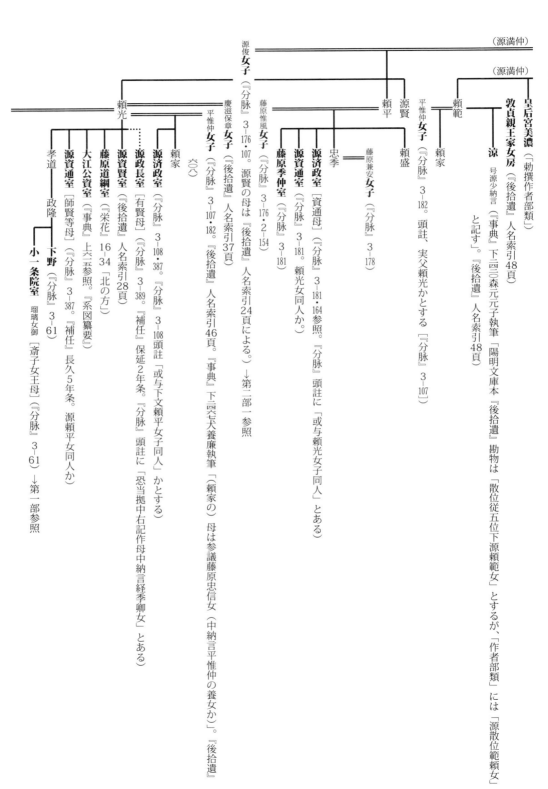

（源頼光）

藤原興方**女子**（『分脉』２－444）

藤原中清**女子**（『分脉』３－124・141）

頼国

- 師光
- 頼綱
  - 藤原実範**女子**（『後拾遺』六六五。なお、七二四には父に従い美濃国下向のおり、「かの国の女に逢ひて」とある）
  - **小一条院女房** 号中納言局（『分脉』３－128。『後拾遺』人名索引38頁）↓第一部敦明親王女王参照
    - 仲政（以下略）
  - **盛子**［藤原実盛室］（『事典』資料・索引編「日本古代後宮表」167頁）
  - **藤原師通室**［家隆母］（『殿暦』嘉承２８13。『中右記』嘉承２８13）
  - **源能俊室**［俊雅等母］（『分脉』３－136・473。『補任』久安５年条。「勅撰作者部類」左大辨俊雅母）
  - **頼子**［白河院室・宮子内親王母］（『紹運録』宮子内親王尻付。『今鏡』332。『日本女性人名辞典』は盛子とするが、『平安遺文』10－56「源頼子家地相伝券」による。『中右記』寛治５10 25「掌侍源盛子［源頼綱朝臣姫也］」）
- **六条斎院宣旨**（『分脉』３－143。源隆国室、宰相の乳母の母か。『後拾遺』人名索引48頁。『栄花』下補注577掲載の系図）↓第二部三参照
- 国房
  - **美濃**（『後拾遺』人名索引168頁）
- **源朝任室**［朝実母］（『分脉』３－410朝実脇付・頭註に前田本系図は有章の子とする）
- **藤原顕家室**［基実母］（『分脉』２－８）
- **藤原為房室**［為隆・顕隆等母］（『分脉』２－64・112。『中右記』元永元閏９１、他）
- **藤原定輔室**［高定母］（『分脉』２－124）
- **藤原師実室**［家忠母］号美乃（『分脉』１－60・195。『補任』永保２年条。『小右記』大治４正30卒。『栄花』39－519。『今鏡』220。『中右記』大治４正30）
- **源道時室**（『中右記』天仁元６８逝去）
- **藤原盛実室**［顕憲母］盛子（『分脉』２－131。『事典』下二四三野口孝子執筆）
- **藤原良綱室**［光満母］（『分脉』２－172）
- **藤原盛綱室**［盛国母］（『分脉』２－53）

藤原元平**女子**（『分脉』３－107「或本母同類家（平惟仲女）」とある）

- 頼弘
- 頼実
- 実国
  - 平教盛**女子**（『分脉』３－115）
    - 行実

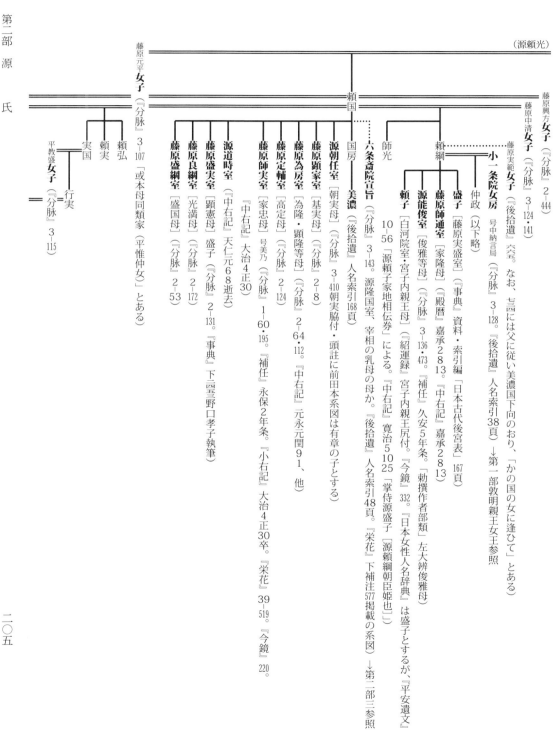

（源頼国）
藤原信理女子（『分脉』3−115。『後拾遺』人名索引46頁）＝（行実）
頼資
藤原定雅女子（『分脉』3−111）
国宗
女子　号官女下野（『分脉』3−116・118）
光行　→以下略
顕行
藤原師長女子（『分脉』3−111「母武蔵守宗雅」とあるも、頭註に従う。『分脉』2−56）

【宇多源氏】

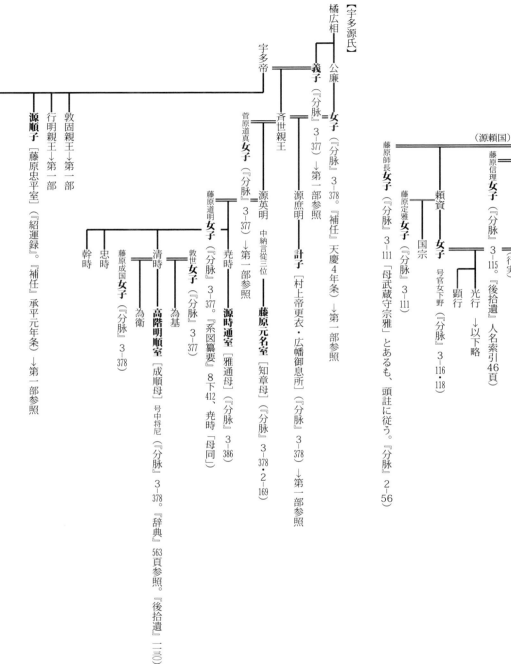

橘広相
公廉
女子（『分脉』3−378。『補任』天慶4年条）→第一部参照
義子（『分脉』3−377）→第一部参照
宇多帝
斉世親王
源庶明
計子［村上帝更衣・広幡御息所］（『分脉』3−378）→第一部参照
菅原道真女子（『分脉』3−377）→第一部参照
源英明
中納言従三位
藤原元名室［知章母］（『分脉』3−378・2−169）
藤原道明女子（『分脉』3−377。『系図纂要』8下412、兗時「母同」）
兗時
源時通室［雅通母］（『分脉』3−386）
敦世女子（『分脉』3−377）
清時
為基
高階明順室［成順母］号中将尼（『分脉』3−378。『辞典』563頁参照。『後拾遺』一三〇）
藤原成国女子（『分脉』3−378）
為衛
忠時
幹時
敦固親王→第一部
行明親王→第一部
源順子［藤原忠平室］（『紹運録』。『補任』承平元年条）→第一部参照

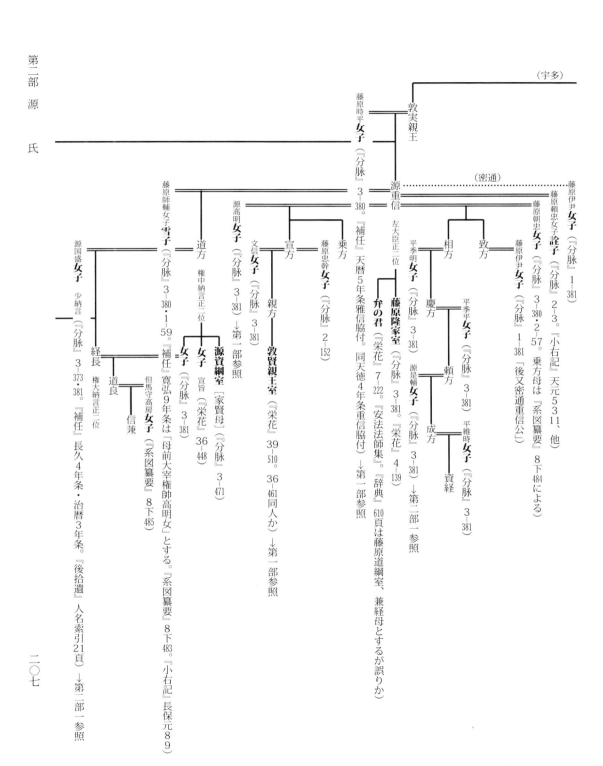

（宇多）

敦実親王

藤原時平女子（『分脈』3－380。『補任』天暦5年条雅信脇付。同天徳4年条重信脇付）→第一部参照

源重信

（密通）藤原伊尹女子（『分脈』1－381）

藤原頼忠女子詮子（『分脈』2－3。『小右記』天元5 3 11、他）

藤原朝忠女子（『分脈』3－380・2－57。乗方母は『系図纂要』8下484による）

致方

藤原伊尹女子（『分脈』1－381「後又密通重信公」）

相方

平季明女子（『分脈』3－381）

慶方

平季平女子（『分脈』3－381）

頼方

源是輔女子（『分脈』3－381）→第二部一参照

成方

平維時女子（『分脈』3－381）

資経

左大臣正二位

藤原隆家室（『分脈』3－381。『栄花』4－139）

弁の君（『栄花』7－222。『安法法師集』。『辞典』610頁は藤原道綱室、兼経母とするが誤りか）

乗方

藤原忠幹女子（『分脈』2－152）

宣方

文信女子（『分脈』3－381）

親方

敦賢親王室（『栄花』39－510。36－461同人か）→第一部参照

源高明女子（『分脈』3－381）→第一部参照

道方

藤原師輔女子雪子（『分脈』3－380・1－59。『補任』寛弘9年条は「母前大宰権帥高明女」とする。『系図纂要』8下483。『小右記』長保元8 9）

権中納言正二位

源資綱室［家賢母］（『分脈』3－471）

女子　宣旨（『栄花』36－448）

女子（『分脈』3－381）

経長　権大納言正二位

源国盛女子

少納言（『分脈』3－373・381。『補任』長久4年条・治暦3年条。『後拾遺』人名索引21頁）→第二部一参照

道良

但馬守高房女子（『系図纂要』8下485）

信兼

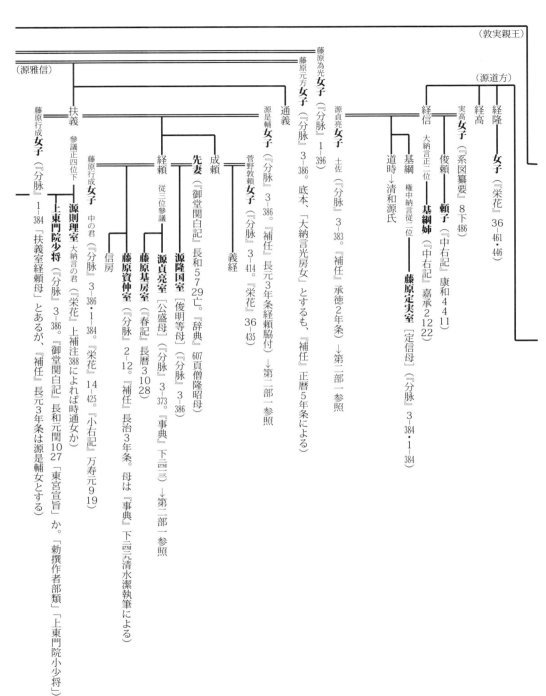

（敦実親王）

（源道方）

経隆

女子（『栄花』36-461・446）

経高

実高女子（『系図纂要』8下486）

俊頼

頼子（『中右記』康和4 4 11）

経信 大納言正二位

基綱姉（『中右記』嘉承2 12 22）

基綱 権中納言従二位

藤原定実室［定信母］（『分脈』3-384・1-384）

道時→清和源氏

源貞亮女子 土佐（『分脈』3-383。『補任』承徳2年条）→第二部一参照

藤原為光女子（『分脈』1-396）

藤原元方女子（『分脈』3-386。底本、「大納言光房女」とするも、『補任』正暦5年条による）

通義

源是輔女子（『分脈』3-386。『補任』長元3年条経頼脇付）→第二部一参照

菅野敦頼女子（『分脈』3-414。『栄花』36-435）

義経

成頼

先妻（『御堂関白記』長和5 7 29亡。『辞典』607頁僧隆昭母）

源隆国室［俊明等母］（『分脈』3-386）

経頼 従三位参議

源貞亮室［公盛母］（『分脈』3-373。『事典』下二四三）→第二部一参照

藤原基房室（『春記』長暦3 10 28）

藤原資仲室（『分脈』2-12。『補任』長治3年条。母は『事典』下二四九清水潔執筆による）

信房

藤原行成女子 中の君（『分脈』3-386・1-384。『栄花』14-425。『小右記』万寿元9 19）

扶義 参議正四位下

源則理室 大納言の君（『栄花』上補注388によれば時通女か）

上東門院少将（『分脈』3-386。『御堂関白記』長和元閏10 27「東宮宣旨」か。「勅撰作者部類」「上東門院小少将」）

（源雅信）

藤原行成女子（『分脈』1-384「扶義室経頼母」とあるが、『補任』長元3年条は源是輔女とする）

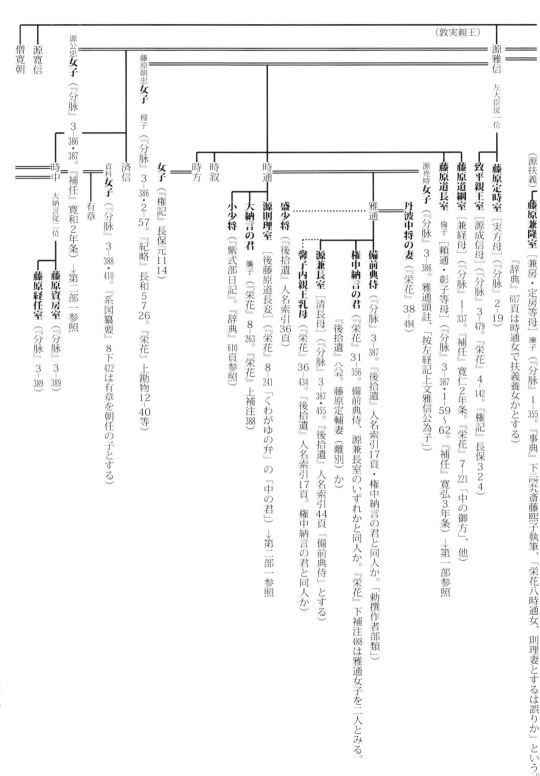

（敦実親王）

源雅信　左大臣従一位

（源扶義）**藤原兼隆室**［兼房・定房等母］廉子（『分脉』1－355。『事典』下二四五斎藤煕子執筆、「栄花八時通女、則理妻とするは誤りか」という。『辞典』617頁は時通女で扶義養女かとする）

藤原定時室［実方母］（『分脉』2－19）

致平親王室［源成信母］（『分脉』3－479。『栄花』4－142。『権記』長保3 2 4）

藤原道綱室［兼経母］（『分脉』1－337。『補任』寛仁2年条。『栄花』7－221「中の御方」、他）

藤原道長室　倫子［頼通・彰子等母］（『分脉』3－387・1－59〜62。『補任』寛弘3年条）→第一部参照

源尭時**女子**（『分脉』3－386。雅通頭註、「按左経記上文雅信公為子」）

丹波中将の妻（『栄花』38－494）

雅通

備前典侍（『分脉』3－387。『後拾遺』人名索引17頁・権中納言の君と同人か。「勅撰作者部類」）

権中納言の君（『栄花』31－356。備前典侍、源兼長室のいずれかと同人か。『栄花』下補注488は雅通女子を二人とみる。『後拾遺』八六五。藤原定輔妻（離別）か）

源兼長室［清長母］（『分脉』3－387・455。『後拾遺』人名索引44頁「備前典侍」とする）

馨子内親王乳母（『栄花』36－434。『後拾遺』人名索引17頁。権中納言の君と同人か）

盛少将（『後拾遺』人名索引36頁）

時通

源則理室［後藤原道長妾］（『栄花』8－241「くわがゆの弁」の「中の君」）→第二部一参照

大納言の君　廉子（『栄花』8－263。『栄花』上補注388）

小少将（『紫式部日記』。『辞典』610頁参照）

時叙

時方

女子（『権記』長保元11 14）

藤原朝忠**女子**　穆子（『分脉』3－386・2－57。『紀略』長和5 7 26。『栄花』上勘物12－40等）

済信

貞科**女子**（『分脉』3－388・410。『系図纂要』8下422は有章を朝任の子とする）

有章

源公忠**女子**（『分脉』3－386・387。『補任』寛和2年条）→第二部一参照

時中　大納言従二位

藤原資房室（『分脉』3－389）

藤原経任室（『分脉』3－389）

源寛信

僧寛朝

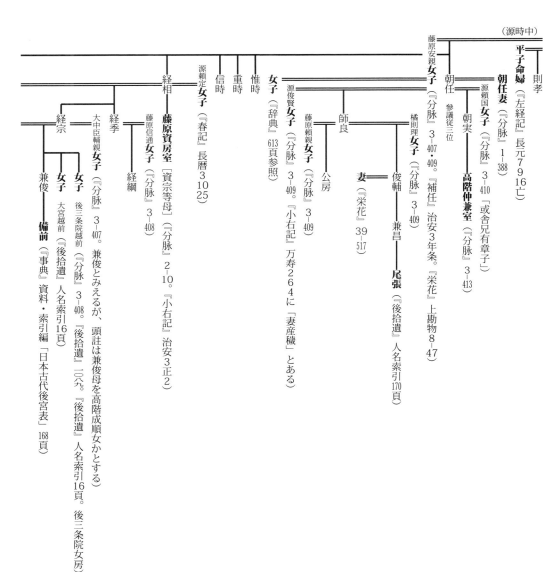

（源時中）

則孝

平子命婦（『左経記』長元７ ９ 16亡）

朝任妻（『分脈』1-388）

源頼国**女子**（『分脈』3-410「或舎兄有章子」）

朝実

高階仲兼室（『分脈』3-413）

朝任 参議従三位

藤原安親**女子**（『分脈』3-407・409。『補任』治安３年条。『栄花』上勘物８-47）

橘則理**女子**（『分脈』3-409）

俊輔

兼昌

尾張（『後拾遺』人名索引170頁）

妻（『栄花』39-517）

師良

公房

藤原頼親**女子**（『分脈』3-409）

源俊賢**女子**（『分脈』3-409。『小右記』万寿２ ６ ４に「妻産穢」とある）

女子（『辞典』613頁参照）

惟時

重時

信時

源頼定**女子**（『春記』長暦３ 10 25）

経相

藤原資房室［資宗等母］（『分脈』2-10。『小右記』治安３正２）

藤原信通**女子**（『分脈』3-408）

経綱

経季

大中臣輔親**女子**（『分脈』3-407。兼俊とみえるが、頭註は兼俊母を高階成順女かとする）

経宗

女子 後三条院越前（『分脈』3-408。『後拾遺』一〇八九。『後拾遺』人名索引16頁。後三条院女房）

女子 大宮越前（『後拾遺』人名索引16頁）

兼俊

備前（『事典』資料・索引編「日本古代後宮表」168頁）

（経宗）
高階成順女子（『分脈』3－407頭註、4－112。『系図纂要』8下417「母大中臣輔親女」。『後拾遺』人名索引22・31頁）
（源経相）
藤原為盛女子（『分脈』3－407。『後拾遺』四二一。『後拾遺』人名索引15頁。『小右記』長元3 6 28亡）
源頼平女子（『分脈』3－181。『分脈』頭註、或いは頼光女子と同人か）

済政
- 道子［藤原能長室・基長母］（『分脈』3－387・1－246。『補任』延久4年条。『今鏡』254・255。『要記』延久5 7 23）
- 藤原定頼室［経家母］（『分脈』3－388・1－246。『補任』天喜4年条）
- 藤原信家室［宗家母］（『分脈』3－388・1－63。『後拾遺』九一七。『系図纂要』は宗家母を済時女につくる）
- 源実基室（『小右記』万寿元10 26婚）
- 敦貞親王室（『小右記』長元4正19嫁）→第一部参照
- 藤原政兼室［隆禅母］（『分脈』1－53）

藤原憲房女子（『分脈』3－388。或いは政長の子かとみえる。『分脈』2－122「女子」が該当するか）
成仲
源経成室［成経母］（『分脈』3－388。『公家系図』195藤原経成室とする）

資通
藤原憲房女子（『栄花』37－476。『分脈』3－390）
政長
忠政
式部命婦（『栄花』36－461。『後拾遺』人名索引36頁）
師賢
寛助
源頼光女子（『後拾遺』人名索引28頁）
源頼光女子（『分脈』3－387。政長の母は「尾張守憲広女」とあるが、頭註に従う。『系図纂要』8下427致長母は「母尾張守憲康女」とある。『中右記』嘉保2 10 25、承徳元閏正4）
源頼平女子（『分脈』3－181）

源頼光女子（『分脈』3－108・387。『補任』長久5年条）

三　醍醐源氏・村上源氏

凡　例

一、第二部三は醍醐源氏・村上源氏の婚姻関係を中心に掲載する。但し、第一部、第二部一・二に掲載した部分については割愛した。

一、第二部の底本は『尊卑分脈』（新訂増補国史大系）とし、その篇・頁数を示した。また、適宜、他史料によって補い、その典拠を記載した。

一、本系図は原則として後冷泉朝までを対象としているが、村上源氏については概ね平安時代末までを対象とした。それは源顕雅が参議に登用された康和四年（一一〇二）六月二十三日の『中右記』の記事に「近代公卿廿四人、源氏之人過半歟、未有如此事歟」（村上源氏は八人）とあるように、院政期にもっとも活動が顕著となるからである。

一、参考文献・史料及びその略称等については、全体の凡例（一五八頁）を参照されたい。

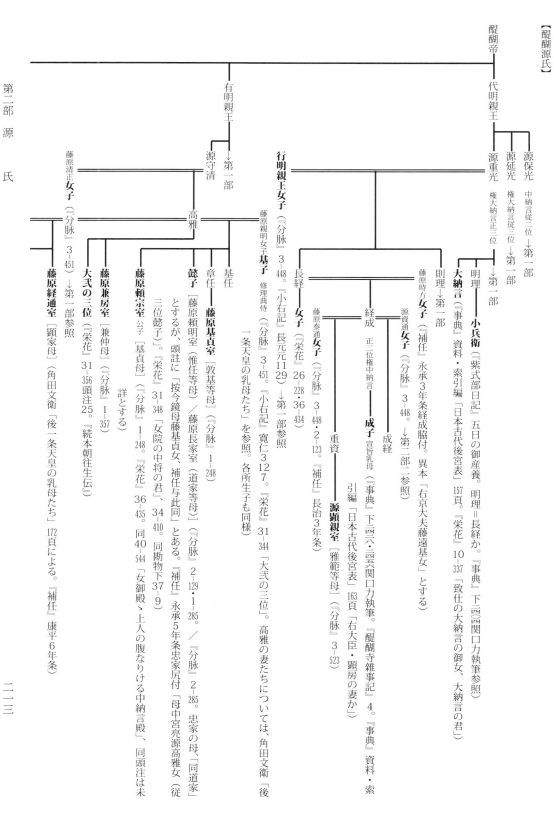

【醍醐源氏】

醍醐帝

代明親王

源保光 中納言従二位 ↓第一部

源延光 権大納言従三位 ↓第一部

源重光 権大納言正三位 ↓第一部

明理――**小兵衛**（『紫式部日記』五日の御産養。明理＝長経か。『事典』下二四〇四関口力執筆参照）

大納言（『事典』資料・索引編「日本古代後宮表」157頁。『栄花』10－337「致仕の大納言の御女、大納言の君」）

行明親王女子（『分脈』3－448。『小右記』長元元11 29）↓第一部参照

則理↓第一部

藤原時方**女子**（『補任』永承3年条経成脇付。異本「右京大夫藤遠基女」とする）

長経

女子（『栄花』26－228・36－434）

源資通**女子**（『分脈』3－448。↓第二部二参照）

経成 正二位権中納言

成経

成子 宣旨乳母（『事典』下二三八・二四五六関口力執筆。『醍醐寺雑事記』4。『事典』資料・索引編「日本古代後宮表」163頁「右大臣・顕房の妻か」）

藤原泰通**女子**（『分脈』3－448・2－123。『補任』長治3年条）

重資――**源顕親室**［雅範等母］（『分脈』3－523）

有明親王

↓第一部

源守清

藤原親明女子**基子** 修理典侍（『分脈』3－451。『小右記』寛仁3 12 7。『栄花』31－344「大弐の三位」。高雅の妻たちについては、角田文衛「後一条天皇の乳母たち」を参照。各所生子も同様）

高雅

基任

章任――**藤原基貞室**［敦基等母］（『分脈』1－248）

懿子［藤原頼明室（惟任等母）／藤原長家室（道家等母）］（『分脈』2－129・1－285。／『分脈』2－285。忠家の母、「同道家」とするが、頭註に「按今鏡母藤基貞女、補任与此同」とある。『補任』永承5年条忠家尻付「母中宮亮源高雅女（従三位懿子）」。『栄花』31－348「女院の中将の君」、34－410。同勘物下37－9）

藤原頼宗室 公子［基貞母］（『分脈』1－248。『栄花』36－435。同40－544「女御殿ゝ上人の腹なりける中納言殿」、同頭注は未詳とする）

藤原清正**女子**（『分脈』3－451）↓第一部参照

藤原兼房室［兼仲母］（『分脈』1－357）

大弐の三位（『栄花』31－356頭注25。『続本朝往生伝』）

藤原経通室［顕家母］（角田文衛「後一条天皇の乳母たち」172頁による。『補任』康平6年条）

（醍醐帝）

章明親王　↓第一部

兼明親王　↓第一部

盛明親王—源則忠……**藤原成房室**（『拾遺』一二〇九。『拾遺』人名索引27頁。「父は醍醐天皇皇子盛明親王男従三位則忠か」。『事典』下二四三九高本元子執筆）

（源高雅）＝藤原親明**女子**　**彰子乳母**（角田文衛「後一条天皇の乳母たち」参照）

—**藤原経通室**［経季等母］（『分脉』2-4。『補任』永承2年条）

—行任

行任—**藤原経季室**［雅経母］但馬（『分脉』2-7）

行任—**源隆俊室**［俊実等母］美乃（『分脉』3-472。『補任』治暦4年条・承暦4年条）

行任＝藤原懐平**女子**（『分脉』3-451）

—高房

高房—清実

清実＝藤原忠実乳母**内侍**（『殿暦』天永2 9 13。『事典』下二四二〇関口力執筆）

清実—**女子**（『栄花』39-517）

清実—→以下略

高房—**源道良室**［俊兼母］（『分脉』3-471。『栄花』39-526「但馬守の女」か）

高房＝大江定経**女子**（『分脉』3-452。「大江定保女」とするが、頭註に従う）

高房—高実

高実＝藤原憲房**女子**（『分脉』2-121）

源則忠—道成

道成＝中光**女子**（『分脉』3-455）

道成—定成

定成＝平理義**女子**（『分脉』3-455）

定成—基清→以下略

道成—**藤原実綱室**［有綱母］（『分脉』2-206）

道成—**藤原清長室**［宣基母］（『分脉』2-21）

道成—**藤原兼綱室**［芳円母］（『分脉』1-355。『後拾遺』五七八）

道成—則成

則成＝平親信**女子**（『分脉』3-454）

則成—**藤原師実室**［仁源母］（『分脉』1-60。『栄花』36-461「内侍の女」。同勘物下36-35）

則成—**藤原能成室**［仲実母］（『分脉』2-539）

道成—兼長

兼長＝**備前典侍**（『後拾遺』人名索引44頁）

兼長—**藤原俊家妾**［宗通母］（『分脉』3-455・1-269。ただし、異本は藤原宗通の母を「雅通女」とする。『補任』寛治8年条）

道成＝藤原由忠**女子**（『分脈』3-454。頭註、「前田本系図作由」忠女子。『後拾遺』人名索引42頁「由忠女（陽明本勘物）」。「才子伝」「母長門守仲忠之女也」）

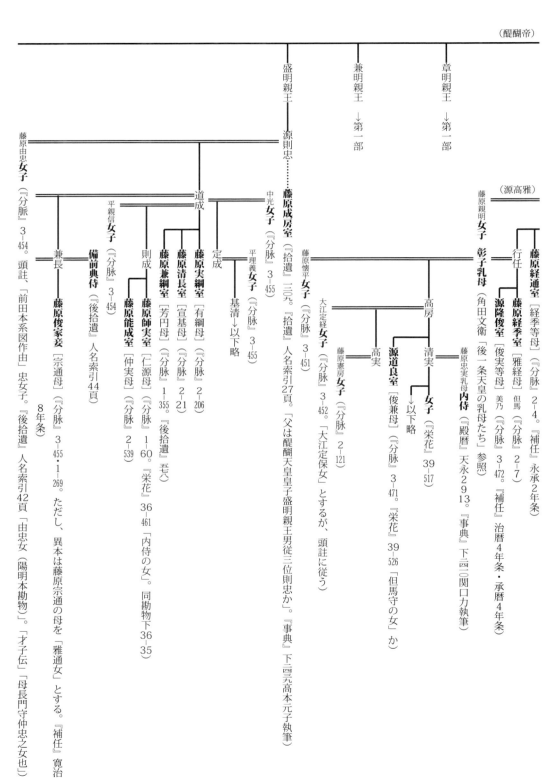

（醍醐帝）
- 克明親王 →第一部
- 重明親王 →第一部
- 式明親王 →第一部
- 常明親王 →第一部
- 源自明 参議正四位下 ― 元忠 ― **藤原成尹室**［公経母］（『分脉』2-426「母伊勢守従四位下源光忠女」とあり、異本「元ー女云々」とする。『後拾遺』人名索引24頁）
- 源元明 ― **藤原敦忠室**［保昌母］（『分脉』2-423「元明親王女」。『後拾遺』人名索引44頁）
- 源高明
  - 俊賢 権大納言正二位 ＝ **左衛門督北方**（『事典』下二四三池田尚隆執筆は、「左衛門督北方」を俊賢室とするが、同二四〇四戸谷三都江執筆は疑問があるとして否定する。俊賢に左衛門督の経歴はない。「勅撰集作者部類」「俊賢卿室」）
  - 俊賢 ＝ 藤原忠尹**女子**（『分脉』3-471・1-56忠君女子に「大納言俊賢卿室」とみえるが、『補任』長元2年条には「母故右兵衛督藤忠尹女」とみえ、長元7年条隆国脇付には「母与顕基卿同」とある）
    - **源朝任室**［師良母］（『分脉』3-409）→第二部二参照
    - **藤原師経室**［経俊母］（『分脉』1-53）
    - 顕基 権中納言従三位
      - 顕基 ＝ 藤原行成**女子**（『分脉』1-384） ― 俊長
      - 顕基 ＝ 藤原実成**女子**（『分脉』3-471。『補任』永承6年条）
        - 資綱 中納言正二位 ― **御匣殿**（『中右記』寛治7・2・22「故資綱中納言姫」）
        - 資綱 ＝ 源高房**女子**（『分脉』3-471。但し、道良は宇多源氏経長の子と為す）
        - 資綱 ＝ 源道方**女子**（『分脉』3-471。『補任』承保2年条・承暦4年条）→第二部二参照
          - 道良→以下略
          - 家賢 権中納言従三位

（源道成）＝ 則成**女子**（『分脉』3-455。『後拾遺』人名索引22頁は平親信女子とする。則成女子は疑問か）

（源兼長）＝ 源雅通**女子**（『分脉』3-455。『宝物集』巻7に妻に先立たれて出家したことがみえるが、別人か）→第二部二参照
- 清長 ＝ 高階章行**女子**（『分脉』3-455）
  - 俊兼→以下略
- 隆長 ― **源義家室**［義親母］（『分脉』3-224）

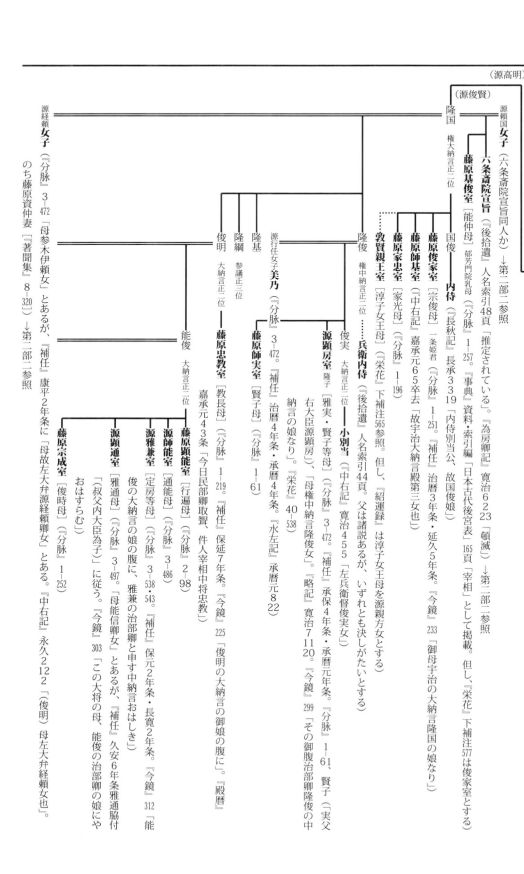

（源高明）

（源俊賢）

源頼国**女子**（六条斎院宣旨同人か）→第二部二参照

六条斎院宣旨（『後拾遺』人名索引48頁「推定されている」。『為房卿記』寛治6 2 23「頓滅」）→第二部二参照

藤原基俊室［能仲母］郁芳門院乳母（『分脉』1－257。『事典』資料・索引編「日本古代後宮表」165頁「宰相」として掲載。但し、『栄花』下補注577は俊家室とする）

隆国　権大納言正二位

国俊——**内侍**（『長秋記』長承3 3 19「内侍別当公、故国俊娘」）

藤原俊家室［宗俊母］一条姫君（『分脉』1－251。『補任』治暦3年条・延久5年条。『今鏡』233「御母宇治の大納言隆国の娘なり」）

藤原師基室（『中右記』嘉承元6 5卒去「故宇治大納言殿第三女也」）

藤原家忠室［家光母］（『分脉』1－196）

敦賢親王室［淳子女王母］（『栄花』下補注565参照。但し、『紹運録』は淳子女王母を源親方女とする）

隆俊　権中納言正二位……**兵衛内侍**（『後拾遺』人名索引44頁。父は諸説あるが、いずれとも決しがたいとする）

俊実　大納言正二位——**小別当**（『中右記』寛治4 5 5「左兵衛督俊実女」）

源顕房室　隆子［雅実・賢子等母］（『分脉』3－472。『補任』承保4年条・承暦元年条。『分脉』1－61、賢子（「実父右大臣源顕房」）、「母権中納言隆俊女」。『略記』寛治7 11 20。『今鏡』299「その御腹治部卿隆俊の中納言の娘なり」。『栄花』40－538）

源行任女子**美乃**（『分脉』3－472。『補任』治暦4年条・承暦4年条。『水左記』承暦元8 22）

藤原師実室［賢子母］（『分脉』1－61）

隆基

隆綱　参議正三位

俊明　大納言正二位——**藤原忠教室**［教長母］（『分脉』1－219。『補任』保延7年条。『今鏡』225「俊明の大納言の御娘の腹に」。『殿暦』嘉承元4 3条「今日民部卿取聟、件人宰相中将忠教」）

能俊　大納言正二位

藤原顕能室［行遍母］（『分脉』2－98）

源師能室［通能母］（『分脉』3－486）

源雅兼室［定房等母］（『分脉』3－538・543。『補任』保元2年条・長寛2年条。『今鏡』312「能俊の大納言の娘の腹に、雅兼の治部卿と申す中納言おはしき」）

源顕通室［雅通母］（『分脉』3－497。「母能信卿女」とあるが、『補任』久安6年条雅通脇付「（叔父内大臣為子）」に従う。『今鏡』303「この大将の母、能俊の治部卿の娘にやおはすらむ」）

藤原宗成室［俊時母］（『分脉』1－252）

源経頼**女子**（『分脉』3－472「母参木伊頼女」とあるが、『補任』康平2年条に「母故左大弁源経頼卿女」とある。『中右記』永久2 12 2「（俊明）母左大弁経頼女也」。のち藤原資仲妻［『著聞集』8－320］）→第二部二参照

（源高明）

忠賢―守隆―長季

- 盛長
  - 藤原師基女子（『分脉』3－473。『補任』康和2年条。『水左記』承暦元９４同人か）
  - （源俊明）
  - 源貞舒女子（『分脉』3－463）
    - 盛行
      - 津守嶋子（『百錬抄』永治2正19条）
- 盛子（『事典』資料・索引編「日本古代後宮表」170頁参照）
- 長子 土佐内侍（『中右記』嘉承２10 26「長子故長季女」。『事典』資料・索引編「日本古代後宮表」169頁参照）
- 藤原師行室［行実母］（『分脉』1－382）

（源能俊）

源頼綱女子（『分脉』3－473。『補任』久安5年条）→第二部二参照

- 俊雅 参議正四位下
- 能賢→以下略

【村上源氏】

村上帝―致平親王→第一部

源済女子（『分脉』3－481。「或源俊女」とも見ゆ）

（源顕定）

資定

- 斎院出羽（『後拾遺』人名索引31頁。出羽弁と同一人かは説がわかれる）
- 皇后宮美作（『分脉』3－482。『後拾遺』人名索引43頁。「勅撰作者部類」「美作守源資定女」）
- 藤原信長室［澄仁母］（『分脉』1－62。『僧歴綜覧』246「美作守資定女」）
- 藤原家業女子（『分脉』3－481）
- 有宗
  - 藤原敦憲室［為兼母］（『分脉』2－121。『今鏡』336）
  - 備前［白河帝寵愛。円行母］（『中右記』長承元８28、寛治７５５）
  - 有兼
    - 菅原宗正女子（『分脉』3－483）
      - 遠資
  - 高階高行女子（『分脉』3－482）
    - 有家
    - 有忠
    - 有元
      - 時賢
        - 盛親女子（『分脉』3－482）
          - 信賢
    - 有政

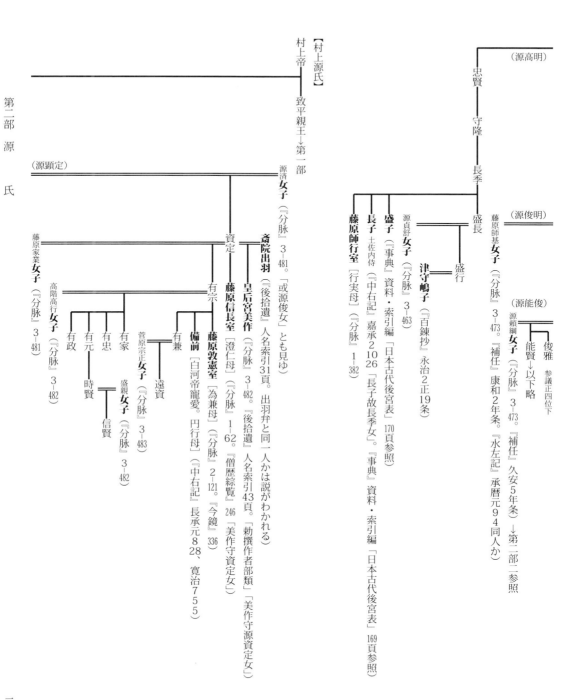

（村上）
為平親王
源高明**女子**→第一部
源顕定
藤原実家室［道国母］（『分脉』2―203）
源頼定　参議正三位→第一部
源憲定→第一部
→第一部
源憲清**女子**→第二部一
実覚
藤原頼宗**女子**（『分脉』3―494・2―120）
藤原師実室［行玄等母］（角田文衛「源澄子」470頁注12参照）
（源師房）
左衛門督北方（『後拾遺』10・四五。『後拾遺』人名索引27頁）
藤原良綱**女子**（『分脉』3―495・2―173）
師長
藤原能忠**女子**（『分脉』3―495）
師広
藤原忠行室（『分脉』3―495）
源俊長**女子**（『分脉』3―494）
（源師忠）
師隆
藤原能実**女子**（『分脉』1―217）
乳母（『今鏡』142）
藤原隆頼室［信隆母］（『分脉』1―315）
藤原通基室［基家・通重等母］一条（『補任』承安2年条）
俊隆
皇嘉門院別当（『分脉』3―494。「勅撰作者部類」「大宮権亮源俊隆女」）
中将殿（『たまきはる』建春門院御所・女房の名寄せ「大宮佐俊隆の女」）
藤原為隆**女子**（『分脉』3―494、1―251・259・261。『補任』承保元年条。『今鏡』315）
隆暁
師経
内侍のすけ（『今鏡』341）
卿殿（『たまきはる』建春門院御所・女房の名寄せ「俊隆の弟の三河の権守とかやの女」）
隆保
藤原俊成**女子**（『事典』資料・索引編「日本古代後宮表」175頁参照）
藤原季範**女子**（『分脉』3―494・2―476）

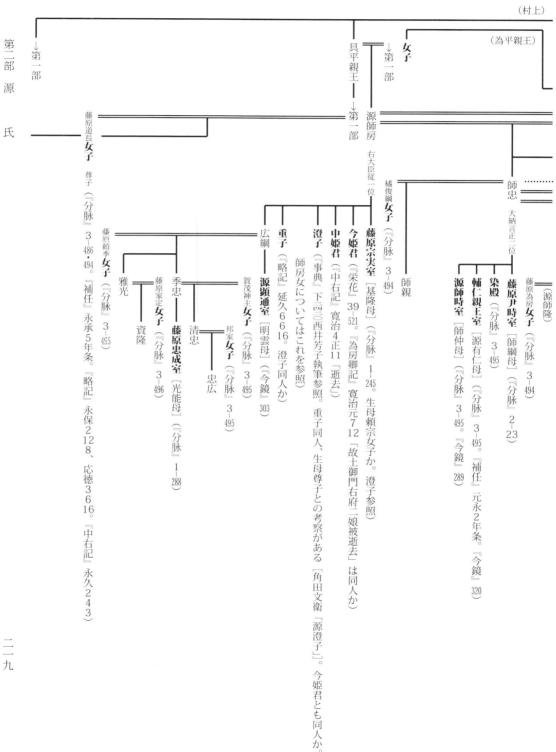

（村上）

（為平親王）

女子

（源師隆）

藤原為房**女子**（『分脈』3-494）

藤原尹時室［師綱母］（『分脈』2-23）

染殿（『分脈』3-495）

輔仁親王室［源有仁母］（『分脈』3-495。『補任』元永2年条。『今鏡』320）

源師時室［師仲母］（『分脈』3-495。『今鏡』289）

師忠　大納言正二位

師親

橘俊綱**女子**（『分脈』3-494）

↓第一部

源師房　右大臣従一位

藤原宗実室［基隆母］（『分脈』1-245。生母頼宗女子か。澄子参照）

今姫君（『栄花』39-521。『為房卿記』寛治元7 12「故土御門右府二娘被逝去」は同人か）

中姫君（『中右記』寛治4正11「逝去」）

澄子（『事典』下二四三〇西井芳子執筆参照。重子同人、生母尊子との考察がある［角田文衛「源澄子」］。今姫君とも同人か。
師房女についてはこれを参照）

重子（『略記』延久6 6 16。澄子同人か）

広綱

源顕通室［明雲母］（『今鏡』303）

賀茂神主**女子**（『分脈』3-495）

邦家**女子**（『分脈』3-495）

清忠

忠広

季忠

藤原忠成室［光能母］（『分脈』1-288）

藤原家定**女子**（『分脈』3-496）

雅光

資隆

藤原頼季**女子**（『分脈』3-495）

具平親王

↓第一部

↓第一部

藤原道長**女子**　尊子（『分脈』3-486・494。『補任』永承5年条。『略記』永保2 12 8、応徳3 6 16。『中右記』永久2 4 3）

↓第一部

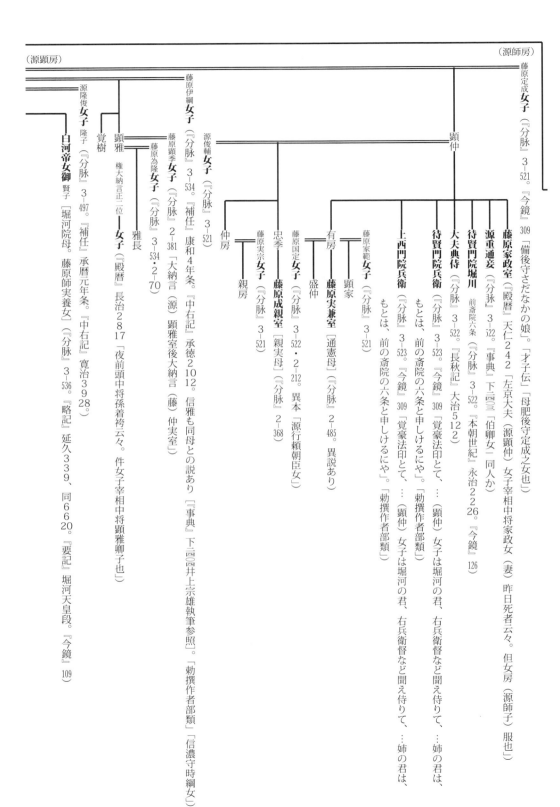

（源師房）

藤原定成**女子**（『分脉』3-521。『今鏡』309「備後守さだなかの娘」。「才子伝」「母肥後守定成之女也」）

顕仲

藤原家政室（『殿暦』天仁2 4 2「左京大夫（源顕仲）女子宰相中将家政女（妻）昨日死者云々。但女房（源師子）服也」）

源重通妾（『分脉』3-522。『事典』下二四〇三「伯卿女」同人か）

待賢門院堀川　前斎院六条（『分脉』3-522。『本朝世紀』永治2 2 26。『今鏡』126）

大夫典侍（『分脉』3-522。『長秋記』大治5 12 2）

待賢門院兵衛（『分脉』3-523。『今鏡』309「覚豪法印とて、…（顕仲）女子は堀河の君、右兵衛督など聞え侍りて、…姉の君は、もとは、前の斎院の六条と申しけるにや」。「勅撰作者部類」）

上西門院兵衛（『分脉』3-523。『今鏡』309「覚豪法印とて、…（顕仲）女子は堀河の君、右兵衛督など聞え侍りて、…姉の君は、もとは、前の斎院の六条と申しけるにや」。「勅撰作者部類」）

藤原家範**女子**（『分脉』3-521）

有房

顕家

藤原実兼室［通憲母］（『分脉』2-485。異説あり）

藤原国定**女子**（『分脉』3-522・2-212。異本「源行頼朝臣女」）

忠季

盛仲

藤原成親室［親実母］（『分脉』2-368）

藤原実宗**女子**（『分脉』3-521）

仲房

親房

源俊輔**女子**（『分脉』3-521）

藤原伊綱**女子**（『分脉』3-534。『補任』康和4年条。『中右記』承徳2 10 12。信雅も同母との説あり［『事典』下二四〇四井上宗雄執筆参照］。「勅撰作者部類」「信濃守時綱女」）

藤原顕季**女子**（『分脉』2-381「大納言（源）顕雅室後大納言（藤）仲実室」）

藤原為隆**女子**（『分脉』3-534・2-70）

雅長

顕雅

権大納言正二位**女子**（『殿暦』長治2 8 17「夜前頭中将孫着袴云々。件女子宰相中将顕雅卿子也」）

覚樹

源隆俊**女子**　隆子（『分脉』3-497。『補任』承暦元年条。『中右記』寛治3 9 28。）

（源顕房）

白河帝女御　賢子［堀河院母。藤原師実養女］（『分脉』3-536。『略記』延久3 3 9、同6 6 20。『要記』堀河天皇段。『今鏡』109）

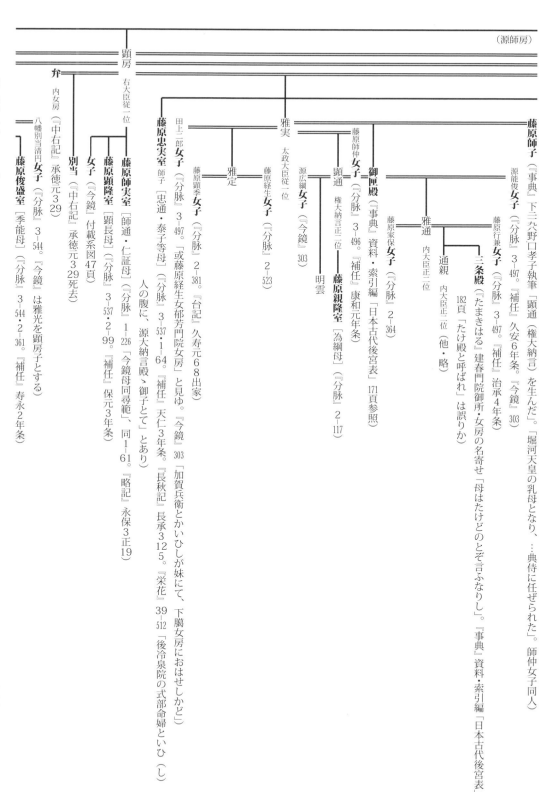

（源師房）

藤原師子（『事典』下三六野口孝子執筆「顕通（権大納言）を生んだ」。「堀河天皇の乳母となり、…典侍に任ぜられた」。師仲女子同人）

源能俊女子（『分脉』3―497。『補任』久安6年条。『今鏡』303）

藤原行兼女子（『分脉』3―497。『補任』治承4年条）

三条殿（『たまきはる』建春門院御所・女房の名寄せ「母はたけどのとぞ言ふなりし」。『事典』資料・索引編「日本古代後宮表」182頁「たけ殿と呼ばれ」は誤りか）

通親　内大臣正二位（他・略）

雅通　内大臣正二位

藤原家保女子（『分脉』2―364）

御匣殿（『事典』資料・索引編「日本古代後宮表」171頁参照）

藤原師仲女子（『分脉』3―496。『補任』康和元年条）

顕通　権大納言正二位

藤原親隆室［為綱母］（『分脉』2―117）

源広綱女子（『今鏡』303）

明雲

雅実　太政大臣従一位

藤原経生女子（『分脉』2―523）

雅定

藤原顕季女子（『分脉』2―381。『台記』久寿元6 8出家）

田上二郎女子（『分脉』3―497。「或藤原経生女郁芳門院女房」と見ゆ。『今鏡』303「加賀兵衛とかいひしが妹にて、下臈女房におはせしかど」）

藤原忠実室　師子［忠通・泰子等母］（『分脉』3―537・1―64。『補任』天仁3年条。『長秋記』長承3 12 5。『栄花』39―512「後冷泉院の式部命婦といひ（し）人の腹に、源大納言殿ゝ御子とて」とあり）

顕房　右大臣従一位

藤原師実室［師通・仁証母］（『分脉』1―226「今鏡母同尋範」、同1―61。『略記』永保3正19）

藤原顕隆室［顕長母］（『分脉』3―537・2―99。『補任』保元3年条）

女子（『今鏡』付載系図47頁）

別当（『中右記』承徳元3 29死去）

弁　内女房（『中右記』承徳元3 29）

八幡別当清円女子（『分脉』3―544。『今鏡』は雅光を顕房子とする）

藤原俊盛室［季能母］（『分脉』3―544・2―361。『補任』寿永2年条）

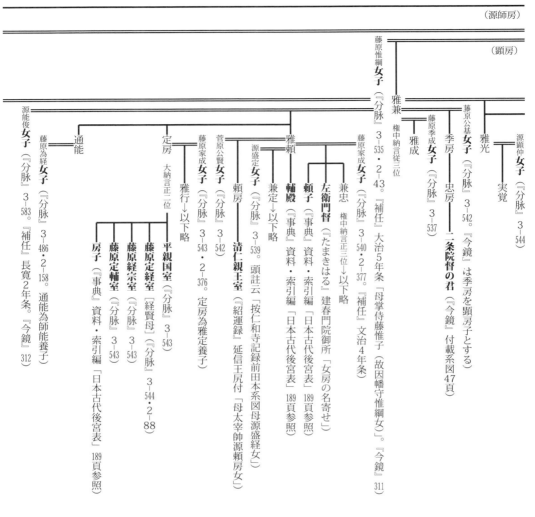

（源師房）

（顕房）

- 源顕仲**女子**（『分脈』3−544）
- 雅光 — 実覚
- 藤原公基**女子**（『分脈』3−542。『今鏡』は季房を顕房子とする）
- 季房 — 忠房 — **二条院督の君**（『今鏡』付載系図47頁）
- 藤原季成**女子**（『分脈』3−537）
- 雅成
- 藤原惟綱**女子**（『分脈』3−535・2−43。『補任』大治5年条「母掌侍藤惟子（故因幡守惟綱女）」。『今鏡』311）
- 雅兼　権中納言従三位
- 藤原家成**女子**（『分脈』3−540・2−377。『補任』文治4年条）
- 兼忠　権中納言正三位→以下略
- **左衛門督**（『たまきはる』建春門院御所「女房の名寄せ」）
- **頼子**（『事典』資料・索引編「日本古代後宮表」189頁参照）
- 雅頼
- **輔殿**（『事典』資料・索引編「日本古代後宮表」189頁参照）
- 兼定→以下略
- 源盛定**女子**（『分脈』3−539。頭註云「按仁和寺記録前田本系図母源盛経女」）
- 頼房 — **清仁親王室**（『紹運録』延信王尻付「母太宰帥源頼房女」）
- 菅原公賢**女子**（『分脈』3−542）
- 藤原家成**女子**（『分脈』3−543・2−376。定房為雅定養子）
- 定房　大納言正二位
- 雅行→以下略
- **平親国室**（『分脈』3−543）
- **藤原定経室**［経賢母］（『分脈』3−544・2−88）
- **藤原経宗室**（『分脈』3−543）
- **藤原定輔室**（『分脈』3−543）
- **房子**（『事典』資料・索引編「日本古代後宮表」189頁参照）
- 通能
- 藤原為経**女子**（『分脈』3−486・2−158。通能為師能養子）
- 源能俊**女子**（『分脈』3−583。『補任』長寛2年条。『今鏡』312）

（源師房）

（源顕房）

（源雅兼）

平兼季女子（『分脉』3-537）

雅範 — 重範

藤原惟信女子（『分脉』3-538）

雅綱 — 宗雅 — 顕子（『分脉』3-538）

宗雅 — →以下略

雅綱 — 典侍（『明月記』承元元9 3「故前典侍（宗雅卿妹。六条院典侍）」。『事典』資料・索引編「日本古代後宮表」182頁参照）

雅綱 — 藤原実国室 綱子［公清母］（『分脉』1-128。『補任』建仁3年条。『事典』資料・索引編「日本古代後宮表」182頁参照）

基隆女子（『分脉』3-537） — 国雅

源忠宗女子（『分脉』3-537）

高階業子（『分脉』3-524）

雅俊 権大納言正二位 — 顕重

雅俊 — 俊親

雅俊 — 寛雅 — 俊寛 — 藤原国雅室（『分脉』3-525）

俊寛 — 平頼盛室（『分脉』3-525）

藤原良任女子（『分脉』3-522・2-172。良綱女子に右大臣顕房妻信雅母と見ゆ。『補任』寛治5年条・承徳2年条）

藤原宗忠女子（『分脉』3-524）

憲俊 — 憲雅 — 女子（『分脉』3-525）

憲俊 — 源成雅室（『分脉』3-525）

顕定 — 定宗 — 宗俊

藤原資隆女子（『分脉』3-524）

源光行女子（『分脉』3-525）

藤原国明女子（『分脉』3-524）

顕俊 — 藤原忠通室 俊子［育子母］（『分脉』3-523。『山槐記』承暦2 12 17。『今鏡』152）

顕重 — 顕教

藤原季仲女子（『分脉』3-523）

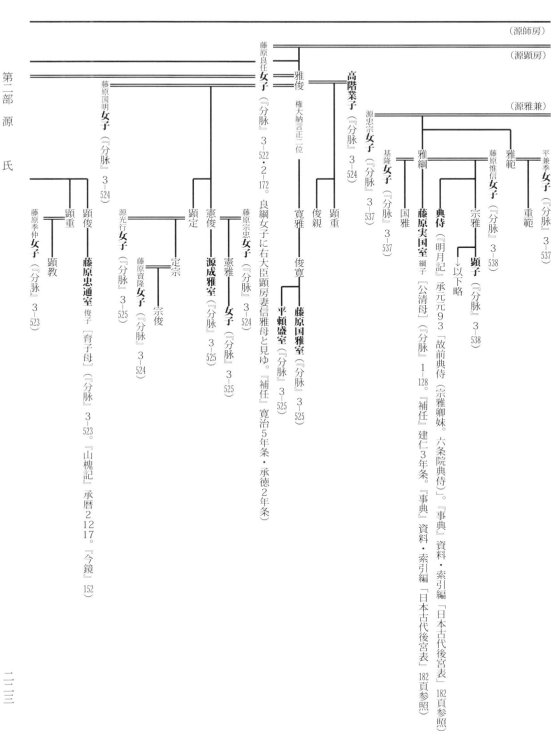

（源師房）

（顕房）

（雅俊）

高階為家**女子**（『分脉』3―523）

高階経成**女子**（『分脉』3―527）

顕親＝源重資**女子**（『分脉』3―523）

藤原公行室［実長母］（『分脉』3―524・1―125。『補任』保元元年条）

雅範

俊光

俊長

信時＝俊輔**女子**（『分脉』3―527）

顕信

藤原基通室［家実母］（『分脉』1―67）

国信　権中納言正二位

藤原忠通室　信子［基実母］（『分脉』3―529・1―67。『補任』仁平2年条。『今鏡』202・303）

藤原忠通室　俊子［基房母］（『分脉』3―529。『補任』保元2年条。『今鏡』203「国子」とする）

女子（『今鏡』付載系図46頁）

雅国＝源師俊**女子**（『分脉』3―527）

源顕信室［清信母］（『分脉』3―527）

国保

国教

顕国＝藤原宗忠**女子**（『分脉』3―526）

恵珍

仲宣**女子**（『分脉』3―526）

国通

高階泰仲**女子**（『分脉』3―526。『今鏡』309。「才子伝」「(顕国）母伊予守泰仲之女也」）

藤原為家**女子**（『分脉』3―531）

成雅＝源憲俊**女子**（『分脉』3―524）

信雅

平忠盛室［経盛母］（『分脉』3―532。『補任』嘉応2年条）

藤原光忠室（『分脉』3―532）

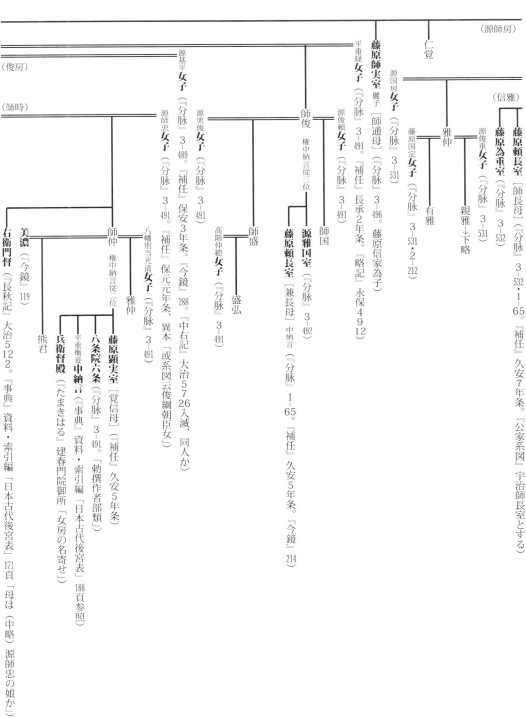

（源師房）

仁覚

藤原師実室 麗子［師通母］（『分脉』3－496。藤原信家為子）

平重経女子（『分脉』3－491。『補任』長承2年条。『略記』永保4 9 12）

源国房女子（『分脉』3－531）

（信雅）

藤原頼長室［師長母］（『分脉』3－532・1－65。『補任』久安7年条。『公家系図』宇治師長室とする）

藤原為重室（『分脉』3－532）

雅仲

源俊重女子（『分脉』3－531）

親雅→下略

藤原国定女子（『分脉』3－531・2－212）

有雅

師俊 権中納言従三位

源俊頼女子（『分脉』3－491）

師国

源雅国室（『分脉』3－492）

藤原頼長室［兼長母］中納言（『分脉』1－65。『補任』久安5年条。『今鏡』214）

源実俊女子（『分脉』3－491）

師盛

高階仲範女子（『分脉』3－491）

盛弘

（俊房）

源基平女子（『分脉』3－489。『補任』保安3年条。『今鏡』288。『中右記』大治5 7 26入滅、同人か）

（師時）

源師忠女子（『分脉』3－491。『補任』保元元年条、異本「或系図云俊綱朝臣女」）

八幡別当光清女子（『分脉』3－491）

雅仲

師仲 権中納言従二位

藤原顕実室［覚信母］（『補任』久安5年条）

八条院六条（『分脉』3－491。「勅撰作者部類」）

平重衡妾 中納言（『事典』資料・索引編「日本古代後宮表」188頁参照）

兵衛督殿（『たまきはる』建春門院御所「女房の名寄せ」）

美濃（『今鏡』119）

熊君

右衛門督（『長秋記』大治5 12 2。『事典』資料・索引編「日本古代後宮表」171頁「母は（中略）源師忠の娘か」）

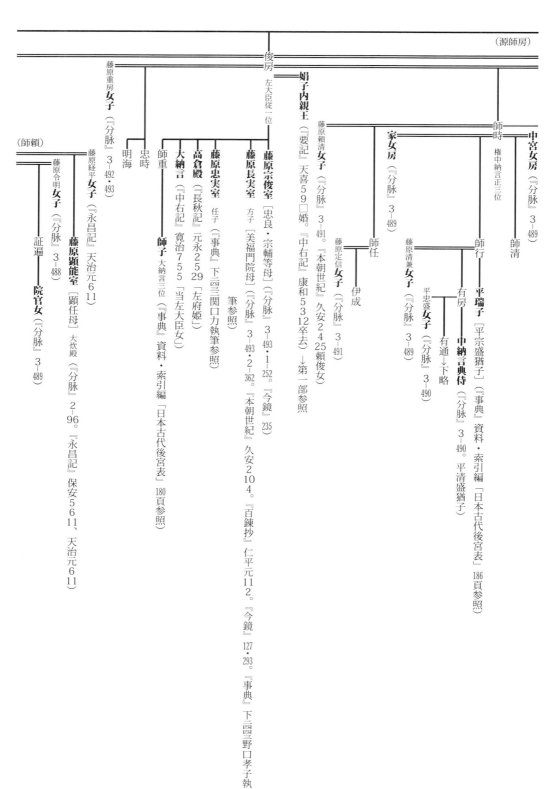

（源師房）

俊房　左大臣従一位

師時　権中納言正三位

中宮女房（『分脉』3–489）

師清

家女房（『分脉』3–489）

師行

平瑞子［平宗盛猶子］（『事典』資料・索引編「日本古代後宮表」186頁参照）

藤原清兼**女子**（『分脉』3–489）

有房

中納言典侍（『分脉』3–490。平清盛猶子）

平忠盛**女子**（『分脉』3–490）

有通→下略

藤原頼清**女子**（『分脉』3–491。『本朝世紀』久安2 4 25頼俊女）

師任

藤原定信**女子**（『分脉』3–491）

伊成

娟子内親王（『要記』天喜5 9□婚。『中右記』康和5 3 12卒去）→第一部参照

藤原宗俊室［忠良・宗輔等母］（『分脉』3–493・1–252。『今鏡』235）

藤原長実室　方子［美福門院母］（『分脉』3–493・2–362。『本朝世紀』久安2 10 4。『百錬抄』仁平元11 2。『今鏡』127・293。『事典』下二四三野口孝子執筆参照）

藤原忠実室　任子（『事典』下二四三関口力執筆参照）

高倉殿（『長秋記』元永2 5 29「左府姫」）

大納言（『中右記』寛治7 5 5「当左大臣女」）

師重

師子　大納言三位（『事典』資料・索引編「日本古代後宮表」180頁参照）

藤原重房**女子**（『分脉』3–492・493）

忠時

明海

（師頼）

藤原経平**女子**（『永昌記』天治元6 11）

藤原顕能室［顕任母］大炊殿（『分脉』2–96。『永昌記』保安5 6 11、天治元6 11）

藤原令明**女子**（『分脉』3–488）

証遍

院官女（『分脉』3–489）

（源師房）

（俊房）

藤原通宗女子　宗子（『分脈』3-486・2-7。『今鏡』287。『中右記』寛治7 5 5「大弐」。『事典』資料・索引編「日本古代後宮表」172頁参照）

師頼　大納言正二位

師能

藤原為経女子（『分脈』3-486・2-158）

通能

隆宗

藤原家保妻（『中右記』大治4正24）

源能俊女子（『分脈』3-486。通能実父雅兼）

源基平室（『分脈』3-489）

藤原光隆室（『分脈』3-489。『永昌記』天治元4 14「典侍、師頼卿女」。『事典』資料・索引編「日本古代後宮表」173頁参照）

藤原重通室（『分脈』3-486・1-275。『今鏡』287「実基の君の娘」。『僧歴綜覧』寛治2年）

藤原為通室［泰通等母］（『分脈』1-269・273。『補任』寿永2年条）

頼子（『事典』資料・索引編「日本古代後宮表」175頁参照。『長秋記』大治5 2 21「御匣殿（源宰相女）」）

藤原忠俊女子（『分脈』3-487）

師教

藤原忠教女子（『分脈』3-487）

師家

藤原顕家室［知家母］（『分脈』3-487、頭註によれば前田本は師家を師兼に作る。『補任』承久元年条）

巨勢宗茂女子　安芸（『たまきはる』219系図）

後鳥羽院宮内卿（『分脈』3-488。『事典』資料・索引編「日本古代後宮表」192頁参照。「勅撰作者部類」「右京大夫源師光女」）

師光

藤原高定女子（『分脈』2-124。『栄花』39-522「大将殿ゝ上」。『中右記』天仁元10 10）

具親

平重時女子（『分脈』3-488）

輔道

藤原能実女子（『分脈』3-487・1-217）

澄観

源実基女子（『分脈』3-489）

藤原通房室　妧子（『事典』下二四六井上宗雄執筆、二四三野口孝子執筆参照。『栄花』39-522「大将殿ゝ上」。『後拾遺』勘物は母を御堂女とする）

あとがき

本書はこの二五年ほどの間に執筆してきた論文に、新稿を加えて編集したものであるが、さまざまな動機、関心のもとに執筆してきたため、一書にまとめるにはそれなりの苦労があった。中には思い入れの深い論文もあり、容易に手を入れがたい部分があったのも事実である。

「勅授帯剣」は、恩師・亀田隆之先生の還暦記念に論文集を献呈することになり、私も執筆者の末席に加えて頂き、先生方や諸先輩方に交じって執筆したものである。ご指導いただいた御恩に報いるだけのものを執筆したいと意気込んだものの、何を書いてよいのか迷うばかりであった。そうした頃に古瀬奈津子氏の「昇殿制の成立」（『日本古代王権と儀式』吉川弘文館、一九九八年。初出は一九八七年）に接し、多大の影響を受け、なんとか、古瀬氏のような論文が執筆出来ないものかと頭を悩ませた思い出がある。自分には大所高所から歴史を俯瞰するような才能は無く、史料を丹念にあらって整理検討し、そこから見出した傾向が、何に基づいているのかを考えるような研究手法が性に合っており、そうした手法は、「平安時代の親王任官」や「古典文学と親王の叙品・任官」でも用いている。研究者というよりは調査員と言ってよいのかもしれないが、それでも幾分かは平安時代史の解明に寄与するところがあったのではないかと自負している。

「皇位継承と皇親賜姓」は、『大鏡』の史実性を問題にしたものだが、山中裕先生の物語研究（『源氏物語の史的研究』思文閣出版、一九九七年など）から多大の影響を受けたものである。なぜ、源氏である融が皇位を望んだのか、なぜ源定省が即位し得たのかは、以前より気になっていたところであった。そうした関心から『大鏡』を史的に研究できないかと考えた。この論文の執筆にあたっては、河内祥輔氏の『古代政治史における天皇制の論理』（吉川弘文館、一九八六年。

のち増訂版二〇一四年）に多くを学ばせていただいた。前著『平安時代皇親の研究』に収めた「大伴親王の賜姓上表」とともに、河内氏の論理的な研究には非常に大きな影響を受けている。

「雅子内親王と醍醐皇子女の源氏賜姓」「醍醐内親王の降嫁と醍醐源氏賜姓」は、醍醐皇子女に関する論考であるが、醍醐皇子女については以前より関心があり、前著にも「醍醐皇子女」と題する論文を掲載した。源氏については、つとに林陸朗氏の『上代政治社会の研究』（吉川弘文館、一九六九年）に詳しいが、嵯峨源氏と醍醐源氏は他と異なる特色があると思う。そのうち嵯峨源氏については林氏の論考を始めいくつかの研究で明らかにされてきたが、醍醐源氏については、あまり注目されてこなかった。醍醐皇子女の賜姓のみならず、婚姻にも関心があり、国文学の研究も参照しながら執筆した。もともと人間関係に興味があり、系図をみることが好きであったのだが、醍醐皇子女の婚姻について考えることも、それに通じるものがあり、楽しく執筆出来た。

親王序列の論文は、これまでの親王研究のなかで、出生順を問題にするとき、常にその矛盾に頭を悩ませてきたことによる。特に桓武皇子女の出生順は平安初期の親王を考えるうえで最も重要と考え執筆したが、さらにそれ以降の各代の皇子女をも明らかにしておくべきであると考えて執筆したところ、思いのほか長大な論文になったため、二つにわけて発表したものである。

補論に掲載した「『権記』にみえる親王参詣記事」は、関西学院大学の大学院の講義で長年講読し続けている『権記』から題材を得ている。学生諸君と講読していくなかで、疑問に思うこと、わからないことが少なくなく、そのなかで親王に関わる問題の一つを論文にしたものである。

巻末に付載した「古代貴族婚姻系図稿」は、本来内親王の婚姻関係を考えるため、自らのために作成したものであるが、出典の明らかでない系図では、あとで困ると思い、煩雑ながら、根拠となる出典を明記する形を取った。これを発表することは、婚姻関係になにがしかの関心をいだいている研究者にも資すると考え、編集者の勧めもあって掲載することとした。実は、発表していないが、藤原氏の部も系図のみ作成しており、時間があれば、出典を明記した形でいずれ発表したいと思う。

振り返ってみると、それぞれの動機・関心で執筆したものではあるが、いずれも多くの研究者から多大の影響を蒙り、多くのことを学ばせていただいたことがわかる。本書も若手研究者にとってそうした一つになれば望外の幸せである。

最後に、本書の刊行にあたって、出版状況の厳しいおりにお引き受けいただいた吉川弘文館、ならびに、多くのアドバイスをしてくださった編集部の若山嘉秀氏・宮川久氏に、この場をおかりして厚く御礼申し上げる。

二〇二四年八月二十九日

安田政彦

初出一覧

序章　平安時代の親王研究の現状と課題（新稿）

第一部　親王の処遇

第一章　勅授帯剣（「勅授帯剣について」亀田隆之先生還暦記念会編『律令制社会の成立と展開』吉川弘文館、一九八九年）

第二章　平安時代の親王任官（「親王・内親王」日向一雅編『平安文学と隣接諸学4　王朝文学と官職・位階』竹林舎、二〇〇八年）

第三章　古典文学と親王の叙品・任官（「平安時代の親王任官について」田坂憲二・久下裕利編『考えるシリーズⅡ②知の挑発　源氏物語の方法を考える』武蔵野書院、二〇一五年）

第四章　伊予親王の立場（新稿）

第二部　親王の賜姓と婚姻

第一章　皇位継承と皇親賜姓（「皇位継承と皇親賜姓——『大鏡』の記事をめぐって——」『古代文化』第五三巻第三号、二〇〇一年三月）

第二章　雅子内親王と醍醐皇子女の源氏賜姓（『日本歴史』第七二一号、二〇〇八年六月）

第三章　醍醐内親王の降嫁と醍醐源氏賜姓（『続日本紀研究』第三七四号、二〇〇八年六月）

第三部　親王序列

第一章　桓武皇子女の出生順と序列記載（「平安前期皇子女の序列記載——正史の記載をめぐって——」『続日本紀研究』第三三二号、二〇〇一年六月）

第二章　平城から清和皇子女までの出生順（「皇子女の出生順について——平城皇子女から清和皇子女まで——」『帝塚山学院大学研究論集』第三六集、二〇〇一年十二月）

補論

第一章　小家内親王（「小家内親王をめぐって」続日本紀研究会編『続日本紀の時代』塙書房、一九九四年）

第二章　『権記』にみえる親王参詣記事（「『権記』にみえる親王参詣記事について」『帝塚山学院大学研究論集』第三四集、一九九九年十二月）

おわりに――親王と文化事業――（新稿）

付載　古代貴族婚姻系図稿

第一部　皇　親（「古代貴族婚姻系図稿―「皇親」部―」『帝塚山学院大学研究論集』第二九集、一九九四年十二月）

第二部　源　氏

一　嵯峨源氏〜光孝源氏（「古代貴族婚姻系図稿―「源氏」部①―」『帝塚山学院大学研究論集』第三〇集、一九九五年十二月）

二　清和源氏・宇多源氏（「古代貴族婚姻系図稿―「源氏」部②―」『帝塚山学院大学研究論集』第三二集、一九九七年十二月）

三　醍醐源氏・村上源氏（「古代貴族婚姻系図稿―「源氏」部③―」『帝塚山学院大学研究論集』第三三集、一九九八年十二月）

著者略歴

一九五八年　石川県金沢市に生まれる

一九八五年　関西学院大学大学院博士課程後期課程単位取得退学

現在、帝塚山学院大学リベラルアーツ学部教授（博士）

〔主要編著書〕

『平安時代皇親の研究』（吉川弘文館、一九九八年）

『平安京のニオイ』（吉川弘文館、二〇〇七年）

『災害復興の日本史』（吉川弘文館、二〇一三年）

『生活と文化の歴史学8　自然災害と疾病』（編著、竹林舎、二〇一七年）

平安時代の親王と政治秩序

処遇と婚姻

二〇二四年（令和六）十一月一日　第一刷発行

著者　安《やす》田《だ》政《まさ》彦《ひこ》

発行者　吉川道郎

発行所　株式会社　吉川弘文館

郵便番号一一三―〇〇三三

東京都文京区本郷七丁目二番八号

電話〇三―三八一三―九一五一〈代〉

振替口座〇〇一〇〇―五―二四四番

https://www.yoshikawa-k.co.jp/

印刷＝株式会社　理想社

製本＝誠製本株式会社

装幀＝清水良洋

ISBN978-4-642-04684-8

索　　引

以下の分類により排列した．

Ⅰ　親王　諱の漢字の音読み順
Ⅱ　天皇・上皇（太上天皇）・院
Ⅲ　諸王
Ⅳ　源氏　諱の漢字の音読み順
Ⅴ　藤原氏
Ⅵ　その他の氏族
Ⅶ　資料
Ⅷ　研究者
Ⅸ　事項

Ⅰ 親　　王

あ　行

か　行

さ　行

た　行

な　行

は　行

ま　行

や・ら　行

Ⅱ　天皇・上皇(太上天皇)・院

Ⅲ　諸　　王

Ⅳ 源　　氏

Ⅴ 藤 原 氏

Ⅵ　その他の氏族

Ⅶ　資　　料

Ⅷ　研　究　者

IX 事　　項